教育部人文社会科学研究青年基金项目
“交通轴—产业带—城市群耦合与协调发展研究——以中原经济区为例”资助
（13YJCZH232）

交通网络、产业集聚、城市群

——耦合与协调发展研究——

余沛　谢博　侯海涛　高文　郭菁　等◎著

COUPLING AND COORDINATED DEVELOPMENT
OF TRANSPORTATION NETWORK, INDUSTRIAL AGGLOMERATION
AND URBAN AGGLOMERATION

中国经济出版社
CHINA ECONOMIC PUBLISHING HOUSE
·北京·

图书在版编目（CIP）数据

交通网络、产业集聚、城市群耦合与协调发展研究/余沛，谢博，侯海涛等著．—北京：中国经济出版社，2018.10（2024.1 重印）
ISBN 978-7-5136-5347-3

Ⅰ.①交… Ⅱ.①余… ②谢… ③侯… Ⅲ.①交通运输经济—研究—中国 Ⅳ.①F512

中国版本图书馆 CIP 数据核字（2018）第 206081 号

责任编辑　牛慧珍
责任印制　马小宾
封面设计　任燕飞装帧设计工作室

出版发行　中国经济出版社
印 刷 者　大连图腾彩色印刷有限公司
经 销 者　各地新华书店
开　　本　710mm×1000mm　1/16
印　　张　15.75
字　　数　240 千字
版　　次　2018 年 10 月第 1 版
印　　次　2024 年 1 月第 2 次
定　　价　78.00 元
广告经营许可证　京西工商广字第 8179 号

中国经济出版社 **网址** www.economyph.com **社址** 北京市东城区安定门外大街 58 号 **邮编** 100011
本版图书如存在印装质量问题，请与本社销售中心联系调换（联系电话：010-57512564）

前言

PREFACE

交通运输基础设施是区域经济活动发生和发展的基础条件，经济活动通过交通运输实现了空间聚集，从而形成了产业带，继而扩展形成城镇群和城市群，产业带与城市群都是经济活动集聚的结果，这其中交通网络的作用极其重要。随着我国交通基础设施的不断完善，城镇化进程的进一步深入，对交通网络、产业集聚与城市群之间的内在耦合机理与互馈作用机制进行研究就显得尤为必要。

本书首先指出研究的理论意义与实践意义，阐述了研究背景。在对国内外研究现状分析的基础上，指出其存在的不足之处。本书在研究方法上采用时间分析与空间分析相结合，新兴的空间研究模型与传统计量模型相结合，截面数据与时序数据相结合，既有理论分析，又有实证研究。

本书首先对交通网络、产业集聚与城市群耦合的机理进行了定性研究，分别从经济原因与区位原因两个角度对交通网络、产业集聚与城市群耦合机理作用路径进行分析；在此基础上，分析了交通运输成本影响产业集聚的经济机理，以及产业集聚与城市群演化的耦合与互动机理。

本书对中原经济区的发展现状进行了研究，分析了中原经济区的发展优势、面临的挑战与机遇；接下来分析了中原城市群发展现状与存在的问题，并对中原经济区城市的中心性进行了研究。

在中原经济区交通发展现状的研究中，本书首先研究了中原经济区综合交通网的发展概况，然后以高速公路为例，对其进行了评价与分析，对中原城市群各个城市的通达性进行了排序，对交通网络的协调性进行了分析。

在中原经济区产业发展现状的研究中，本书首先对中原经济区整个产业发展概况进行了综述，在此基础上，分别应用赫芬达尔指数和空间基尼系数对中原经济区各个产业的集聚状况进行了研究。

在中原经济区城市体系的研究中，本书从城市职能结构、城市规模结构与城市空间结构三个方面对此展开详细分析。首先在城市经济活动分析的基础上，对中原经济区城市的职能进行了研究；其次从城市首位律、城市金字塔、位序—规模法则三个层面分析了中原经济区的城市规模结构；最后利用均匀度指数和城镇化不平衡指数对中原经济区的城市空间结构进行了研究。

本书利用新兴的空间计量分析方法，对交通网络、产业集聚与城市群的空间相关性进行了研究。首先利用四分位图对交通网络、产业集聚与城市群各自的空间分布特征进行了研究，然后利用 LISA 集聚图和 Moran's I 指数对三者各自的局域空间相关性进行了分析；在此基础上，利用 LISA 集聚图对三者之间的局域空间相关性进行了可视化分析，并利用 Moran's I 指数对三者之间的全局相关性进行了深入研究。

本书通过引入耦合度函数，构建交通、产业与城市群时间耦合指标体系，引入子系统功效系数概念，分别对交通网络与产业集聚、产业集聚与城市群、交通网络与城市群的耦合度进行分析；然后利用协调度函数，构建了协调度模型，对交通网络与产业集聚协调度、产业集聚与城市群协调度、产业集聚与城市群协调度进行了计算，并结合协调度计算结果，对其协调度进行了评价。

最后对研究结论进行了总结，并提出了相关政策建议。

目录
CONTENTS

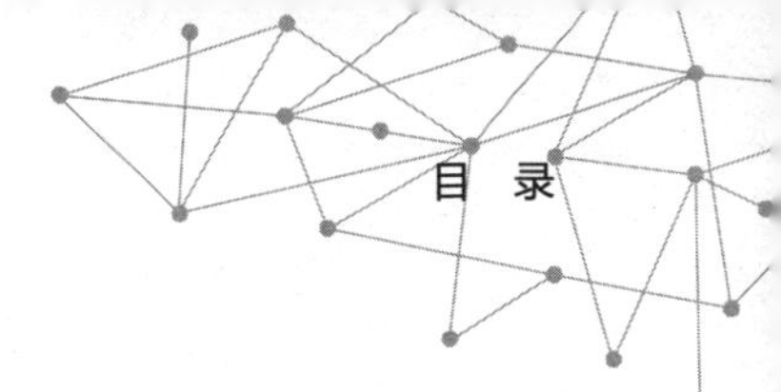
目 录

第一章

绪　　论

第一节　研究意义与背景

一、研究意义

（一）理论意义

第一，对交通网络、产业集聚、城市群内在耦合机理进行探索。

本书利用空间经济学、计量经济学、经济地理学的最新研究成果，采用空间计量经济学、空间统计学等崭新的研究手段，从时间与空间两个角度，研究交通网络与产业集聚、城市群演化的联系机制与耦合机理。

本书构建了交通网络与产业集聚、城市群演化之间耦合的理论基础，探索了交通网络与产业集聚、城市群演化之间耦合的量化分析工具，为今后在该方面进一步深入研究奠定了基础。

第二，从空间异质与空间依赖出发，在考虑交通网络特性的基础上对交通基础设施在要素配置中的基础作用进行研究。

在现实中产业集聚的发生与城市群演化并不符合传统的均质空间假设，空间依赖也是地理空间现象与空间过程的本质特征，这与传统计量经济的样本独立不相关假设相违背。一条交通线路的增加或改善，必然会影响交通网络的可达性格局，从而对产业集聚与城市群演化产生影响。因此对于交通网络在产业集聚与城市群演化中的基础作用，必须从空间异质性与空间依赖性出发，在考虑交通基础设施网络特性的前提下展开研究。

（二）实践意义

第一，有助于交通规划与产业布局和城市发展规划的协调。

由于管理体制的限制，在现实中，交通规划、产业布局规划与城市群发展规划表面上相互衔接、分工明确，实际上各自独立、相互封闭。通过系统顶层设计，从交通网络—产业集聚—城市群演化之间内在耦合与协调的角度出发，充分考虑交通网络、产业集聚与城市群演化存在的耦合与联系机制，作为制定规划的前提。

第二，为经济区建设提供借鉴。

中原经济区作为一个新兴的经济区，铁路、公路干线发达，航空、管道运输发展迅速，再加上作为补充的内河运输，已初步形成区域综合交通网络，具有优越的交通条件；区内已经初步形成多个产业集聚区和城镇密集区，具有进一步发展成为大规模产业集聚带与城市连绵区的条件。如何发挥交通基础设施的引导作用，合理引导区域产业与城市布局，走集约化发展之路；同时通过交通网络的发展，加快经济落后区域发展，缩小区域差距，解决区域发展不平衡问题，是中原经济区建设中面临的热点与难点问题。

二、研究背景

交通运输基础设施是区域经济活动发生和发展的基础条件，经济活动通过交通运输实现了空间聚集，从而形成了产业带，继而扩展形成城镇群和城市群，产业带与城市群都是经济活动集聚的结果，这其中交通网络的作用极其重要。随着我国交通基础设施的不断完善，城镇化进程的进一步深入，对于交通网络、产业集聚与城市群之间的内在耦合机理与互馈作用机制进行研究就显得尤为必要。

作为一个新兴的经济区，中原经济区具有优越的交通区位，拥有良好的产业基础，但是中原城市群发展相对滞后。如何利用好交通区位优势，促进交通、产业与城市的耦合与协调发展，不仅是中原经济区急需解决的问题，同时也对国内其他经济区有重要的参考价值。

中原经济区（Central Plains Economic Region，CPER）是以郑州大都市

区为核心、中原城市群为支撑、涵盖河南全省延及周边地区的经济区域，地处中国中心地带，是全国主体功能区明确的重点开发区域，地理位置重要、交通发达、市场潜力巨大、文化底蕴深厚，在全国改革发展大局中具有重要战略地位。2011 年国庆前夕，建设中原经济区上升为国家战略。2012 年 11 月，国务院正式批复《中原经济区规划》，建设中原经济区拥有了纲领性文件。

中原经济区范围包括河南全省及山西、山东、安徽、河北的局部地区，涵盖 5 省 30 个地级市及 3 个市辖区、县，总面积约 29 万平方公里，截至 2017 年底，总人口 16529. 78 万人，生产总值 68616. 33 亿元，经济总量仅次于长三角、珠三角及京津冀，为全国经济第四增长极。

中原经济区规划范围如图 1 – 1 所示。

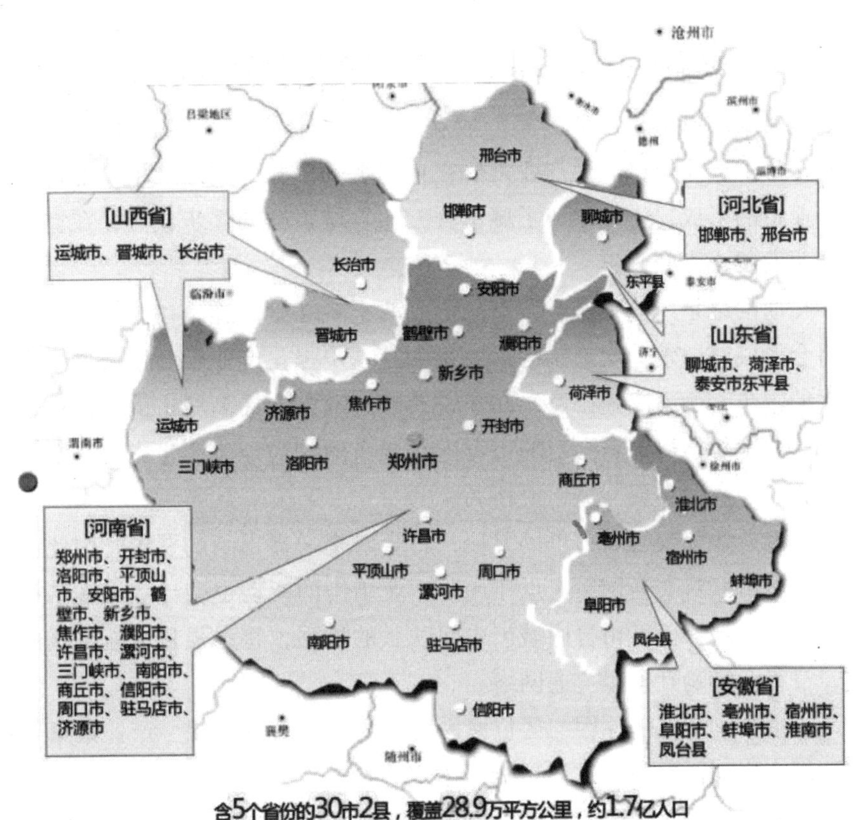

图 1 – 1 中原经济区规划范围示意图

中原经济区的战略定位为：全国工业化、城镇化、信息化和农业现代化协调发展示范区，全国重要的经济增长板块，全国区域协调发展的战略支点和重要的现代综合交通枢纽，华夏历史文明传承创新区。

本书以中原经济区为案例开展研究，相关研究结论不仅可以用于指导中原经济区建设，同时对于国内其他经济区的建设也具有较强的借鉴意义与参考价值。

第二节　研究内容与思路

一、研究内容

（一）交通网络、产业集聚与城市群演化的耦合机理

交通基础设施是产业集聚形成和发展的前提条件，伴随着产业集聚，逐渐产生了产业集群，而产业集群在空间上的生长，则形成了产业带。随着产业带的形成，进而形成了城镇群，随着城镇群的逐步成熟，在空间上扩展并发展成为城市群。

交通网络是产业集聚与城市群形成的重要基础设施，在主要交通方向上将会形成交通轴，交通轴的形成将会进一步强化产业带与城市群。交通技术的进步，例如高速公路、高速铁路的开通，会提高城市的可达性，改变其区位优势格局，将会对城市群内各城市的相对地位产生影响，进而会改变原有的产业布局与城市群格局。

随着产业集聚与城市群的发展，将会对交通提出新的要求，因此产业集聚与城市群对交通网络有反作用，产业结构的变动也会导致运输结构发生相应的变动，而城市群内城市之间联系的加强，将会强化交通轴线的形成，最终会影响到整个交通网络。

本书分别从经济原因与区位原因两个角度对交通网络、产业集聚与城市群耦合机理作用路径进行分析；在此基础上，分析了交通运输成本影响产业集聚的经济机理，以及产业集聚与城市群演化的耦合与互动机理。

（二）中原经济区交通网络、产业集聚与城市群发展现状

本书对中原经济区的发展现状进行了研究，分析了中原经济区的发展

优势，面临的挑战与机遇；接下来分析了中原城市群发展现状与存在的问题，并对中原经济区城市的中心性进行了研究。

在中原经济区交通发展现状的研究中，本书首先研究了中原经济区综合交通网的发展概况，然后以高速公路为例，对其进行了评价与分析，对中原城市群各个城市的通达性进行了排序，对交通网络的协调性进行了分析。

在中原经济区产业发展现状的研究中，本书首先对中原经济区整个产业发展概况进行了综述，在此基础上，分别应用赫芬达尔指数和空间基尼系数对中原经济区各个产业的集聚状况进行了研究。

在中原经济区城市体系的研究中，本书从城市职能结构、城市规模结构与城市空间结构三个方面对此展开详细分析。首先在城市经济活动分析的基础上，对中原经济区城市的职能进行了研究；其次从城市首位律、城市金字塔、位序—规模法则三个层面分析了中原经济区的城市规模结构；最后利用均匀度指数和城镇化不平衡指数对中原经济区的城市空间结构进行了研究。

（三）交通网络、产业集聚与城市群的空间相关性分析

本书利用新兴的空间计量分析方法，对交通网络、产业集聚与城市群的空间相关性进行了研究。首先利用四分位图对交通网络、产业集聚与城市群各自的空间分布特征进行了研究，然后利用 LISA 集聚图和 Moran's I 指数对三者各自的局域空间相关性进行了分析；在此基础上，利用 LISA 集聚图对三者之间的局域空间相关性进行了可视化分析，并利用 Moran's I 指数对三者之间的全局相关性进行了深入研究。

（四）构建交通网络，产业集聚与城市群耦合度模型

交通网络、产业集聚与城市群之间存在复杂的相互作用与相互耦合关系，但是其中相互作用与影响的机理并不十分清晰。建立交通网络—产业集聚—城市群耦合系统，通过一定的输入，按照一定的模型，就可以了解复杂大系统总体情况，分析其相互之间的协调发展机制。

本书通过引入耦合度函数，构建交通网络、产业集聚与城市群之间的耦合指标体系，将三者之间这种相互影响、相互依存的作用纳入同一个系统，从系统的角度研究其耦合程度。引入子系统功效系数概念，建立耦合度模型，分别对交通网络与产业集聚、产业集聚与城市群、交通网络与城

市群的耦合度进行分析。

在耦合度函数分析的基础上，本书通过引入协调度函数，构建了协调度模型，利用相关城市的数据，对交通网络与产业集聚协调度、产业集聚与城市群协调度、产业集聚与城市群协调度进行了计算，并结合协调度计算结果，对各城市的协调度进行了评价。

（五）结论与建议

对交通网络、产业集聚与城市群空间格局，交通网络、产业集聚与城市群的空间相关性进行了总结，分析了中原经济区交通网络、产业集聚与城市群耦合度与协调度整体状况。

在实证研究的基础上，提出了相关政策建议。指出要重视交通基础设施，发挥其对产业与城市群的引领作用；提升产业集聚水平，奠定城市群发展的产业基础；坚持交通与产业、城市协调发展，大力加强交通基础设施建设。

二、研究思路

本书整体研究框架如图 1－2 所示。

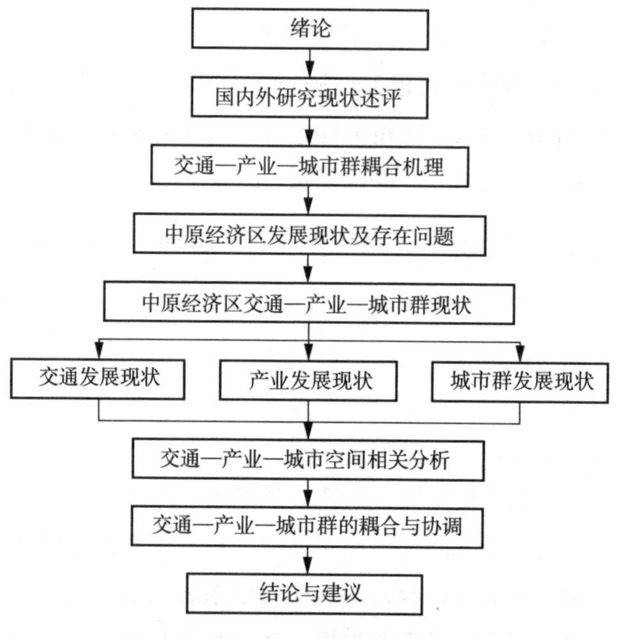

图 1－2　本书整体研究框架

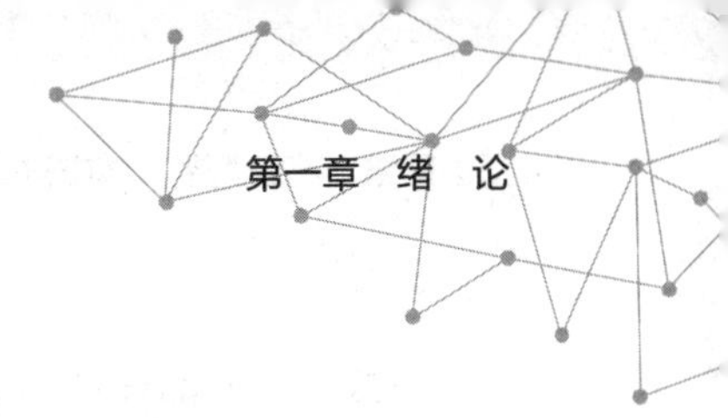

第三节 研究方法与创新

一、研究方法

（一）时间分析与空间分析相结合

经济活动总是在时间与空间两个不同的维度上进行，交通网络、产业集聚与城市群演化，不仅表现出时间上的相关性，而且在空间上也表现出高度的相关性。为了更好地研究空间联系的动态发展演化过程，在本书写作过程中通过采用多年的历史数据以及各个不同城市和城市群的数据来对交通网络、产业集聚与城市群演化的耦合进行动态分析与研究。本书分别从时间与空间两个维度进行分析，保证了分析结果的科学性与全面性。

（二）新兴的空间研究模型与传统计量模型相结合

本书将采用空间经济学的相关理论与研究方法和一些新兴的空间研究手段，如空间统计学、空间经济计量学方法，再结合交通可达性分析体系，博取各学科理论之所长，有效解决了以往研究中的不足。引入空间权重矩阵，采用 Moran's I 指数在空间维度进行分析，再结合传统的计量经济学时间序列模型分析方法，使得本书的研究有了崭新而坚实的研究方法支持。

（三）截面数据与时序数据相结合

由于交通运输产出弹性较大，交通网络、产业集聚与城市群之间的耦合关系比较复杂，因此获取大量可靠的数据将对研究结论产生重要影响。本书采用时间序列与截面融合的面板数据，避免单纯采用某类数据存在的不足。

（四）理论研究与实证研究相结合

交通轴、产业带与城市群构成的耦合系统是受多种因素综合影响的复杂系统，外部环境因素与系统内部关系，共同作用于交通轴、产业带与城市群的发展过程中。本书对形成交通轴网络、产业带布局和城市群体系的内在关系与外部环境的影响因素进行科学梳理，将其看作一个开放的动态系统进行研究。一方面，通过对相关文献与历史资料的梳理，进行理论分析与研究；另一方面通过建立耦合模型，以中原经济区为例，对其大量实际数据进行分类整理，进行定量研究。

（五）定性与定量分析相结合

定性研究主要通过理论研究和一般经验总结，找出事物发展的内在规律。与此同时，紧密结合中原经济区交通、产业与城市群形成与发展的实际，深入研究中原经济区交通、产业与城市群的耦合联系。在进行定性分析的基础上，进行定量研究与分析。在相关数据的采集上，可引用的文献主要有《中国统计年鉴》《河南省统计年鉴》《中国城市统计年鉴》和中原经济区各地市的统计年鉴等相关统计资料，分别采用空间计量分析、耦合度分析与协调度分析，然后再根据定性与定量分析的结果，做出相对准确的结论。

二、创新之处

（一）交通网络、产业集聚与城市群演化耦合分析框架的构建

本书将交通网络、产业集聚与城市群演化放在一个统一的框架下进行研究，对其耦合机理与联系机制进行研究，具有创新意义与应用价值。通过预设三者之间耦合联系框架，可以将其用于分析区域交通网络、产业集聚与城市群演化之间的内在联系，能够支撑空间发展规划与区域发展政策制定。

（二）交通网络、产业集聚与城市群演化的耦合分析模型的设计

在分析交通网络与产业集聚、交通网络与城市群演化、产业集聚与城市群演化互动机理的基础上，采用空间计量经济学、传统计量经济学等多种综合手段，从空间与时间角度分析交通网络、产业集聚与城市群演化的内在耦合机理。

（三）为交通网络、产业集聚与城市群演化互馈机制的研究奠定基础

通过研究三者之间的耦合机理，构建耦合分析模型，从空间与时间角度预设探索三者之间的耦合机理与联系机制，为今后更进一步研究交通网络、产业集聚与城市群演化与互馈机制奠定基础。

第二章

国内外研究现状述评

第一节 国外相关研究综述

一、交通运输与产业集聚

交通运输对产业集聚的作用及相互关系一直是国外经济学家、地理学家的研究热点。

（一）交通运输与产业集聚

早在1826年德国经济地理学家杜能（J. H. von Thünen）就注意到农业区位问题[①]；他根据在德国北部麦克伦堡平原长期经营农场的经验，于1826年出版《孤立国对农业及国民经济之关系》一书，提出农业区位的理论模式。即在中心城市周围，在自然、交通、技术条件相同的情况下，不同地方对中心城市距离远近所带来的运费差，决定不同地方农产品纯收益（杜能称作“经济地租”）的大小。纯收益成为市场距离的函数。按这种方式，形成以城市为中心，由内向外呈同心圆状的6个农业地带，又称杜能环，如图2－1所示。

杜能环的第一圈称自由农业带，主要生产易腐的蔬菜及鲜奶等食品；第二圈为林业带，为城市提供烧柴及木料等资源；第三至第五圈都是以生

① Thünen J. H.. Der isolierte Staat ［J］. Beziehung auf Landwirtschaft und Nationalökonomie, 1826.

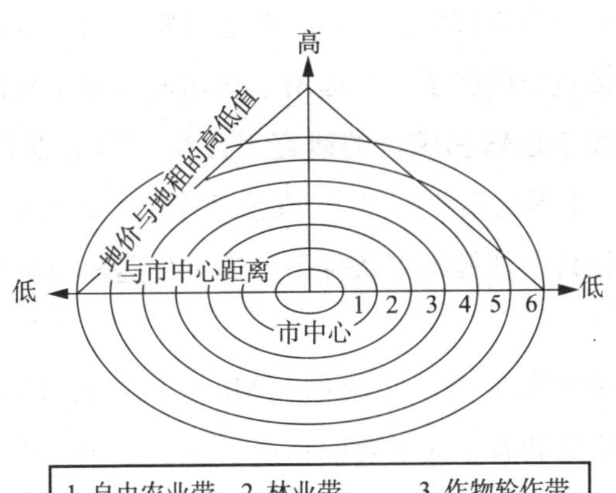

图2-1 杜能环示意图

产谷物为主的农耕带，但是其集约化程度随着离市中心距离的增加而逐渐降低；第六圈为粗放畜牧带，最外侧为未耕的荒野。杜能学说的意义具有开拓性，首次在理论上对市场距离对于农业生产集约程度和土地利用类型（农业类型）的影响进行了研究。

英国经济学家阿尔弗雷德·马歇尔（Alfred Marshall，1890）① 认为交通工具变革直接影响工业地理分布和可能出现的产业集聚，他是最早关注工业集聚现象的经济学家。马歇尔将工业集聚的特定地区称为产业区，产业区内集中了大量相关的中小企业。在马歇尔看来，这些工业之所以能够在产业区内集聚最根本的原因在于获取外部规模经济，因而马歇尔认为外部经济十分重要。

继杜能的农业区位理论产生之后，德国经济学家威廉·劳恩哈特（Wilhelm Launhardt，1882）提出了工业区位论的重要分析。② 劳恩哈特首先运用自己所独创的“结点原理”，对三个区位怎样连接成一个“V”或“Y”的问题进行几何求解，构建了工业三角区位论的重要模型。通过对影

① Marshall A.. Principles of economics：An introductory volume［M］. London：Macmillan，1890.

② Launhardt W.. Mathematische Begründung der Volkswirthschaftslehre［M］. W. Engelmann，1885；Launhardt W.. Die Bestimmung des zweckmäβigsten Standortes einer gewerblichen Anlage［M］. 1882.

响企业区位决策的因素进行分析之后，劳恩哈特认为运输成本最小化是影响企业区位决策最重要的因子，并提出了运输成本最小化的厂商区位择优问题。劳恩哈特关于运输和区位的研究工作在《网络规划理论》（Launhardt W.，1877）中得到系统阐述。① 在该著作中，劳恩哈特提出了在给定资源供给和产品销售条件等约束条件下，通过使运输成本最小化而确定厂商最优区位的方法。

德国经济学家阿尔弗雷德·韦伯（Alfred Weber，1909）认为交通运输对产业布局和集聚起着非常重要的作用，并从工业区位理论的角度阐释了产业集群的现象，创立了工业区位理论。② 韦伯经过反复推导，确定了三个一般区位因子：运费、劳动费、集聚和分散。韦伯认为，产业集聚分为两个阶段：第一阶段是企业自身的简单规模扩张，从而引起产业集中化，这是产业集聚的低级阶段；第二阶段主要是靠大企业以完善的组织方式集中于某一地方，并引发更多的同类企业出现，这时，大规模生产的显著经济优势就是有效的地方性集聚效应。韦伯还从运输指向和劳动力指向两个不同的途径去分析产业集群能够达到的最大规模。

德国经济学家奥古斯特·廖什（August Losch，1940）③ 提出著名的“廖什景观”，认为运输成本是影响产业集聚的一个重要因素；把市场需求作为空间变量来研究区位理论，进而探讨了市场区位体系和工业企业最大利润的区位，形成了市场区位理论。廖什的市场区位理论以市场需求作为空间变量对市场区位体系的解释，在区位理论的发展上具有重要的意义。廖什认为，工业区位应该选择在能够获得最大利润的市场地域，他把利润最大化原则同产品的销售范围联系在一起，认为一个经济个体的区位选择不仅受其他相关经济个体的影响，而且也受消费者、供给者的影响，在此基础上，他认为在空间区位达到均衡时，最佳的空间范围是正六边形。

---

① Launhardt W.. Die Betriebskosten der Eisenbahnen in ihrer Abhängigkeit von den Steigungs – und Krümmungs – verhältnissen der Bahn：Ergänzungsheft des 4. Bandes des Handbuchs für specielle Eisenbahn – Technik [M]. Engelmann，1877.

② Alfred W.. Theory of the Location of Industries [J]. Simplifying Assumptions，1909.

③ Lösch A.. Die räumliche Ordnung der Wirtschaft：eine Untersuchung über Standort，Wirtschaftsgebiete und internationalen Handel [M]. G. Fischer，1940.

美国经济学家胡佛（E. M. Hoover）在其1948年出版的“*The location of economic activity*”（《经济活动的区位》）[①] 著作中首先提出了运输费用结构理论，将运输费用划分为由装卸费用和线路营运费用两部分组成，由于包括仓库、码头、营业机构、维修等开支的装卸费用不受运行里程影响，因此，不同运输方式都存在不同技术特征的运输费用递减现象，从而修正了韦伯理论中运费与距离成比例的基本图形。胡佛提出运输费用的降低是工业和贸易能够实现规模经济的先决条件之一，他特别重视运输结构的影响，他认为运输距离、运输方向、运输量以及其他交通运输条件的变化，往往会引起经济活动区位选择的变化，从运输费用的角度分析：在什么情况下企业的最佳区位接近市场；什么情况下接近原料地；什么情况下企业布局在二者的中间地点。

德国学者沃纳·松巴特（Werner Sombart，1960）认为随着联结中心城市重要交通干线的建设，运输费用会降低，新的交通干线对产业和劳动力具有吸引力，使产业和人口向交通干线聚集，以交通干线为“主轴”将逐渐形成一条产业带；由此他提出了生长轴理论，直接把交通运输与区域经济发展结合起来，并强调交通干线建设对经济活动的引导和促进作用。该理论认为，随着连接中心城市的重要交通干线（铁路、公路）的建设将形成新的有利的区位，方便了人口的流动，降低了运输费用，从而降低了产品成本。新的交通干线对产业和劳动力具有吸引力，形成有利的投资环境，使产业和人口向交通干线集聚，产生新的工业区和居民点。以交通线为“主轴”将逐渐形成一条产业带，交通干线就是产业带形成的发展轴。[②]

美国经济学家阿隆索（Alonso W.，1964）引入区位边际均衡和区位边际收益等空间经济学理论而提出竞租理论，其著作《区位与土地利用：关于地租的一般理论》中建立的竞租模型是现代新古典城市区位理论的里程碑。[③] 阿隆索在一系列的假设条件下，分别分析了工业用地、商业用地、

---

① Hoover E. M.. The location of economic activity ［M］. Mcgraw－Hill Book Company, Inc；London.，1948.

② Sombart W.. Allgemeine Nationalökonomie ［M］. Duncker & Humbolt，1960.

③ Alonso W. Location and land use. Toward a general theory of land rent ［J］. Location and land use. Toward a general theory of land rent.，1964.

居住用地等不同类型城市用地的竞标地租函数并将其竞标地租曲线互相重叠在一起，得到一个城市在自由竞争条件下的均衡地租曲线。由于越靠近中心，其收益越大，运费越小，同时地租也越高，从而形成围绕中心商业区分布的环形土地利用模式。阿隆索的竞租——城市土地利用模式理论在一定程度上阐明了当时大多数城市同心圆结构的形成机理，为空间经济学相关研究的开展奠定了基础。

新经济地理学说创始人保罗·克鲁格曼（Paul R. Krugman，1999）①建立了“核心—外围”模型，得出地区生产结构随运输成本变化而呈现出非线性关系。克鲁格曼运用了一个简单的“核心—外围”模型，分析一个国家内部产业集聚的形成原因。在这个模型中，处于中心或核心的是制造业地区，外围是农业地区，区位因素取决于规模经济和交通成本的相互影响。假设工业生产具有报酬递增的特点，而农业生产的规模报酬不变，那么随着时间的推移，工业生产活动将趋向于空间集聚。在资源不可流动的假设下，生产总是聚集在最大的市场，从而使运输成本最小并取得递增报酬。但需要注意的是，经济地理集中的形成是某种力量积累的历史过程。中心外围理论的意义，在于它可以预测一个经济体中经济地理模式的渐进化过程：初始状态时，一个国家的地理区位可能有某种优势，它对另一地区的特定厂商具有一定的吸引力，并导致这些厂商生产区位的改变，一旦某个区位形成行业的地理集中，则该地区的聚集经济就会迅速发展，并获得地区垄断竞争优势。根据这一模型，保罗·克鲁格曼（Paul R. Krugman）认为运输成本是工业区位选择及经济集聚最为决定性的影响因素；②③高度评价了运输成本在经济集聚中的作用。

藤田昌久（Fujita Masahisa，1999）④从一般性的角度研究集聚行为并

① Fujita M.，Krugman P. R.，Venables A. J.，et al.. The spatial economy：cities，regions and international trade［M］. Cambridge，MA：MIT press，1999.

② Paul Krugman. Scale Economies，Product Differentiation，and the Pattern of Trade［J］. American Economic Review，1980，70（5）：950－959.

③ Paul Krugman. Increasing Returns and Economic Geography［J］. The Journal of Political Economy，1991，99（3）：483－499.

④ Fujita M. Location and Space－Economy at half a century：Revisiting Professor Isard's dream on the general theory［J］. The annals of regional science，1999，33（4）：371－381.

提出了一个普遍适用的分析框架，进一步解释了在不同形式的递增报酬和不同类型的运输成本之间的权衡问题，并首次对公司和家庭集聚成群的经济学原因提供了一个完整的解释。藤田昌久对企业和家庭集聚现象的经济学原因提供了一个统一的解释框架，进一步解释了不同形式的递增报酬和不同类型的运输成本之间的权衡问题。他认为当运输成本增高时，城市规模减小，产业集聚程度减弱；当运输成本降低时，城市规模增加，产业集聚程度增强。①②③

查特曼（Chatman D. G.，2011）等人对研究公共交通改善与聚集经济之间关系的文献进行了回顾与整理④，评估了公共交通项目的集聚影响；追踪运输、集聚和生产力之间的联系；更好地利用集聚机制理论来推进相关研究。将规模和再分配纳入研究范畴，对集聚经济的功能形态、模型结构内生性等进行了探索研究；认为公共交通的改善，可能会使增长和城市中心区的致密化，提高生产力，或产业集群，从而提高外部集聚经济。

此外，詹金斯·约瑟夫（Jenkins Josep，2011）等人⑤对交通产生的集聚效益相关理论，定量分析与应用进行了研究。他们认为在大多数情况下，收益主要基于旅行时间节省。这种主要基于旅行时间节省的项目评估低估了在旅行时间之外创造经济效益的项目的收益，导致对于项目投资收益评价失真，尤其是在大型项目中。交通项目能够改变大都市区的时空地理，产生了一些先前被忽视的交通项目效益，最显著的是集聚效益。在研究中对多个项目的集聚收益进行了计算，特别是伦敦、墨尔本、澳大利亚

---

① 藤田昌儿，保罗·克鲁格曼，安东尼·J. 维纳布尔斯．空间经济学［M］．梁琦，等译．北京：中国人民大学出版社，2005.

② Masahisa Fujita. A monopolistic competition model of spatial agglomeration：Differentiated product approach［J］．Regional Science and Urban Economics，1988，18（1）：87－124.

③ Masahisa Fujita. The role of ports in the making of major cities：Self－agglomeration and hub－effect［J］．Regional Science and Urban Economics，1996，49（1）：93－120.

④ Chatman D. G.，et al.. Do Public Transport Improvements Increase Agglomeration Economies? A Review of Literature and an Agenda for Research［J］．Transport Reviews：A Transnational Transdisciplinary Journal，2011，31（6）：725－742.

⑤ Jenkins Joseph，Colella Michael，Salvucci Frederick. Agglomeration Benefits and Transportation Projects：Review of Theory，Measurement，and Application［J］．Transportation Research Record，2011（2221）：104－111.

和以色列特拉维夫的项目。

二、交通运输与城市群

早在1776年，苏格兰人亚当·斯密（Smith A.）[①] 在其代表作“*An Inquiry into the Nature and Causes of the Wealth of Nations*”（《国民财富的性质和原因的研究》）（以下简称国富论）中就对运输对城市和地区经济繁荣所起的促进作用及政府在交通设施方面的开支等问题进行了论述，并且提出一个重要观点：“一切改良中，以交通改良为最有实效”。[②]

德国经济地理学家沃尔特·克里斯塔勒（Walter Christaller，1933）提出了“城市区位论”，系统地阐述了城市区位问题，补充和发展了杜能的农业区位论和韦伯的工业区位论。1933年出版了《德国南部的中心地——关于具有城市职能聚落的分布与发展规律的经济地理学研究》[③] 一书，提出了“城市区位论”——揭示了城市的规模、功能和等级效应，并且将城市的规模与等级的关系概括为正六边形模型，并系统地阐明了中心地理论（Central Place Theory），它基本说明了城镇为什么存在，决定城镇发展的因素是什么，以及它们在区域的次序排列是如何产生的。

沃尔特·克里斯塔勒提出的交通原则下的中心地系统如图2－2所示。

区域科学创始人沃尔特·艾萨德（Walter Isard，1956）被誉为西方区域科学、空间经济学创始人，他于1954年创办了世界上第一个区域科学协会、第一个区域科学系、第一个区域科学研究所和第一本区域科学杂志[④]，1960年他又出版了《区域分析方法》一书[⑤]，书中系统阐述了区域开发的理论和方法，标志着区域科学的正式形成。艾萨德认为区位选择问题是厂

---

① Smith A.. An Inquiry into the Nature and Causes of the Wealth of Nations ［M］. Рипол Классик，1817.

② Smith A.. 国民财富的性质和原因的研究［M］. 北京：商务印书馆，2016.

③ Christaller W. Die zentralen Orte in Süddeutschland：eine ökonomisch－geographische Untersuchung über die Gesetzmässigkeit der Verbreitung und Entwicklung der Siedlungen mit städtischen Funktionen［M］. University Microfilms，1933.

④ Isard W.. Regional science，the concept of region，and regional structure ［J］. Papers in Regional Science，1956，2（1）：13－26.

⑤ Isard W.. Methods of regional analysis ［M］. Рипол Классик，1966.

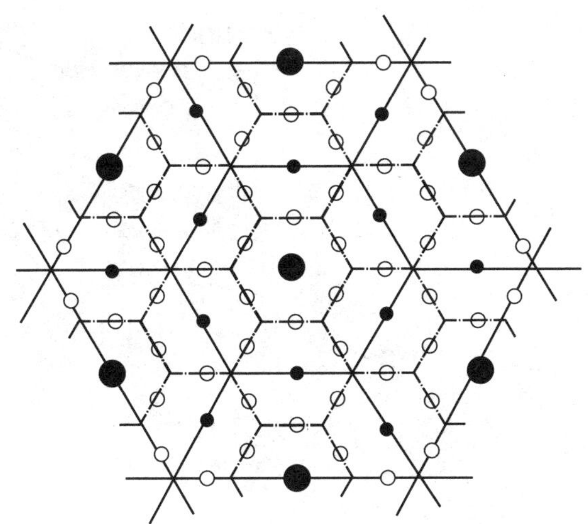

图2-2　交通原则下的中心地系统

商在权衡运输成本与生产成本之后的选择，其专著《区位与空间经济》① 将一般均衡理论、产业区位理论、市场区位理论、土地利用理论、贸易理论与城市结构理论有机地统一起来。

法国地理学家戈特曼（J. Gottmann，1957）在考察了北美地区的城市化之后提出了"大都市带"概念（见图2-3），并指出有便捷的交通走廊把核心城市连接起来是其形成的基本条件之一。②

英国学者威尔逊（A. Wilson，1967）和比利时学者艾伦（P. Allen）分别就空间相互作用模型和中心地理论模型进行动态模拟，发现新的经济中心、居民中心总是在靠近交通线的地方产生，城镇体系演化呈现出沿交通线两侧分布的特征。③

近年来，西尔尔·达鲁瓦特（Sihil Daluwatte，1995）等人④对日本城市群发展和交通之间的长期关系进行了研究；在回顾了二战时和二战后政

---

① Isard W.. Location and space - economy [J]. 1956.

② Gottmann J.. Megalopolis, or the Urbanization of the Northeastern Seaboard of the United States [J]. Economic Geography, 1957, 33 (7): 31-40.

③ 张文尝，金凤君，樊杰. 交通经济带 [M]. 北京：科学出版社，2002.

④ Daluwatte S., Ando A.. Transportation and regional agglomeration in Japan: Through a long-term simulation model 1920-1985 [J]. Journal of Advanced Transportation, 1995, 29 (2): 213-233.

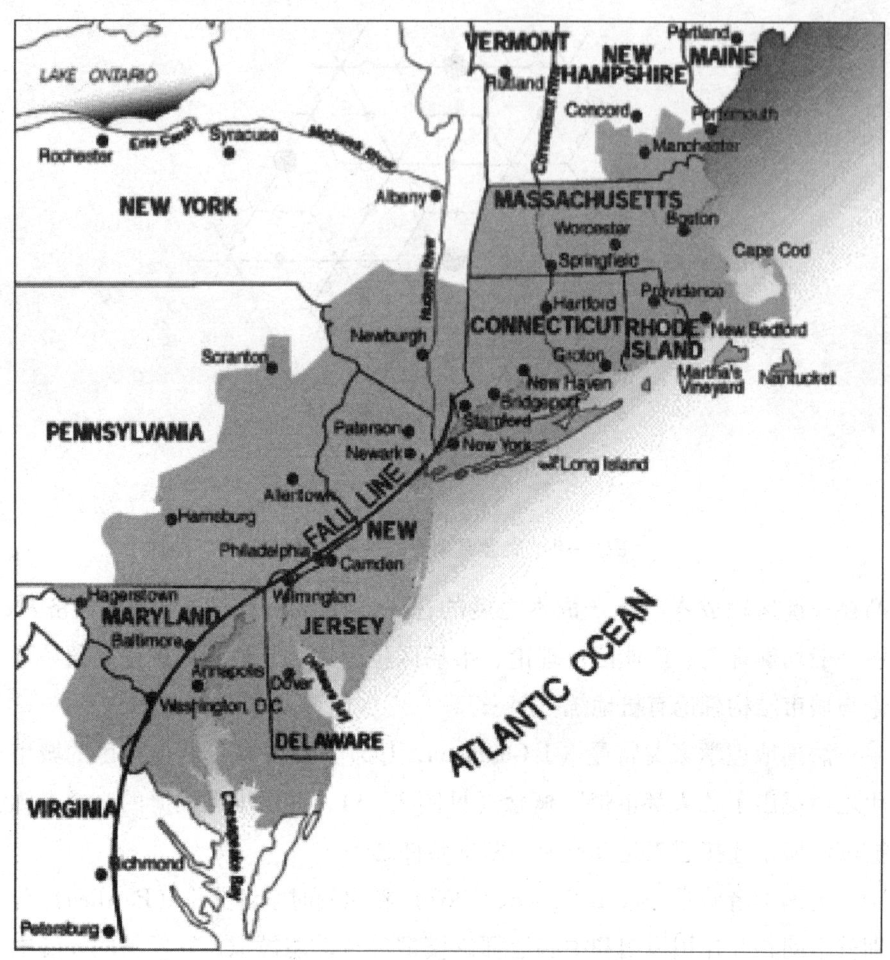

图2－3　美国东海岸的波士顿—华盛顿大都市带

策对日本土地利用和交通活动区域聚集的影响之后，制定了一个长期模型，并对整个模型的准确性进行了试验与确认。通过利用模型对东京战时政策影响导致的过度就业聚集以及战后高速干线铁路实施的政策影响进行评估之后，他们认为这些政策的实施大大加强了东京和关东地区的聚集效应。

弗洛郎（Florent Le Néchet，2012）等人①对于交通产生的聚集效应对

① Florent Le Néchet, Patricia C. Melo, Daniel J. Graham. Transportation - Induced Agglomeration Effects and Productivity of Firms in Megacity Region of Paris Basin [J]. Transportation Research Record, 2012 (2307): 21 - 30.

巴黎盆地大都市地区企业生产率的影响进行了研究；通过对巴黎盆地特大城市生产力与交通诱导集聚效应的关系进行实证研究，分析了不同产业部门产生城市聚集经济的弹性。研究结果表明，运输诱导在不同行业内产生了集聚效应，促进了商业服务的发展。研究结果还表明生产率和运输诱导的集聚效应之间的关系存在相当大的非线性，这意味着生产率收益的实际规模可能比评估的更大。

最近的研究成果中，布林克曼（Brinkman J. C.，2013）[①] 对运输技术，城市群和城市结构之间的关系进行了研究；查特曼（Chatman D. G.，2014）等人[②]研究了公共交通对城市地区工资和就业密度的影响。这些研究均证实了交通运输对于城市群经济与城市群演化有着非常重要的影响。

三、产业集聚与城市群

国外学者对产业群和城市群关联的研究主要体现在产业聚集与区域经济增长的互动上。

著名经济学家马歇尔（Marshall A.，1890）[③] 指出由于产业集聚可以带来外部经济性，包括外部规模经济和外部范围经济，从而使得产业集聚成为可能；奥古斯特·勒施在对集聚区进行分类后，对集聚的特点和成因分析后指出公共基础设施、外部经济、基础工业为辅助工业提供的生存前提和偶然性是产生集聚的原因，规模经济和外部性对城市空间结构的作用原理主要体现在3个方面：就业、土地开发、基础设施投资。[④]

弗里德曼（J. R. Friedmann，1966）[⑤] 研究了产业在一定范围内集聚影响了城市群结构的形式。[⑥] 弗里德曼认为随着区域经济的增长，区域空间

---

① Brinkman J. C.. Transportation technologies, agglomeration, and the structure of cities [J]. Processed, Philadelphia Federal Reserve Bank, 2013.

② Chatman D. G., Noland R. B.. Increasing public transport provision in metropolitan areas can be of great benefit for wages and employment density [J]. LSE American Politics and Policy, 2014.

③ Marshall A. Principles of economics: An introductory volume [M]. London: Macmillan, 1890.

④ 张芸，梁进社，李育华. 产业集聚对大都市区空间结构演变的影响机制——以北京大都市区为例 [J]. 地域研究与开发，2009，28 (5)：6-11.

⑤ Friedmann J. Regional development policy: a case study of Venezuela [R]. 1966.

⑥ 杨友孝. 约翰·弗里德曼空间极化发展的一般理论评介 [J]. 经济学动态，1993 (7)：69-73.

结构会发生阶段性的演变，遵循着工业化前阶段—工业化初期阶段—工业化成熟阶段—工业化后期及后工业化时期这样一个演进顺序，相应地，区域空间结构也会呈现出离散型—集聚性—扩散性—均衡性的空间结构。①

施费尔（Shefer D.，1973）② 研究表明，城市规模增加1倍，生产率上升14%～27%。斯维考克斯（Sveikauskas L.，1975）③ 发现，集聚规模增加1倍，生产率上升6%～7%。西格尔（Segal D.，1976）④ 的研究显示，城市人口增加200万或更多，生产率上升8%。而莫莫（Moomaw，1981）⑤ 和田渊（Tabuchi，1986）⑥ 等人进行研究后，分别得出的结论是2.7%、4.3%。

福格蒂和加罗法洛（Fogarty M. S. & Garofalo G. A.，1988）⑦ 等人的研究结论是，城市规模翻一翻，生产率增加10%左右。

金元、奥卡瓦瓦和铃木（Kanemoto Y. & Ohkawara T. & Suzuki T.，1996）⑧ 等人使用1985年数据估计了日本大都市区和不同等级城市的生产函数，发现城市规模增长一倍，人口规模在20万～40万的城市的平均生产率将增长25%，人口规模在20万以下的城市只增长1%，人口规模在40万以上的城市则增长7%。

蒙特格姆瑞（Montgomery，1992）⑨ 发现大都市地区之间的工资水平变动也很大。

---

① 王珺，周均清．武汉城市圈空间结构演变研究［J］．湖北大学学报（自然科学版），2007，29（3）：316－320.

② Shefer D.. Localization economies in SMSA's：A production function analysis［J］. Journal of Regional Science，1973，13（1）：55－64.

③ Sveikauskas L.. The productivity of cities［J］. The Quarterly Journal of Economics，1975，89（3）：393－413.

④ Segal D.. Are there returns to scale in city size?［J］. The Review of Economics and Statistics，1976：339－350.

⑤ Moomaw R. L.. Productivity and city size：a critique of the evidence［J］. The Quarterly Journal of Economics，1981，96（4）：675－688.

⑥ Tabuchi T.. Urban agglomeration economies in a linear city［J］. Regional Science and Urban Economics，1986，16（3）：421－436.

⑦ Fogarty M. S.，Garofalo G. A.. Urban spatial structure and productivity growth in the manufacturing sector of cities［J］. Journal of Urban Economics，1988，23（1）：60－70.

⑧ Kanemoto Y.，Ohkawara T.，Suzuki T.. Agglomeration economies and a test for optimal city sizes in Japan［J］. Journal of the Japanese and International Economies，1996，10（4）：379－398.

⑨ Montgomery E.. Evidence on metropolitan wage differences across industries and over time［J］. Journal of Urban Economics，1992，31（1）：69－83.

格莱瑟等（Glaeser E. L. & Mare D. C. , 1994）① 通过对美国地区间工资水平变动的研究来分析集聚经济的情况，结果表明从城市地区到农村地区存在明显的工资梯度，显示集聚经济的存在。

西科尼与霍尔（Ciccone A. & Hall R. E. , 1996）② 研究了一般意义的经济集聚（制造业密度）与生产率之间的关系，得出生产率与经济密度之间存在正相关性，经济密度增加一倍，劳动生产率上升6%。

这些研究都表明城市经济的存在，集聚规模增加一倍，生产率上升幅度通常为3% ~8%。

中村（Nakamura，1985）③ 与亨德森（Henderson J. V. , 1986）④、布莱克等人（Black D. & Henderson V. , 1999）⑤ 在研究中，同时检验了本地化经济与城市化经济的作用。前者使用日本的数据，后者使用美国与巴西的数据，估计每个两位数制造业部门的生产函数。中村的结果显示，对重工业来说本地化经济更为重要，而对轻工业来说城市化经济更为重要，其中产业规模增加一倍，生产率上升4.5%，城市规模增加一倍，生产率上升3.4%。亨德森（Henderson J. V. , 1986）⑥ 发现外部规模经济主要源于本地化经济而非城市化经济，但这种本地化经济将随着城市规模的扩大逐渐消失。从这一点来讲，中小城市一般比大城市的专业性更强。

另外，蒙玛瓦（Moomaw，1983）⑦ 发现两种经济都存在，罗森瑟尔与斯

① Glaeser E. L. , Mare D. C. . Cities and skills [J]. Journal of labor economics, 2001, 19 (2): 316 -342.

② Ciccone A. , Hall R. E. . Productivity jind the Density of Economic Activity [J]. American Econotnic Review, 1996 (86): 1 -54.

③ Nakamura R. . Agglomeration economies in urban manufacturing industries: a case of Japanese cities [J]. Journal of Urban economics, 1985, 17 (1): 108 -124.

④ Henderson J. V. . Efficiency of resource usage and city size [J]. Journal of Urban economics, 1986, 19 (1): 47 -70.

⑤ Black D. , Henderson V. . Spatial evolution of population and industry in the United States [J]. American Economic Review, 1999, 89 (2): 321 -327.

⑥ Henderson J. V. . Efficiency of resource usage and city size [J]. Journal of Urban economics, 1986, 19 (1): 47 -70.

⑦ Moomaw R. L. . Is population scale a worthless surrogate for business agglomeration economies? [J]. Regional Science and Urban Economics, 1983, 13 (4): 525 -545.

特朗齐（Rosenthal S. S. & Strange W. C.，2003）[①] 发现本地化经济更明显。

格莱泽等人（Glaeseretal，1992）[②] 对1956—1987年美国170个城市的增长进行了研究，发现产业的就业增长率依赖于产业竞争程度和本地区其他产业的规模，而本产业规模的影响不显著且为负，从而得出存在动态城市化经济。

亨德森等人（Henderson V. & Kuncoro A. & Turner M.，1995）[③] 对1970—1987年8个制造业部门所做的分析显示，动态本地化经济和动态城市化经济同时存在，对较为成熟的资本密集型产业来说后者更重要，而对高新技术产业来说前者更重要，并倾向于布局在具有多样化特征的城市。

布莱克等人（Black D. & Henderson V.，1999）[④] 利用1972—1992年的美国制造业企业普查数据，对企业产出的影响因素进行了分析，发现在资本品制造业中集聚经济不明显，而高技术产业存在明显的静态和动态本地化经济效应，企业产出受到现有企业和新出现企业数量的影响。

一些学者研究了从集聚中心向外的生产率梯度，即不同区位的生产率与该区位到区域中心的距离之间的关系，以验证集聚经济。

斯维考克斯等人（Sveikauskas L. & Townroe P. & Hansen E.，1985）[⑤] 对圣保罗州市8个制造业行业新进入企业的生产率进行了研究，在控制技术水平、学习效应和内部规模经济差异后，发现到城市中心所需时间增加一倍，平均生产率下降15%。

汉森（Hansen E. R.，1990）[⑥] 采用与斯维考克斯等人相同的框架，估计产业集聚对圣保罗市生产率和工资的影响，发现到圣保罗城市中心的距

---

① Rosenthal S. S.，Strange W. C.. Geography，industrial organization，and agglomeration［J］. review of Economics and Statistics，2003，85（2）：377－393.

② Glaeser E. L.，Kallal H. D.，Scheinkman J. A.，et al.. Growth in cities［J］. Journal of political economy，1992，100（6）：1126－1152.

③ Henderson V.，Kuncoro A.，Turner M.. Industrial development in cities［J］. Journal of political economy，1995，103（5）：1067－1090.

④ Black D.，Henderson V.. Spatial evolution of population and industry in the United States［J］. American Economic Review，1999，89（2）：321－327.

⑤ Sveikauskas L.，Townroe P.，Hansen E.. Intraregional productivity differences in São Paulo state manufacturing plants［J］. Weltwirtschaftliches Archiv，1985，121（4）：722－740.

⑥ Hansen E. R.. Agglomeration economies and industrial decentralization：The wage—productivity trade－offs［J］. Journal of urban economics，1990，28（2）：140－159.

离每增加一倍，企业生产率平均下降8.9%。在另一研究中，汉森（Hanson G. H.，1996）[①] 对墨西哥服装制造业的工资进行了研究，发现以旅行时间衡量各地区到墨西哥城的距离对生产率有重要影响，可以解释工资变化的41.4%。

亨德森（Henderson I. V.，1994）[②] 使用1970年美国、巴西的汽车零部件与农业机械制造业的数据分析发现，从290公里开始，到市场中心的平均距离每增加一倍，平均利润降低6%。[③]

波特（Porter M. E.，1998）[④] 与斯科特（Scott A. J.，2004）[⑤] 等人通过研究认为产业集群与区域经济增长之间具有双向促进关系；迪郎东和普佳（Duranton G. & Puga D.，2002）等人[⑥]则从组织分工的角度讲述了厂商组织变化和城市结构变化之间的关系。[⑦]

2001年美国经济学家范登博格[⑧]经过深入研究得出结论：城市及更小区域的经济发展受到产业群的决定性影响，因此西方很多城市的长期发展战略都建立在以产业群的方式促进经济增长的基础上。

2003年美国学者波特[⑨]收集了1990年到2000年十年间美国集群经济发展的有关数据后，进行深入分析得出重要结论：贸易集群极大地影响了美国区域经济的发展。

---

① Hanson G. H.. Localization economies, vertical organization and trade [R]. National Bureau of Economic Research, 1994.

② Henderson I. V.. Where does an industry locate? [J]. Journal of Urban Economics, 1994, 35 (1): 83-104.

③ 刘长全. 基于外部性的产业集聚与集聚经济研究——国外城市经济理论研究综述 [J]. 上海经济研究, 2009 (3): 99-107.

④ Porter M. E.. The Competitive Advantage of Nations—The Finnish Case [J]. Steinbock, D. (1998). The Competitive Advantage of Finland: From Cartels to Competition, 1998.

⑤ Scott A. J.. Cultural-products industries and urban economic development: prospects for growth and market contestation in global context [J]. Urban affairs review, 2004, 39 (4): 461-490.

⑥ Duranton G., Puga D.. From sectoral to functional urban specialisation [J]. Journal of Urban Economics, 2002, 57 (2): 343-370.

⑦ 万宇艳. 中原城市群与产业群耦合发展研究 [J]. 地域研究与开发, 2015, 34 (3): 7-11.

⑧ Van den Berg G. J.. Duration models: specification, identification and multiple durations [M]. //Handbook of econometrics. Elsevier, 2001 (5): 3381-3460.

⑨ Porter M.. The economic performance of regions [J]. Regional studies, 2003, 37 (6-7): 549-578.

第二节　国内相关研究综述

一、交通运输与产业集聚

国内关于交通运输与产业集聚关系的研究起步较晚，在研究中倾向于将交通运输视为产业集聚的一个因素，进行定性研究。

（一）交通运输对产业集聚的作用

张文尝等人（2000）论证了交通运输是导致社会经济及其空间结构产生巨大变化的关键因素之一，并论述了交通运输对经济活动的集聚与扩散的作用。① 他们认为随着生产力的发展，区域经济系统的空间演化与交通运输线的联系日益密切，一种依托交通干线不断集散、融合人口、产业、城镇、物流、能流、信息流的线状空间地域综合体不断生长并迅速发展，并将这种独特的空间地域综合体称为交通经济带（Traffic Economic Belt），系统阐述了交通经济带的基本概念、基本类型、基本性质，并创建性地提出了交通经济带的生命周期理论。

李君华（2007）对全球化背景下研究产业集聚和布局的一般机理进行了研究，并试图以此解析中国制造业布局的状况和产业的演变过程。② 在对影响产业布局和集聚的各种因素进行研究之后，对中国制造业分布的集中度进行了测算，对集中状况的影响因素和它对地区产业增长的贡献进行了实证检验。通过研究认为集聚均衡是由各种向心力和离心力相互作用的结果，并且构建了一个研究产业集聚的模型，该模型证明跨地区交通的改善对于地区专业化和集聚有显著的影响。

黄洁（2009）在市场一体化程度较高和地区发展水平接近的前提下，提出了产业集聚间分工这一研究主题，通过描述产业集聚间分工产生的微

① 韩增林，杨荫凯，张文尝，等. 交通经济带的基础理论及其生命周期模式研究［J］. 地理科学，2000，20（4）：295－300.

② 李君华. 产业集聚与中国制造业分布研究［D］. 武汉：华中科技大学，2007.

观机制，明确了垂直解体和运输成本对形成产业集聚间分工的作用，并在此基础上进一步探讨了产业集聚间分工对发展广域产业集聚的影响。[①] 通过理论探讨和实证分析，分析产业集聚间分工与运输成本的关系后得出结论：长三角地区内部运输条件的改善会促进产业集聚间分工的发展，从而引导整个长三角地区沿着产业发展和空间集聚的轨道逐渐成为一个“广域的产业集聚”。

刘雪莲（2009）分析了金（金华）甬（宁波）铁路沿线区域交通及社会经济发展现状，从城市需求、区域经济等方面对区域交通需求进行了研究，认为铁路的开通对完善周边地区城市交通体系和枢纽功能、增强城市辐射与聚集功能、促进周边区域产业布局调整和可持续发展具有重要影响。[②]

吴汉嵩（2009）认为产业转移与厂商重新选择厂址是连在一起的。多数厂商选择同一区位就可能导致产业的空间集聚，最终形成产业集群。从研究厂商选址到产业空间集聚的微观机理出发，深入研究厂商选址与产业集群的关系，揭示产业转移的内在原因，并从中得到我国如何实现产业转移的启示。通过建立模型证明产业转移主要考虑的是运输成本问题，低运输成本的地区将有更强的产业转移的吸引力。[③]

蒋满元（2009）认为影响集聚经济的因素主要可归为运输成本和生产密度这两大类。考虑到生产密度本身又与运输成本间的关系十分密切，因而在影响集聚经济的所有因素中，运输成本的重要性始终都是不可忽视的。[④]

林建永等（2011）通过演化经济学分析，分析了交通同城化对跨区域分工布局的影响。[⑤] 认为交通加速带来的同城化将从产业布局机制、产业演变机制和产业跨区域竞争层次三个层面影响产业的跨区域分工布局，并

---

① 黄洁．垂直解体与低运输成本下的产业集聚间分工研究——来自长三角的微观实证［D］．杭州：浙江大学，2009：108－123.

② 刘雪莲．金甬铁路对区域交通及社会经济发展的影响［J］．铁道运输与经济，2009，31（4）：40－42.

③ 吴汉嵩．从产业转移到产业集群形成的微观机理研究［J］．价值工程，2009，28（7）：110－113.

④ 蒋满元．运输成本对产业集聚的影响：理论分析与实证检验［J］．重庆工商大学学报（社会科学版），2009，26（4）：22－27.

⑤ 林建永，陈俊兰，吴永兴．交通同城化与产业布局演化研究［J］．经济问题探索，2011（9）：8－12.

表现为人口主导、市场主导、城镇主导和产业主导的四个变迁过程。在交通同城化背景下，同城区域的产业集群效益影响范围扩大，对空间集中度要求降低，促进产业区位规模化分工和促进专业化市场的大量涌现，同时还将为新兴市场和服务业提供更广阔的市场容量。

薛占栋（2011）① 研究了影响产业集群的运输成本因素，认为产业集聚是生产要素在空间的集中，即距离的缩短和地理范围的缩小。影响集聚经济主要有两大因素：运输成本和生产密度。在考察了泛珠三角区域的产业集群情况之后，得出距离对产业集群的决定性影响的结论。他认为经济后进地区要想承接发达地区有序有效的产业链分工，一个很重要的影响就是要改变单位运输成本，通过改变落后的交通运输设施以及陈旧的信息网络，显著降低距离发达地区的运输成本，从而弥补在地理区位上的天然劣势。

（二）产业集聚对交通运输的反作用

在交通运输对产业集聚产生影响的同时，产业集聚也会对交通运输产生反作用。

吴峰、施其洲（2006）② 认为在交通运输业发展演进过程中，产业结构的变化会带动交通运输结构变化。通过对产业结构与交通运输结构熵值的因果关系检验，定量分析了我国产业结构与交通运输结构的关系；检验结果表明，产业结构的变化与货运周转量结构变化有因果关系。

柳艳娇（2007）认为交通运输是国民经济的基础，良好的交通运输体系对于确保国民经济的持续发展和社会再生产的顺利进行至关重要；交通运输业的影响因素很多，其中的一个重要因素就是产业结构；随着中国经济的快速增长和产业结构的不断演变，各行各业对交通运输业服务在数量和质量方面提出了更高的要求；借助 1997 年、2002 年以及 2010 年的中国价值型直接消耗系数表和计算得到的完全消耗系数表，分析了产业结构与交通货运业的整体关联特征和产业结构与交通运输货运业内部结构的关联

① 薛占栋．产业集群形成的运输成本原因研究——以泛珠三角为对象［J］．经济问题探索，2011（3）：89－92.

② 吴峰、施其洲．基于熵值理论的产业结构与交通运输结构关系研究［J］．交通运输系统工程与信息，2006，6（1）：71－74.

特征。结果表明：三次产业中，对交通运输业影响最大的是第二产业；不同产业部门对各种运输方式的需求存在差异；各产业部门对不同运输方式也存有不同的需求。这些差异和不同正是产业结构影响交通运输货运业以及各种运输方式发展的根本原因；随着时间的变化和技术的不断进步这些差异也将发生变化。总体来说，产业结构与交通运输货运业的关联度正趋于强化，经济总量仍然是交通货运业需求增加的主要因素，但产业结构对交通运输货运业的影响不容忽视。①

杨春婧（2007）对运输线网与哈大齐工业走廊大齐规划区产业布局的耦合进行了研究；在充分调研哈大齐工业走廊大庆和齐齐哈尔两市的社会经济状况、交通运输线网设施状况、产业园区布局和产业结构规划、城市总体规划等资料的基础上，运用灰色系统、布朗非线性指数平滑等方法，借助 MATLAB 等工具编程运算，预测了大庆和齐齐哈尔未来社会经济和交通需求发展趋势；将公路网与产业布局的适应性分析作为研究重点。②

聂正英（2010）认为国民经济的发展是影响交通量增长的主要因素，而产业结构在整个国民经济中又居于主导地位。国民经济不同的产业结构，会对运输在量与质上产生不同的需求，因此分析产业结构对交通运输需求增长的影响具有重要的理论价值和实际意义。构建了影响交通运输需求变化的完全分解模型，并根据影响因素变化方向的不同，提出了不同类型的完全分解模型；在对 1987 年、1997 年、2007 年进行大量数据整理的基础上，运用所构建的完全分解模型对产业结构对交通运输需求的影响进行了实证分析；最后预测了 2017 年的投入产出表，并运用所构建的完全分解模型对产业结构对交通运输需求的影响进行了预测与分析，通过实证分析了产业结构对交通运输需求的影响。③

郝伟伟（2014）等对北京市产业布局与交通系统互动协调发展进行了分析。研究发现北京市产业布局“单中心”形态尚未改善：高、低端产业混合布局于中心城区，新城“有城无业”问题突出，交通枢纽站缺乏产业

---

① 柳艳娇．产业结构变化对交通货运业发展影响分析［D］．大连：大连海事大学，2007.

② 杨春婧．运输线网与哈大齐工业走廊大齐规划区产业布局的耦合研究［D］．哈尔滨：东北林业大学，2007.

③ 聂正英．产业结构对交通运输需求影响的定量分析［D］．北京：北京交通大学，2010.

配套支撑，导致职住分离现象严重，向心通勤特征明显。当前的交通系统既难以支撑中心城区产业发展的巨大需求，也难以有效发挥其对“多中心”产业布局形成的引导作用，造成交通拥堵持续加剧。提出了解决北京市产业布局与交通系统之间不协调的问题，促进二者协调发展的对策。①

二、交通运输与城市群

国内学者非常重视交通网络在城市群演化中所起的重要作用。

陆大道（1984）提出“点轴系统理论”，分析了2000年我国工业生产力布局总图的依据，指出点轴开发是最有效的空间组织形式。提出工业布局变化应遵循的基本战略，如工业布局总图不宜发生重大变化；重点发展的轴线及点轴系统；大中城市及工业集聚区空间结构的小尺度调整等。尤其重视交通运输干线，即“轴”的作用。②

陆大道先生提出的点轴系统如图2－4所示。

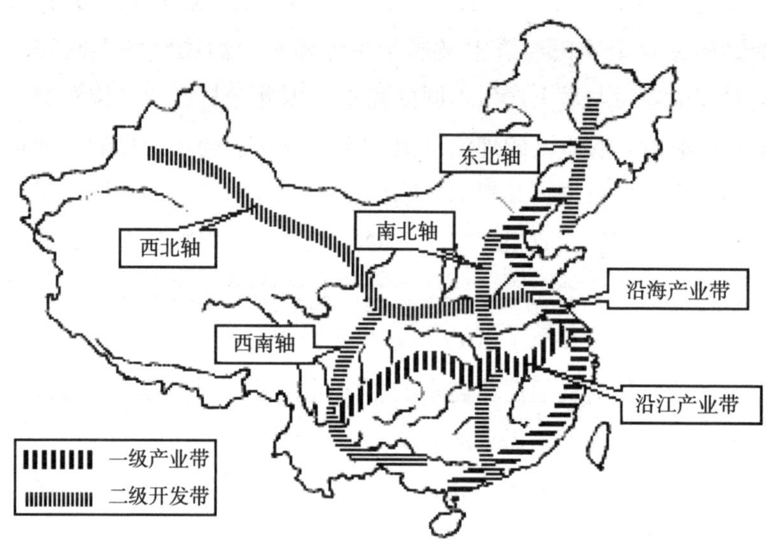

图2－4　陆大道提出的点轴系统示意图

---

① 郝伟伟，张梅青．北京市产业布局与交通系统互动协调发展分析［J］．北京交通大学学报（社会科学版），2014，13（1）：23－30.

② 陆大道．2000年我国工业生产力布局总图的科学基础［R］．全国经济地理学术研讨会，乌鲁木齐：1984（9）．

周一星（1988）提出都市连绵区（MIR）的概念，认为MIR形成的先决条件是有一条或若干条交通走廊。①

姚士谋（1992）认为现代化交通工具和综合运输网是城市群形成的必备条件之一；他认为城市群（Urban Agglomerations）是在特定的地域范围内具有相当数量的不同性质、类型和等级规模的城市，依托一定的自然环境条件，以一个或两个特大型城市作为地区经济的核心，借助于现代化的交通工具和综合运输网的通达性以及高度发达的信息网络，以发展城市之间的内在联系，共同构成一个相对完整的城市“集合体”。②

朱英明（2004）认为在城市群形成过程中，交通运输对城市组团或城市组群等地域结构基本单元起着制约、引导作用，从而形成沿交通走廊的城市组团或城市群组。③

官卫华、姚士谋（2006）认为，世界城市化发展历程表明，城市群的生长发育与交通走廊的形成是同步并进的。在阐述城市空间生长理论和交通走廊理论的基础上，通过总结国外经验归纳出交通走廊与城市空间成长的互动机理。然后以南京都市圈宁镇扬地区为研究对象，分析了该地区的空间成长机制，进一步揭示并证明了交通走廊引导下城市群空间成长的“四阶段”规律，并提出大流量快速交通体系（一小时交通圈）发展和轴向交通系统需求影响下城市群区域空间成长的相关建议。④

刘勇（2007）认为从国内外城市群发展来看，交通运输构成了城市群空间结构的骨架。借助于交通网络，既可以沿相应的轴线进行产业布局又可以开展分工合作，增加区域城镇之间的相互联系，形成各具特色的地域分工体系，从而促进城市群的进一步发展和空间结构优化。研究分两个层次探讨了城市群空间结构与交通运输之间的关系，第一个层次是分析了交通运输对城市群空间结构演化的作用机制，认为分工和专业化以及集聚和

---

① Zhou Yixing. Definition of Urban Place and Statistical Standards of Urban Population in China: Problem and Solution [J]. Asian Geography, 1988, 7 (1): 12-18.

② 姚士谋. 中国城市群 [M]. 合肥：中国科学技术大学出版社，1992.

③ 朱英明. 城市群经济空间分析 [M]. 北京：科学出版社，2004.

④ 官卫华，姚士谋. 基于交通走廊的城市群区域空间成长研究——以宁镇扬区域成长三角为例 [C]. //中国城市规划学会. 规划50年——2006中国城市规划年会论文集 [C]. 北京：中国建筑工业出版社，2006：137-146.

扩散是影响城市群空间结构演化的两个主要动力机制，对集聚经济效益的追求则构成了城市群空间结构演化的内在动力。在此基础上，分别研究了交通运输对城市群分工专业化和交通运输对产业集聚以及城市层级体系的影响。在第二层次探讨了交通运输与城市群空间结构协同发展的路径，进一步研究了空间结构演化对城市群交通运输的影响以及交通运输与城市群空间结构的双向互动反馈作用。从自组织的角度探讨了交通运输与城市群空间结构演化之间的相互关系，提出了城市群交通运输与空间结构协同发展的作用机理。①

鞠志龙，霍娅敏（2009）认为城市群发展过程中交通运输系统的基础支撑作用至关重要，探讨优先发展城市群交通运输业，协调城市群交通运输系统的发展，使各种交通方式为城市群发展起支撑作用。并以成渝城市群交通运输系统的发展支撑作用为例，说明交通运输系统对城市群发展的支撑作用。②

刘辉（2013）等认为伴随高速公路和高速铁路基础设施建设和运营，城市间“时间距离”缩短，引起城市区位和城市关系网络发生变化。研究将 GIS 网络分析和社会网络分析结合起来，利用 O－D 矩阵和引力场模型，分析京津冀都市圈在公路、铁路、高速公路和高速铁路 4 种不同交通模式下，可达性的差异性及都市圈城市经济相互作用的外向和内向集中程度等。结果发现：①交通可达性对都市圈内层极化作用高于外层作用，交通按照公路—铁路—高速公路—高速铁路顺序大大提高城市间可达性。②交通可达性具有两面性。一方面提高城市经济辐射能力和城市间联系度，另一方面拉大城市间差异程度，且北京、天津以辐射功能为主，其他城市以集聚为主。③可达性在 1h 以内，城市对外影响力较明显；在 1h 以上，城市经济影响力变化较弱，在 2h 以上影响渐渐消失。④公路、铁路、高速公路和高速铁路 4 种交通模式中，天津交通区位优越于北京，但在可达性和经济影响力综合作用下，北京外向集中程度（Out Degree）地位明显优越

① 刘勇．交通运输与城市群空间结构演化：作用机制及其协同发展［D］．天津：南开大学，2007.

② 鞠志龙，霍娅敏．交通运输系统对城市群发展支撑作用的探讨［J］．铁道运输与经济，2009，31（3）：39－42.

于天津，而内向集中程度（In Degree）天津高于北京。⑤可达性拓展了都市圈内层的空间范围，并引起空间结构由“多中心”结构向连续的“带状”结构演变。[①]

随着交通网络与城市群演化之间关系研究的深入，城市群发展对于交通网络的影响逐渐受到大家的关注。

孔令斌（2004）以我国三大城镇密集发展地区的发展为背景，探讨了城镇密集地区城镇集聚的原因，从交通运输、服务和市场三个城镇密集地区聚合要素分析区域交通需求的特征，并从区域城市化和城市区域化的发展趋势分析了城镇密集地区对外、内部交通需求的特征，以及目前城镇密集地区交通系统建设和规划中存在的问题，提出以区域为一个发展的实体构建区域对外交通系统，从区域内城镇职能分工、大型交通设施区域共享的角度，以交通系统一体化为目标，构建与服务范围相一致、与交通需求特征相一致，满足不同类型交通联系可达性的综合交通网络。[②]

陈赟（2005）认为随着城镇之间的联系越来越密切，城镇体系正朝着网络化的趋势发展，这必然要求有与之相适应的交通网络体系来支撑它的发展。因此在公路交通与城镇体系的快速发展过程中，必须在它们之间建立一种彼此适应、相互促进的关系，才能实现城镇体系与公路交通的可持续发展。研究从城镇体系与公路交通理论和发展现状分析出发，揭示了不同经济发展阶段、不同城镇空间类型下公路交通与城镇发展的关系，探讨了城镇体系与公路交通在布局、结构等方面的配置协调，并建立了我国城市化与公路网密度的相关性模型。引入分形理论对城镇体系与公路交通的空间结构进行分形分析，揭示了城镇体系与公路交通网络之间的关联互动的演化关系，提出了城镇体系与公路交通适应性评价的基本内涵，构建适应性评价指标体系，应用改进的灰色平均关联度模型对城镇体系与公路交通适应性进行综合评价。并以金华市为研究背景，对城镇体系与公路交通

① 刘辉，申玉铭，孟丹，等．基于交通可达性的京津冀城市网络集中性及空间结构研究［J］．经济地理，2013，33（8）：37－45.

② 孔令斌．我国城镇密集地区城镇与交通协调发展研究［J］．城市规划，2004（10）：35－40.

适应性进行了研究。①

王新军等（2010）以上海为例，从交通体系和城镇体系的演变入手，探讨了两者互动发展的关系；认为国家高速铁路、长三角城际铁路以及上海市郊铁路、地铁、轻轨和虹桥枢纽、浦东机场枢纽等交通设施大规模建设，带来了交通体系的变革。上海城市发展的重心从中心城转移到郊区城镇，从交通体系和城镇体系的演变入手，探讨了两者互动发展的关系，提出需要紧紧把握这次交通体系变革的良机，优化上海城镇体系，为上海未来形成科学合理的城镇体系格局奠定基础。②

孔婷月（2011）认为地区经济和综合交通之间的互动发展，形成了一定规模的区域综合交通体系，如何发挥环渤海区域港口群与城市群经济发展和区域资源优化配置的互动作用显得十分重要。运用交通经济学、区域经济理论和系统分析的方法对环渤海区域港口群与城市群互动效应进行研究，采用德尔菲法和主成分分析法评价环渤海区域综合发展潜能，并分析了环渤海区域港口群吞吐规模对城市群发展的贡献度、港口群与城市群发展的协调性以及区域综合竞争力三方面，分析港口群、城市群相互之间拉动带来的社会经济效应。研究了环渤海区域港口群对所在区域城市群的经济贡献、产业调整以及腹地综合交通网络系统布局等方面的影响，得出环渤海区域港口群与城市群通过密集的综合交通网络紧密联系，相互带动，共同发展。③

三、产业集聚与城市群

苏雪串（2004）认为城市化的基本特征即要素集聚，聚集经济是城市化的基本动力，产业集群有利于提升城市竞争力从而促进城市化，城市群的发展是城市化达到一定阶段的必然产物；在不同的经济发展和城市化水平上，要素集聚、产业集群和城市群分别起主要作用。我国地域辽阔，地区间经济发展和城市化水平存在较大差距，因此加速我国的城市化进程，

① 陈赟．城镇体系与公路交通适应性研究［D］．长沙：长沙理工大学，2005.

② 王新军，敬东，苏海龙．新时期上海交通体系变革与城镇体系优化的互动性思考［J］．城市规划学刊，2010（3）：35－43.

③ 孔婷月．环渤海区域港口群与城市群互动效应分析［D］．北京：北京交通大学，2011.

需要同时发挥城市聚集经济、产业集群和城市群的作用。①

赵航（2007）认为产业聚集成为城市的本质特征，产业聚集促进了聚集经济性的形成，聚集经济性使城市经济、社会、功能和空间得以不断发展和优化。产业聚集在形成经济性的同时还形成了聚集的不经济性，对城市发展产生制约作用。从产业聚集出发，通过研究产业聚集在区域工业化、城市功能和城市类型、城市内部空间结构以及城市群的演化发展过程中的作用机制，进一步揭示产业聚集与城市化发展的内在关系。不同类型的产业聚集通过对产业发展环境的作用，强化了自身的聚集经济类型，从而使得专业化城市更加专业化，而多样化城市则更加多样化。产业聚集对城市群的作用表现在两方面，一方面是促进了中心城市规模的扩大和大量中小城市的形成；另一方面则是影响了城市间的地域分工。在对产业聚集与城市化相关研究的基础上，进一步分析了当前城市化战略中的主要问题，提出了基于产业聚集优化的城市化发展战略并阐述了实现城市化战略的基本途径。②

李国平等（2009）认为专业化分工的深入和分工在空间上的分化是促使城市群成长的根本动因，城市群是企业为降低交易费用，提高交易效率和获取由分工产生的报酬递增的一种空间表现形式；城市群的发展，以其扩大市场规模、降低成本、协调产业布局的功能，进一步促进分工的深化，提高交易效率，推动区域经济的发展。③

陈剑锋（2010）从制度、动力、过程和模型三方面对城市群和产业集群的演化进行了回顾和分析，探讨了目前对城市群和产业集群演化的研究存在的问题，最后提出了未来基于产业集群的城市群演化的重点研究内容、逻辑框架和研究目标。④

赵航（2011）认为城市空间是由一系列块状功能区组成，如商业区、

---

① 苏雪串．城市化进程中的要素集聚、产业集群和城市群发展［J］．中央财经大学学报，2004（1）：49－52.

② 赵航．产业聚集与城市化演进的内在机理研究［D］．南京：东南大学，2007.

③ 李国平，杨洋．分工演进与城市群形成的机理研究［J］．商业研究，2009（3）：116－119.

④ 陈剑锋．基于产业集群的城市群演化理论分析与研究框架构建［J］．科技进步与对策，2010，27（1）：81－83.

商务区、工业区等。这些功能区是相关功能主体空间集聚的结果，它们的空间变化带动了城市空间的演化。认为在城市功能空间演化中，集聚以及由此形成的集聚效应具有关键作用。对集聚效应在城市功能空间演化中的作用机制进行了梳理，并以南京为例进行了实证分析。①

伏晓玮（2013）以北部湾为例对产业群与城市群的耦合进行了研究，认为产业群和城市群耦合发展已经成为区域经济未来发展的重要模式和动力。首先检验广西北部湾地区的产业群和城市群之间的 Granger 因果关系，旨在探究产业群和城市群在耦合发展中的关系，其次建立多重指标体系，检验了广西北部湾地区产业群和城市群耦合发展已达到的水平以及耦合发展对区域经济的效应。得出结论：广西北部湾地区的产业发展是城市发展的 Granger 原因，但是城市发展基本不是产业发展的 Granger 原因；广西北部湾地区的产业群和城市群的耦合发展处在颉颃期向磨合期逐渐过渡阶段；最后提出促进广西北部湾产业群与城市群耦合发展的对策。②

四、交通运输、产业集聚与城市群间关系

朱智文（2006）以城市化的动力机制为起点探寻了城市化与产业集聚的关系，认为产业集聚与城市化是相辅相成、互进互动的关系，一方面产业集聚形成了城市且使城市化进程加速，另一方面城市的形成及城市化水平的提高进一步强化了产业集聚。因此政府在推进城市化进程中既要加快产业集聚推进城市化进程，又要搞好城市规划，充分考虑产业集聚的需要，为产业集聚创造条件，以实现产业集聚与城市化的良性互动。③

郭凤城（2008）认为在一定区域内产业群与城市群之间存在耦合关系，且耦合程度与所在区域的发展呈明显的正相关性，城市群域经济体是二者高度耦合的产物。二者的耦合具有内生性、自组织性、网络性、柔性、阶段性等特点，并且存在共生互动规律、聚散规律、竞合规律，以及由产业链与城市链融合机制、产业空间组织与城市空间组织联动机制、传

① 赵航．产业集聚效应与城市功能空间演化［J］．城市问题，2011（3）：16－20.

② 伏晓玮．广西北部湾产业群与城市群的耦合发展研究［D］．广西：广西大学，2013.

③ 朱智文．基于产业集聚的城市化和城市化过程中的产业集聚［J］．开发研究，2006（6）：45－48.

导机制、叠加放大机制和政府推动机制等共同构成的耦合机制。并建立耦合度系数模型对耦合度的高低进行了判别。①

刘东林（2008）分析认为城市体系建设、产业集群发展都是当今区域经济发展的重要途径与表现，为推动区域经济发展，应分析城市化及产业集群发展的动力来源，分析产业集群对区域经济发展的重要作用，以寻找推动区域经济发展的着力点。分析发现城市群与产业集群发展二者之间存在相互促进的动力机制，二者相互推动，共同促进着区域经济发展。②

马远军（2009）运用区域经济学、经济地理学和生态学等多学科的基本原理和观点，采用规范分析和实证分析相结合、定性分析与定量分析相结合、动态分析与静态分析相结合，多角度综合分析了产业集群与城市群互动问题。③

荆新轩（2009）提出了运输通道与经济带耦合系统的理念，深入地研究了运输通道与经济带相互之间的耦合作用④；认为经济带的形成需要运输通道的完善，而运输通道的发展有赖于经济带的支撑，两者间存在相互依存、相互影响、相互作用的紧密关系，构成一个具有非线性关系的复杂系统。在分析、定义运输通道—经济带系统协调概念的基础上，给出不同于其他协调度模型的组合模型。通过京沪运输通道—经济带系统协调度的实例分析，证明这一模型的可行性和有效性。⑤

李东光、郭凤城（2011）认为产业集群与城市群协调发展对区域经济发展具有重要影响，二者呈明显的正相关性，二者协调程度越高，对区域经济发展的带动作用就越大。⑥

张国华（2011）认为交通、空间、产业三要素一体化一直是城市综合

① 郭凤城．产业群、城市群的耦合与区域经济发展［D］．吉林大学，2008.

② 刘东林．城市群与产业集群发展的互动机制［J］．山东财政学院学报，2008（5）：69－72.

③ 马远军．城市群与产业集群互动的理论与实证［D］．南京：南京师范大学，2009.

④ 荆新轩．运输通道—经济带系统耦合与协调的研究［D］．上海：同济大学，2009.

⑤ 荆新轩，付晓豫，施其洲．京沪运输通道—经济带系统协调研究［J］．铁道运输与经济，2009，31（7）：25－28.

⑥ 李东光，郭凤城．产业集群与城市群协调发展对区域经济的影响［J］．经济纵横，2011（8）：40－43.

交通体系规划的理想，提出了从交通、空间、产业三要素互动发展规律入手，同步编制城市综合交通体系规划与城市总体规划的思路。①

张贵先（2012）以重庆市产业集群与城镇化为研究对象，在产业集群与城镇化互动发展逻辑关系分析的基础上，通过对重庆市产业集群与城镇化互动发展水平进行评价和动力分析，提出重庆市产业集群与城镇化互动发展的运作模式及相应的政策建议，来促进重庆市产业集群与城镇化的互动发展。通过建立重庆市产业集群与城镇化系统动力学仿真模型，揭示了产业集群与城镇化之间存在互动发展动力。产业集群的发展能促使区域产业结构的调整和优化，降低第一产业劳动力，促进农村剩余劳动力向城镇转移，提升城镇化水平。另外，城镇化为产业的聚集提供了空间地理载体，各企业、各产业在地理分布上不断集中，城镇人口规模的逐步扩大，为产业集群的进一步发展提供了有效支撑。在对产业集群与城镇化互动发展模式进行了实证分析基础上，提出有效促进重庆市产业集群与城镇化互动发展的政策建议。②

郭凤城（2013）认为一定区域内产业群与城市群之间存在耦合关系，且耦合程度与所在区域的发展呈明显的正相关性；以吉林省中部长春、吉林、四平、松原、辽源五市构成的城市群及五市运输设备制造业、石油化工业、农产品及食品加工业三大产业集群为研究对象，分别测算了城市群和产业群的功效系数，进而测算了2011年吉林省中部产业群与城市群的耦合度。③

吴琪（2014）探讨了运输通道与经济带互动关系的一般规律和机理，提出了运输通道—经济带系统耦合评价的创新性研究思路，建立了耦合度和耦合协同度模型，并创建了较为合理和完善的评价指标体系，对运输通道子系统与经济带子系统互动关系开展了定量分析。以京沪地区为具体研究实例，选取可以反映运输通道能力与经济带整体发展水平，以及能够体

---

① 张国华．城市综合交通体系规划技术转型——产业·空间·交通三要素统筹协调［J］．城市规划，2011，35（11）：42－48.

② 张贵先．重庆市产业集群与城镇化互动发展模式研究［D］．重庆：西南大学，2012.

③ 郭凤城，潘鸿，王卓识．吉林省中部城市群与产业群耦合度测算［C］．中国技术管理．2013.

现出个体差异的具有一定代表性的指标，分别对 2000 年至 2010 年运输通道与经济带的耦合情况进行了测算和评价。①

第三节　国内外研究现状述评

一、缺乏对其内在耦合机理的研究

目前，我国在交通基础设施方面投资巨大，许多地方的交通条件有了巨大的改善，然而并没有发生相应的产业集聚现象。在现实中，跨地区分工乃至跨国分工现象比比皆是，这说明交通网络并不必然导致产业集聚的发生；同样是作为我国主要的交通干线，陇海沿线的城市群发达程度远不如京广沿线，而京九线自 1996 年开通以来，沿线并未产生较大的城市群，交通网络的形成并未伴随着城市群的产生。因此，需要深入研究交通网络、产业集聚与城市群内在的耦合机理，更好地发挥交通网络在产业集聚与城市群发育中的重要作用。

二、忽略了经济空间差异与交通基础设施的网络特性

由于研究手段的限制，研究主要以理论研究为主和传统的量化研究手段为主，从时间维度出发，采取单要素的传统经济计量分析为主，忽略了现实空间的异质性；研究中仍然以传统的核心——外围模型为主。多采用传统经济计量分析；而现实经济空间往往存在差异，从而导致研究假设与现实经济不符。在以往研究中对于交通基础设施的网络性认识不足，交通运输网络的形成会加速生产要素的流动。在忽略经济空间差异性与交通基础设施网络特征前提下展开研究，难免会导致研究成果的价值大打折扣。

三、对三者间互馈机制的认识不足

对于交通运输、产业集聚与城市群之间存在复杂的相互作用与相互耦

---

① 吴琪．运输通道与经济带互动关系综合分析与研究［D］．兰州：兰州交通大学，2014.

合关系，目前相关研究仅散见于经济地理学、交通经济学与区域经济等研究领域，并且各学科研究侧重点不同，但都是三者某一方决定另一方，或是从双方互动的角度出发展开研究，缺乏对交通运输、产业集聚与城市群演化三者间复杂的互相反馈机制的认识与深入研究。已有的研究往往强调交通运输对于产业集聚、城市群的作用，忽视了产业集聚与城市群的发展对于交通运输需求的影响。对于交通运输、产业集聚与城市群之间的相互作用，交通运输、产业集聚与城市群之间的相互耦合与协调发展的研究还尚未有人涉及，随着区域经济一体化的不断加深，交通基础设施投资的不断加大，产业集群的不断出现，城镇化进程的进一步深入，对于交通运输、产业集聚与城市群之间的耦合作用与协调发展进行研究就显得尤为必要。

第三章

交通网络、产业集聚与城市群耦合机理

第一节 耦合的经济与区位原因

一、耦合的经济原因

由于交通网络发展导致的运输成本降低，进而影响厂商的生产函数，导致产业在地理上出现空间集聚现象，出现产业的集聚、人口的集聚，形成城镇，并进一步演化形成城镇群，最终形成城市体系。

其作用机理如下：

交通网络→运输成本→生产函数→产业集聚→城市体系。

20 世纪 80 年代，新经济地理学的奠基人 Krugman 基于迪克西特与斯蒂格利茨等人创建的 D－S 模型，利用运输成本函数从生产要素流动角度对集聚产生的原因进行了数学分析，构建了规模报酬递增的经济模型，从理论层面分析了集聚产生的经济学原理。规模报酬递增与运输成本之间的均衡构成了经济在现实空间层面运转的重要基石。

根据新经济地理学的解释，涵盖运输成本在内的贸易成本与规模经济带来的收益之间的关系是导致企业做出集聚或是分散决策的决定因素。无论是微观层面的产业集聚，还是宏观层面的城市群，其形成的重要基础就是由于交通网络的不断完善，造成运输成本的下降，进而影响厂商的生产函数，进而形成产业集聚，最终形成城市体系。

二、耦合的区位原因

交通网络的另一方面影响是对区位条件的影响。随着交通网络的发展与完善，提高了空间可达性，改变了空间区位条件，影响了厂商的选址决策，从而形成了产业集聚，遵循着类似的作用路径，最终形成了城市体系。

其作用路径如下：

交通网络→空间可达性→区位条件→产业集聚→城市体系。

交通区位条件作为衡量一个区域经济发展条件是否优越的重要评价因素，不但是厂商选址决策的重要影响因素，而且也是影响区域产业集聚与经济发展的关键基础条件。由于交通区位条件的变动，导致产业的兴替、城市的兴衰，在国内外历史上不胜枚举。例如北美五大湖地区，便利的交通运输区位导致众多厂商在此集中，形成了美国重要的工业区。而世界上大型钢铁企业、石化企业均是沿海岸线或是水陆交通便利的区域进行布局。

历史上随着交通区位的变更导致都城的变迁、城市的兴衰更替也是比比皆是。交通区位的每一次重大变迁都有可能引起产业发展、城市群演化的变动。产业集聚、城市群的发展作为产业联系、区域联系作用的结果，生产要素流动与集聚作用的空间表现，交通运输体系作为承载生产要素、人员流动的实体网络，其发展过程中与产业集聚与城市群演化之间时刻发生着耦合与互动，相互影响与相互促进。

第二节　耦合的经济机理

一、交通运输成本影响产业集聚的经济机理

薛占栋（2011）[①] 认为产业集聚是生产要素在空间的集中，即是距离的缩短和地理范围的缩小。在足够近的地理距离和空间范围内，运输成本、客

① 薛占栋．产业集群形成的运输成本原因研究——以泛珠三角为对象［J］．经济问题探索，2011（3）：89－92.

户的搜索成本有效降低，马歇尔的外在性、知识溢出的效果明显，产业链上下游的关联性增强，在这些因素的共同作用下，由集聚导致的规模经济的效应达到最大化，与此同时，规模经济的好处也吸引着企业在一定距离范围内的有效集聚，换言之：集中引起成本的下降、形成规模经济、进而进一步降低成本，从而形成相互影响的循环累积的结果。运输成本、规模经济和马歇尔的外在性都是与距离密切相关的，即集聚使距离产生的成本降低。

薛占栋在研究中对韦伯集约经济函数做了一项小小的改进，去掉了单位产品的重量，基本上保留了模型的原貌。工业在一个地方集聚与否可以看作集聚力与分散力的博弈达到均衡的最终结果，它产生了单位产品一定数量的成本节约。不同的集聚规模就产生不同的节约指数，这样每一集中阶段的节约指数构成集聚经济函数。

根据薛占栋的研究，假如来自集聚的节约大于运输成本的增长，那么拥有日产量为 M 的大企业将吸引位于距离 r 处的日产量为 m 的小企业。设单位产品的运输成本为 s，总的运输成本为 rms。

产生于集聚的节约依赖于生产的类型。设集聚产生的单位产品的成本节约是 ϕM，日产量为 M 时的总节约为：

$$T(M)=M\times\phi(M) \tag{3-1}$$

于是小企业被大企业兼并使总的节约量达到：

$$T(M+m)=(M+m)\times\phi(M+m) \tag{3-2}$$

集聚产生的节约增量为：

$$T(M+m)-T(M)=(M+m)\times\phi(M+m)-M\times\phi(M) \tag{3-3}$$

只要此值大于运输成本的增量，集聚就会实实在在的地发生。据此构造一个规模经济节约函数：

$$Y(M)=[T(M+m)-T(M)]-rms \tag{3-4}$$

求这个规模经济节约函数的最大值，解其一阶条件，我们可以得出下列用于计算大企业吸引力延伸的最大距离范围的公式：

$$rs=dT/dM \tag{3-5}$$

这就是韦伯所称的集聚经济函数，记为：

$$f(M)=dT/dM \tag{3-6}$$

这样以 $f(M)dM$ 就表示集聚过程 $d(T)$ 的集聚节约。从而，从初始状态0到M点的总集聚节约为：

$$\int_0^M f(M)dM = T(M) - T(0) = M\phi(M) \tag{3-7}$$

这个数值也表示底为M，高为$\phi(M)$的矩形的面积。$\phi(M)$的意义表示了总集聚节约在区间$[0, M]$上的平均值。

运输成本集聚经济函数如图3-1所示。

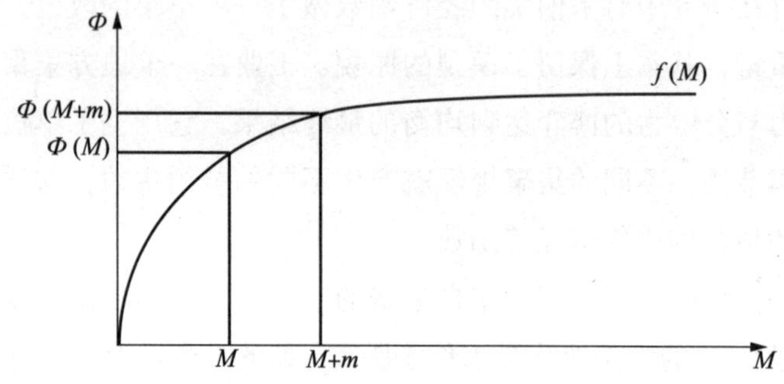

图3-1 运输成本集聚经济函数

由公式$rs = dT/dM$可得，影响集聚经济主要有两大因素：运输成本和生产密度。生产密度即单位面积上的日生产量，由生产单元的自然距离和生产量决定。增加生产单元的生产量很明显有助于集聚，即增加了集聚的“规模”。集聚的每个阶段中每吨产品所达到的成本节约，称为集聚的绝对节约；从任意给定的集聚阶段开始，因加入新的生产单元而产生的节约增加，称为集聚的相对节约。

反之，不同的集聚规模也会产生不同的节约指数，规模越大，节约指数也越大。而每一集中阶段的节约指数就构成了集聚经济函数。只要集聚产生的节约增量大于运输成本的增量，集聚就会发生。集聚的发生一定是拥有大的日产量的大企业将吸引位于远处的日产量较小的小企业，而不是相反。①

① 薛占栋．产业集群形成的运输成本原因研究——以泛珠三角为对象［J］．经济问题探索，2011（3）：89-92.

交通影响产业集聚的机理如图 3－2 所示[①]。

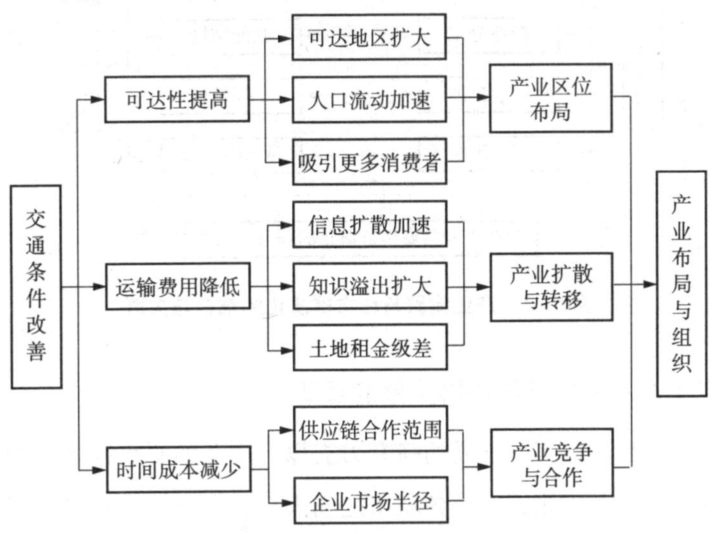

图 3－2　交通影响产业集聚的机理

二、产业集聚与城市群演化的耦合与互动机理

（一）产业集聚与城市群的耦合

产业集群与区域经济空间的耦合关联，就是在产业集群形成、发展的演化过程中，产业集群与区域经济空间相互作用、相互影响的非线性关系总和。从实践的发展过程来看，其耦合关联作用主要表现在：一方面，产业集群通过企业数量的增长、分工体系的发展与完善和集群的空间扩张对区域经济空间产生直接影响；另一方面，区域经济空间通过资源与区位的特点、结构与网络系统的变化、政策与环境的改变等既为产业集群的形成与发展提供条件和空间载体，也对产业集群形成、发展的演化产生约束。

产业集聚与城市群演化的耦合与关联如图 3－3 所示。

① 林建永，陈俊兰，吴永兴．交通同城化与产业布局演化研究［J］．经济问题探索，2011（9）：8－12.

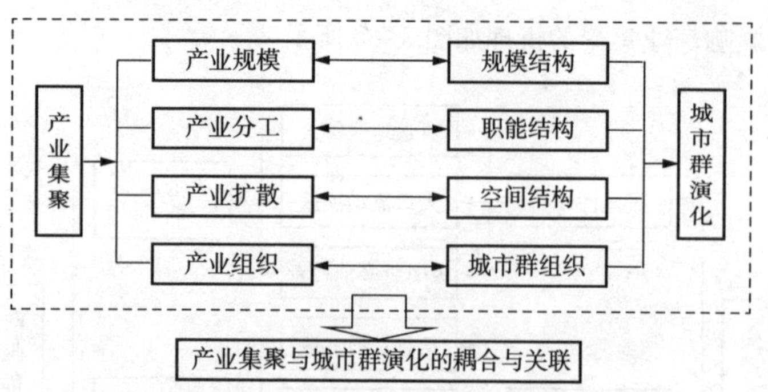

图 3-3　产业集聚与城市群演化的耦合与关联

（二）产业集聚与城市群集聚的互动

产业集聚是城市集聚发展的强有力支撑，产业的集聚推动着城市建设与城市空间的不断扩张，以及各城市之间人口、资本、信息等要素与资源的合理流动；城市的发展规模、市场发育程度则对产业集聚效应的发挥产生反馈作用，城市的集聚为产业集聚提供优质的城建设施、生产要素以及各种科技和制度的创新；而产业与城市的空间集聚成为区域经济增长的主要动力，产业集聚与城市集聚之间的互动将促进经济的长远发展。①

产业集聚与城市群集聚的互动如图 3-4 所示。

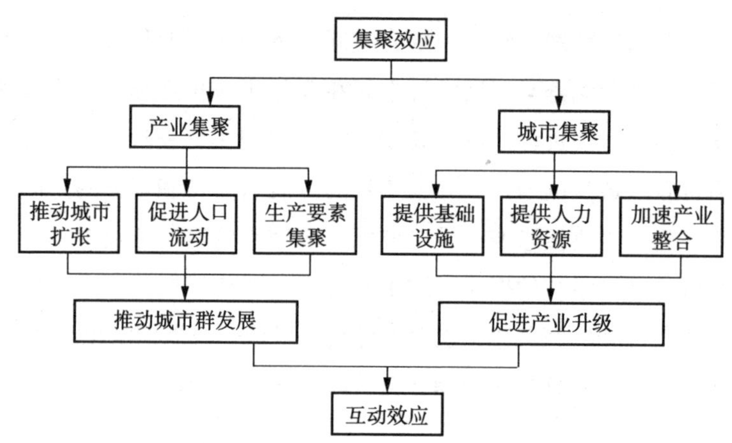

图 3-4　产业集聚与城市群集聚的互动

① 项文彪，陈雁云．产业集群、城市群与经济增长——以中部地区城市群为例［J］．当代财经，2017（4）：109-115.

第四章

中原经济区发展现状

第一节　中原经济区发展优势与面临的挑战和机遇

一、中原经济区发展优势

（一）得天独厚的交通区位

中原经济区地处沿海开放地区与中西部地区的结合部，是我国经济由东向西梯次推进发展的中间地带。国家促进中部地区崛起的战略部署，更加凸显了河南独特的区位优势。河南交通区位优势明显，是全国承东启西、连南贯北的重要交通枢纽，交通条件便利，高速公路通车里程居全国前列，郑州等机场可实现与国内外主要枢纽机场的快速联通，“米”字形高速铁路网和现代综合交通枢纽格局正在加速形成，立体综合交通网络不断完善。已经初步建成了包括铁路、公路、航空、水运、管道等多种运输方式相结合的综合交通运输体系。

京广、京九、太焦、焦柳、陇海、侯月、新月、新菏、宁西 9 条铁路干线经过河南，形成了纵横交错、四通八达的铁路网。郑州北站是亚洲最大的列车编组站之一，郑州站是全国最大的客运站之一。高速铁路客运专线建设步伐加快，徐兰高铁、京广高铁已经开通，郑渝高铁建设进展顺利，郑州市即将成为全国铁路路网中的“双十字”中心。运营和规划在建民用机场达到 7 个，在全国综合交通运输网络中具有重要的枢纽地位。

中欧班列（郑州）开行量居全国第3位；郑州机场货邮吞吐量跻身全球50强；河南跨境电商零售进出口数额占全国1/3；郑州海关出口通关时间同比压缩50%，在郑州机场开辟特殊生鲜绿色通道，通关时间不超过1小时。如今，河南省通过创新实践“空铁陆海”多式联运，打造贯通南北、连接东西的现代立体交通体系和现代物流体系，河南的交通大枢纽地位日渐巩固，这使得产品的物流成本更低、效益更好、区域吸引力也更强。人流、物流、资金流、信息流正在向“中原地区”汇聚，河南正在成为全球经济供应链的重要节点。①

（二）自然资源与农业禀赋优良

中原经济区地处南北气候过渡地带和第二阶梯向第三阶梯的过渡地带，自然景观荟萃，动植物资源丰富，气候兼有南北之长，人居环境优良。平原丘陵山地兼具、以平原为主，产业发展、城镇建设受自然条件限制较小。

河南是农业大省，粮棉油等主要农产品产量均居全国前列，是全国重要的优质农产品生产基地。农业生产条件优越，是我国重要的农产品主产区。常年粮食总产占全国的1/10，小麦产量占全国的1/4。

截至2016年底，河南全省粮食种植面积10286.15千公顷，比上年增长0.2%。其中，小麦种植面积5465.66千公顷，增长0.7%；玉米种植面积3316.86千公顷，下降0.8%。棉花种植面积100.00千公顷，下降16.7%。油料种植面积1624.76千公顷，增长1.5%。蔬菜种植面积1772.53千公顷，增长1.2%。

2016年全年粮食产量5946.60万吨，比上年下降2.0%。其中，夏粮产量3476.80万吨，下降1.0%；秋粮产量2469.80万吨，下降3.3%。小麦产量3466.00万吨，下降1.0%；玉米产量1752.97万吨，下降5.4%。

2016年全年棉花产量9.75万吨，比上年下降22.9%。油料产量619.09万吨，增长3.2%。蔬菜及食用菌产量7807.61万吨，增长4.7%。瓜果类农作物产量1948.53万吨，增长11.4%。

---

① 宋敏．以交通优势夯实开放基础［N］．河南日报，2018－06－28（02）．

2016年全年猪牛羊禽肉总产量682.54万吨，比上年下降2.0%。禽蛋产量422.50万吨，增长3.0%。牛奶产量326.80万吨，下降4.5%。

2016年末农业机械总动力9858.82万千瓦，比上年下降15.8%。农用拖拉机372.22万台，下降2.0%。

截至2016年底，河南省农业产业化集群达到207个，涵盖种植业、养殖业、食品加工业等多样化的农业产业化集群的集聚效应、规模效应、品牌效应、带动效应显著，推动河南农业规模化、标准化、组织化、集约化进程不断加快。①

（三）规模庞大的产业体系

中原经济区具有较强的综合实力，中原经济区产业体系完备，装备制造、智能终端、有色金属、食品等产业集群优势明显，物流、旅游等产业具有一定国际影响力。科技创新能力持续增强，国家和省级创新平台数量众多，人力资源丰富，劳动人口素质持续提升。中国（河南）自由贸易试验区、郑洛新自主创新示范区建设全面展开，郑州航空港经济综合实验区建设不断取得突破，引领开放、带动全局的效应日益凸显。

矿产资源丰富，煤、铝、钼、金、天然碱等储量较大，是全国重要的能源原材料基地。工业门类齐全，装备、有色、食品产业优势突出，电子信息、汽车、轻工等产业规模迅速壮大，形成了比较完备的产业体系。

经过改革开放以来30多年的努力，河南制造业已经取得了辉煌成就，形成了门类齐全的制造业体系，从轨道交通、智能电气、风电等高端装备，到汽车、手机、冰箱，再到女裤、火腿肠、速冻水饺等日常消费品，许多行业规模位居全国前列，为河南制造转型升级奠定了重要支撑。一是基础雄厚。目前，河南省综合经济实力稳居全国第五位、中部第一位，其中制造业对经济增长的贡献巨大。2014年，全省制造业增加值达到15096亿元，同比增长10%，对国民经济的贡献率达到52.6%。二是创新能力较强。目前"河南制造"技术创新不断增强，在输变电设备、大型矿山设备、大型农机、轴承、轨道交通部件等领域达到国内领先水平，许多高科

---

① 河南省现代农业研究会．河南省现代农业发展基本情况概述［R］．郑州，2017.

技产品进入航空航天、航海、能源、大型基础设施等重点工程领域。三是发展潜力巨大。近年来，3D 打印、工业机器人、云计算、电子商务等新产业新业态不断涌现，改变了河南传统制造业盈利模式①。

河南装备制造业的规模已跻入全国第一方阵。2016 年，全省规模以上装备企业完成主营业务收入 1.3 万亿元，居全省制造业五大主导产业之首，在电力装备、盾构装备、农机装备、矿山装备等领域居全国领先地位。

2017 年全年河南全省全部工业增加值 18807.16 亿元，比上年增长 7.4%。规模以上工业增加值增长 8.0%。2017 年末发电装机容量 7992.58 万千瓦，比上年末增长 10.7%。2017 年全年规模以上工业企业主营业务收入 80605.71 亿元，比上年增长 9.1%；利润总额 5272.37 亿元，增长 8.5%。

2017 年全年产业集聚区规模以上工业增加值比上年增长 13.3%，占全省规模以上工业的比重 64.9%；主营业务收入 54838.93 亿元，增长 16.0%；利润总额 3254.49 亿元，增长 19.1%。郑州航空港经济综合实验区规模以上工业增加值增长 15.2%；主营业务收入 3015.30 亿元，增长 12.5%。

（四）潜力巨大的区域市场

中原经济区城镇化率达到 48.4%，正处于工业化、城镇化加速推进阶段，投资和消费需求空间广阔，市场优势日益显现。人口总量大，劳动力素质不断提升，是全国劳动力资源最为丰富的区域。开放型经济快速发展，全方位开放格局逐步形成。

2016 年河南全省社会消费品零售总额 19666.77 亿元，比上年增长 11.6%，扣除价格因素，实际增长 10.2%。分城乡看，城镇 16044.48 亿元，增长 11.4%；乡村 3622.30 亿元，增长 12.5%。分行业看，批发业 2102.28 亿元，增长 10.7%；零售业 14791.08 亿元，增长 11.6%；住宿业 154.05 亿元，增长 10.3%；餐饮业 2619.36 亿元，增长 12.9%。

2016 年河南网上零售额 1735.7 亿元，比上年增长 51.5%。其中，实物商品网上零售额 977.5 亿元，增长 44.2%。

---

① 许贵舫. 实施《中国制造二〇二五》加快制造业大省建设 [N]. 河南日报，2015-06-10 (07).

在限额以上批发和零售业商品零售额中，粮油食品类比上年增长15.6%，饮料类增长14.1%，烟酒类增长12.5%，服装鞋帽、针、纺织品类增长8.8%，化妆品类增长37.5%，金银珠宝类增长9.2%，日用品类增长10.8%，家用电器和音像器材类增长14.9%，中西药品类增长15.8%，家具类增长16.5%，石油及制品类增长13.9%，汽车类增长6.4%。

2016年河南全省货物进出口总值5232.79亿元，比上年增长10.9%。其中，出口总值3171.81亿元，增长11.8%；进口总值2060.98亿元，增长9.6%。

2016年河南吸收外商直接投资（不含银行、证券、保险）新设立企业210个。实际使用外商直接投资172.2亿美元，比上年增长1.4%。实际利用省外资金9106.8亿元，增长7.9%。

2016年河南对外承包工程和劳务合作业务新签合同额37.5亿美元，比上年下降16.1%；营业额47.7亿美元，下降9.4%。

河南电商发展总体水平已进入全国第一方阵，位居中西部前列。其中，位居郑州高新技术开发区的世界工厂网已成为全国最大的装备制造业B2B外贸平台，郑州汽车口岸、肉类口岸、澳洲活牛进口指定口岸、进境果蔬及花卉指定口岸建成投用，食品、药品口岸正在建设，我国第三个“多式联运监管中心”获批落户郑州，获批13个国家邮包直封权，一个端口对外、覆盖全省、联通国内12个关区的电子口岸已上线运行，高效便捷的陆海空立体化多式联运国际物流网络已初步形成，各项工作遥遥领先于全国其他试点城市。2016年1月，中国（郑州）跨境电子商务综合试验区正式进入国家综合试点。

（五）源远流长的文化底蕴

中原地区是中华民族和华夏文明的重要发源地，历史悠久，拥有大量宝贵的历史文化遗产，形成了兼容并蓄、刚柔相济、革故鼎新、生生不息的中原文化，文化软实力不断增强。

河南地处黄河中下游，是我国古代文明发祥地之一，至迟在50万年前就有人类在这里生息和繁衍。七八千年前的裴李岗文化时期，这里就产生了农业、畜牧业和制陶等手工业；到了4000多年前的龙山文化中晚期，中原进入了石、铜器并用时代，产生了私有制和阶级的萌芽，进而出现了我国历史上第一个奴隶制国家——夏朝。此后，商代的首都西亳、殷均在河南境内。在安阳殷墟发现的甲骨文，是世界上最早的文字，也是世界上最早的历史文献。到了春秋战国时期，在政治和思想文化领域涌现出许多著名的政治家、哲学家。

秦王朝建立后，在今河南境内设置三川、南阳、颍川、河内、东郡、陈郡。以后的两汉时期，河南地区的经济和文化仍处于全国前列。东汉王朝建都洛阳，河南更成了全国政治、经济、文化中心。东汉之后形成三国鼎立局面，河南是四战之地。在三国以及两晋、南北朝时期，战乱连年，农业、手工业生产遭到严重破坏。直到 7 世纪初重建了统一的全国性政权——唐朝以后，中原才摆脱了长期战乱的局面。

从唐朝建立到北宋灭亡，河南的经济和文化达到鼎盛时期。隋朝末年，在洛阳建立了东都，又以洛阳为中心开凿了沟通南北的大运河，一直通航到北宋时代，促进了南北经济、文化交流。有唐一代，河南仍是一个人才荟萃之地。因为河南地位重要，经济又比较发达，所以五代都在河南地区建都立国。但在后来一段时期中，长江以北战争不断，中原人民深受其害。到赵匡胤重建起全国性的统一政权——北宋王朝后，中原人民才重新回到和平岁月。

北宋建都开封，河南又一次成为全国的政治、经济和文化中心。当时开封人口达 100 多万，为全国第一大城市，商业贸易额占全国之半，各方面都极一时之盛，可以说是中世纪河南历史的黄金时代。南宋以后，是河南社会历史发展的中衰时期。代宋而兴的元朝实行的行省制度，被明、清两朝沿袭下来，其河南的疆域大体上与今天的河南省相近。

中原经济区人缘相亲、文化相融，人员交流和经济往来密切，是中华民族和华夏文明的重要发祥地，国家历史文化名城和国家级风景名胜区数量众多，地上地下文物和馆藏文物均居全国前列。

（六）基础较好的城镇体系

中原经济区所在区域作为我国古代文明的发源地之一，同时也是我国比较早出现城市的地区之一，城市的形成从夏代晚期至今已有 3000 多年的建城史。中国八大古都中，中原经济区拥有洛阳、安阳、开封、郑州四大古都，城镇体系良好。

中原经济区拥有特大城市郑州和数量众多、各具特色的大中小城市。城镇空间聚合形态较好，常住人口城镇化率接近50%，大中小城市和小城镇协调发展格局初步形成，正处于工业化城镇化加速推进阶段。

中原经济区的发展空间布局，是“一核四轴四区”，即核心带动、轴带发展、节点提升、对接周边，推动大中小城市和小城镇合理分工、功能互补、协同发展，促进城乡统筹发展。

中原经济区发展空间布局如图4－1所示。

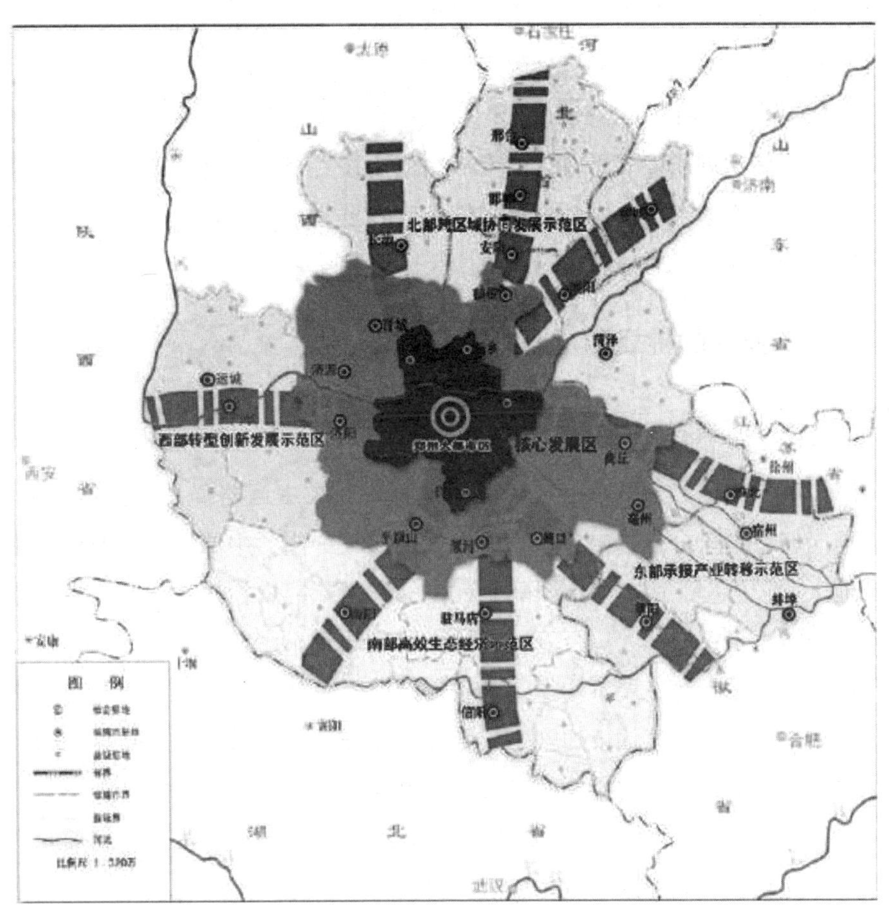

图4－1　中原经济区发展空间布局示意图

“一核”是郑州大都市区。通过促进郑州建设国家中心城市，加快郑州航空港经济综合实验区、郑洛新国家自主创新示范区、河南自由贸易试验区和跨境电子商务综合试验区建设，强化物流及商贸中心、综合交通枢纽和中西部地区现代服务业中心、对外开放门户功能，全面增强国内辐射力、国内外资源整合力。推动郑州与开封、新乡、焦作、许昌四市深度融合，建设现代化大都市区，进一步深化与洛阳、平顶山、漯河、济源等城市联动发展。

“四轴”分别是沿陇海发展主轴、沿京广发展主轴、济南—郑州—重庆发展轴、太原—郑州—合肥发展轴。通过依托“米”字形综合交通网络，增强沿线城市辐射带动能力，促进大、中、小城市合理分工、联动发展，打造特色鲜明、布局合理的现代产业和城镇密集带。

“四区”分别是北部跨区域协同发展示范区、东部承接产业转移示范区、西部转型创新发展示范区、南部高效生态经济示范区。通过加快构建跨区域快速交通通道，推动区域内城市合作联动，优化产业分工协作，各种要素资源共享，打造城市群新的增长区域和开放空间。

二、面临的挑战和机遇

（一）面临的严峻挑战

当前，我国经济继续由东向西梯度推进，东中西格局总体没有改变，但地区经济走势分化、南北差异加大现象比较突出，中原经济区所处的中部地区比较典型；中心城市国际化程度低，国际门户枢纽功能和高端要素服务功能不足；城区人口百万以上的大城市数量不多，中小城市现代化水平不高；科技教育发展不均衡，自主创新能力总体不强，高素质、高层次人才短缺；资源环境约束加剧，部分城市雾霾天气、水资源短缺等问题较为突出；城市间一体化协调发展体制机制有待进一步完善。

国际金融危机后，国际经济秩序进入深度变革时期，发达国家加紧实施再工业化，发展中国家也在加速工业化。在发达国家先进技术和发展中国家低成本竞争的双重挤压下，我国结构性矛盾突出，部分行业产能过剩严重，必须加大供给侧结构性改革力度，推进过剩产能的出清和新兴产业的成长，进行产业结构的调整和比较优势的重塑。目前沿海地区转型发展已经取得明显成效，重庆贵州等地转型升级步伐也在加速。河南省经济发展传统优势丧失而新的支撑力量还没有形成，加快产业转型升级迫在眉睫。①

作为中原经济区主体的河南省，目前发展的外部环境和条件发生了深刻变化。世界经济仍在深度调整，全球经济和贸易增长乏力，不稳定不确定性增强；我国经济进入新常态，经济下行压力加大，河南省经济社会发展面临的风险挑战明显增多。总体来看，“十三五”时期河南省经济社会发展仍处于重要战略机遇期，但是战略机遇期已经从相对稳定型为主向更加复杂多变、更加依赖主动塑造的方向转变：一是延续粗放发展模式的空间接近极限，改革、转型和调整的倒逼机制全面形成，河南作为经济欠发达地区，转型发展的大势已经形成。二是依靠要素成本优势驱动的发展方式已经没有空间，河南以土地、劳动力等传统要素吸引外来资金或简单承接产业转移的状况已难以为继，创新型增长已经走向前台。三是河南省主要人均指标低于全国平均水平的状况没有改变，也有空间、有必要保持较高的增长速度。从河南省来看，全面建成小康社会存在着区域发展不平衡、统筹城乡发展任务重、社会事业发展滞后、贫困人口基数大、资源环境约束趋紧等短板和弱项。②

（二）良好的发展机遇

另一方面，世界经济一体化进程继续推进，全球生产要素流动性增强，国际产业转移仍将继续；国家实施“一带一路”倡议，中部地区被摆上更加重要的位置，外部条件的变化为河南省发展提供了重要契机。

国家深入实施区域发展总体战略，制订实施促进中部地区崛起规划，完善政策支持体系，为中原经济区深化城际合作、实现协同发展、增强整体实力和综合竞争力提供了有力保障；大力实施新型城镇化战略，以城市群为主体形态深入推进新型城镇化建设，形成带动发展的新空间，为中原

---

① 《河南“十三五”重大问题研究》课题组．“十三五”河南发展的思索与前瞻［N］．河南日报，2016－01－22（12）．

② 《河南“十三五”重大问题研究》课题组．“十三五”河南发展的思索与前瞻［N］．河南日报，2016－01－22（12）．

经济区加快发展提供了重大机遇；深入实施“一带一路”倡议，推进中国（河南）自由贸易试验区建设，加大门户城市开放力度，为中原经济区提升开发开放水平、建设内陆开放高地提供了良好环境。

当前和今后一个时期是中原经济区发挥优势、加快崛起的关键时期，面临着前所未有的发展机遇。经济全球化和区域经济一体化深入发展，有利于发挥区位、劳动力资源等优势，积极承接国内外产业转移。国家实施扩大内需战略，有利于激发人口、市场蕴藏的巨大内需潜能，增强发展的内生动力。国家支持中原经济区探索新型城镇化、工业化和农业现代化（以下简称“三化”）协调发展的新路子，有利于破解发展难题，形成体制政策新优势。区域合作日益密切，有利于区域联动和一体化发展，形成服务全国发展大局和支撑未来经济发展的重要增长极。

随着信息技术、智能制造技术以及“互联网+”的深度应用和跨界融合，未来10年既是河南制造业发展的机遇期，也是河南制造业提质增效的黄金时期。河南制造业进入黄金10年战略机遇期。目前河南正处于工业化中后期向工业化后期加速推进和以发展促转型、以转型促发展的关键阶段，推动河南制造业大省向制造业强省转变，推动河南制造向河南智造转变，面临新的发展机遇。

一是新一轮产业科技革命、智能制造技术、“互联网+”创新制造业发展新路径。随着工业4.0、智能制造技术发展，基于信息物理系统的智能装备、智能工厂等智能制造正在引领制造方式变革，以及“互联网+”对产业的深度渗透形成的新产业，掀起跨界竞争，冲击甚至颠覆传统制造业的行业地位。这为河南借助“互联网+”大力培育制造业业态，实现制造业转型升级、摆脱传统路径依赖提供了新路径。二是国家“一带一路”倡议拓展制造业发展新空间。随着国家“一带一路”倡议进入实施阶段，将极大地提升新亚欧大陆桥经济走廊的地位，河南作为内陆重要的战略腹地和路桥通道的核心区域，通过强化与沿线国家的产业、技术和市场合作，将极大拓展河南制造业发展空间。三是我国实施《中国制造2025》计划和创新创业战略构建制造业发展新环境。近年来，国家相继出台了《中国制造2025》计划和《关于大力推进大众创业万众创新若干政策措施的意见》等文件，提出培育打造创业创新和改造升级传统“双引擎”，构筑了推进产业升级和创新创业的系统性、普惠性政策体系，为河南建设先进制造业大省营造了良好发展环境①。

第二节　中原城市群发展现状及存在的问题

一、中原城市群总体概况

中原城市群是以郑州为中心，洛阳为副中心，包括开封、平顶山、安阳、鹤壁、新乡、焦作、濮阳、许昌、漯河、三门峡、南阳、商丘、信阳、周口、驻马店、济源、聊城、菏泽、邢台、邯郸、淮北、宿州、蚌埠、亳州、阜阳、运城、晋城、长治等4个省的30个城市在内，土地面积28.9万km^2，人口超过1.6亿。

中原城市群包括城市如图4-2所示。

图4-2　中原城市群包括城市

① 许贵舫. 实施《中国制造二〇二五》加快制造业大省建设［N］. 河南日报，2015-06-10（07）.

2016 年中原城市群各城市现状如表 4－1 所示。

表 4－1　2016 年中原城市群各城市现状

	总人口/万人	GDP 总量/亿元	第二产业产值/亿元	比重/%	第三产业产值/亿元	比重/%	人均 GDP/元	城镇人口数/万人	城镇化率/%
郑州	972	8113.97	3796.93	46.79	4160.68	51.28	84113	691	71
开封	455	1755.1	712.93	40.62	754.45	42.99	38619	209	45.9
洛阳	680	3820.11	1791.32	46.89	1794.8	46.98	56410	370	54.4
平顶山	498	1825.14	895.05	49.04	753.34	41.28	36708	253	50.8
安阳	513	2029.85	971.02	47.84	846.39	41.70	39603	249	48.5
鹤壁	161	771.79	503.25	65.21	206.55	26.76	47940	92	57.2
新乡	574	2166.97	1074.01	49.56	870.07	40.15	37805	290	50.4
焦作	355	2095.08	1241.89	59.28	719.24	34.33	59183	200	56.5
濮阳	363	1449.56	793.85	54.76	493.84	34.07	40059	152	42
许昌	438	2377.71	1398.54	58.82	816.69	34.35	54522	216	49.4
漯河	264	1081.93	674.62	62.35	293.43	27.12	41138	130	49.2
三门峡	226	1325.86	748.93	56.49	453.43	34.20	58894	120	53.1
南阳	1007	3114.97	1364.35	43.80	1235.12	39.65	31010	433	43
商丘	728	1989.15	823.83	41.42	779.06	39.17	27332	291	40
信阳	644	2037.8	805.87	39.55	785.87	38.56	31733	286	44.4
周口	882	2263.86	1040.23	45.95	766	33.84	25682	348	39.5
驻马店	699	1972.99	773.94	39.23	786.19	39.85	28305	278	39.8
济源	73	538.91	350.12	64.97	165.52	30.71	73722	44	59.6
聊城	603.68	2859.18	1414.66	49.48	1106.41	38.70	44743	293	48.5
菏泽	862.26	2560.24	1312.55	51.27	967.07	37.77	28350	409	47.4
邢台	731.99	1975.75	925.8	46.86	780.2	39.49	26991	365	49.83
邯郸	949.28	3361.11	1600.22	47.61	1343.68	39.98	35407	508	53.53
淮北	220.8	799.03	450.21	56.3	287.26	36	36427	137	62.13
亳州	510.4	1046.1	404.93	38.7	435	41.6	20611	195	38.28
宿州	559.9	1351.82	512.83	38	578.8	42.8	24270	224	40.03
蚌埠	333.1	1385.82	609.12	44	576.69	41.6	41855	179	53.74
阜阳	799.1	1401.86	557.78	39.8	541.75	38.6	17642	322	40.24
长治	343.5	1270.48	646.94	50.92	562.18	44.25	37063	177	51.53
晋城	232.1	1049.34	554.36	52.83	445.13	42.42	45271	135	58.34

续表

	总人口/万人	GDP总量/亿元	第二产业产值/亿元	比重/%	第三产业产值/亿元	比重/%	人均GDP/元	城镇人口数/万人	城镇化率/%
运城	530.5	1222.30	443.85	36.31	577.46	47.24	23105	253	47.65
合计数	16208.7	61013.8	29193.9	47.8	24882.3	40.8	37643	7849	48.4
全国	138271	744127.2	296236.0	39.8	384220.5	51.6	53980	79298	57.35
占比/%	11.72	8.20	9.85	120.22	6.48	79.03	69.73	9.90	84.43

2016年中原城市群合计人口为16208.7万人，占当年全国人口138271万人的11.72%；2016年中原城市群合计实现地区生产总值61013.8亿元，占当年全国GDP总值744127.2亿元的8.20%；从数值上看，中原城市群以全国11.72%的人口完成了全国8.20%的GDP，说明与全国平均水平相比，中原城市群经济发展水平相对较低。

截至2017年3月底，中国已形成长江三角洲城市群、珠江三角洲城市群、京津冀城市群、中原城市群、长江中游城市群、成渝城市群、哈长城市群、辽中南城市群、山东半岛城市群、海峡西岸城市群、北部湾城市群、关中城市群共12个国家级城市群。中原城市群在国家整个经济发展战略中占据重要地位，是中部地区规模最大的城市群。

中国城市群发展格局如图4－3所示。

中原城市群虽然是一个快速发展中的城市群，但是其经济发展水平还比较低，还不能像发达城市群那样吸引资金、人才等各种要素与资源向这一区域集中，形成强大的集聚效应。这就要求加快中原城市群的建设，使城市群区域经济与社会快速发展，从而形成中部地区经济的增长极，依靠集聚与扩散效应，带动整个中部地区的经济快速发展。

二、中原城市群存在的问题

（一）经济发展水平低，区域发展不均衡

促进中部地区崛起的决策给中部地区的发展带来了新的战略机遇，中原城市群作为中部地区重要的国家级城市群，经济社会快速发展，城市群集聚能力不断加强，城市体系日益完善，但是与国内较发达的城市群相

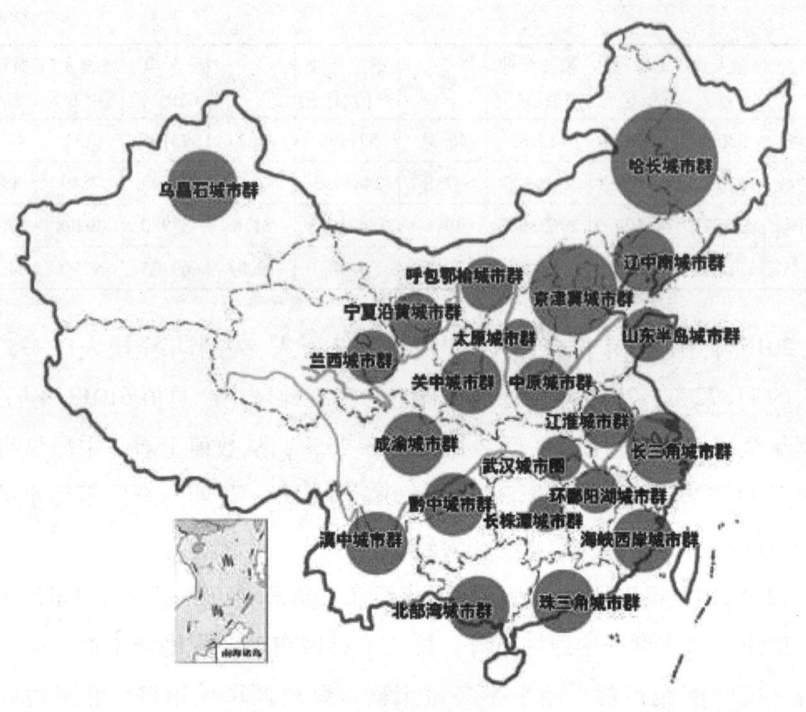

图4－3 中国城市群发展格局

比，中原城市群经济总量较大，人均水平偏低。

2016年中原城市群区域GDP总量突破6万亿元，生产总值仅次于长三角、珠三角、京津冀，居全国第四位，为中国经济第四增长极。但是中原城市群人均水平偏低。2016年中原城市群区域人均GDP为37643元，而当年全国人均GDP为53980元，中原城市群区域人均GDP仅相当于全国平均水平的69.73%。

中原城市群区域人均GDP最高的城市是郑州市，人均GDP为84113元，相当于全国平均水平的155.8%；而人均GDP最低的城市阜阳市，人均GDP为17642元，仅相当于全国平均水平的32.7%。人均GDP水平最高城市是人均GDP水平最低城市的4.77倍，区域经济发展极度不均衡。

（二）城市化水平低，核心城市首位度不高

从城市化水平来看，2016年中原城市群的城市化水平为48.4%，远远均低于2016年全国平均水平的57.35%，落后全国水平将近9个百分点，

仅为全国平均水平的 84.43%。其中城市化水平最高的城市是郑州，其城市化水平为71%，为全国平均水平的 123.8%；城市化水平最低的城市是亳州，其城市化水平为 32.3%，仅相当于全国平均水平的 66.7%；城市化水平最高城市是最低城市的 1.85 倍，说明中原城市群区域内城市化进程差异较大。

中原城市群核心城市郑州市，2016 年城镇人口为 691 万，以城镇人口计算的城市首位度为 1.36，核心城市首位度偏低，核心地位并不突出。郑州市的综合实力与城市群的核心地位还存在较大差距，不能发挥作为龙头城市的增长极、辐射源、集散地等功能。虽然在经济总量、地理位置、人才资源、城市功能等方面，郑州都已具有核心增长极的一定条件和基础，但还没有成为具有强大主导作用的经济中心，其经济实力偏弱，集聚与辐射能力不强的问题依然突出。郑州市总人口数仅占中原经济区人口总数的 6%，经济总量占经济区 13.3%，虽然自身发展水平较高，但是由于人口与经济占整个经济区比重过小，难以拉动整个区域发展。

（三）产业结构有待优化，经济增长方式急需转变

从三次产业结构上看，中原城市群的第二产业比重为 47.8%，全国平均水平为 39.8%，中原城市群第二产业比重是全国的 120.22%，比全国平均水平高了 8 个百分点。其中第二产业比重最高的城市是鹤壁市，第二产业比重为 65.21%，是全国平均水平的 163.8%；第二产业比重最低的城市是运城市，第二产业比重为 36.31%，仅为全国平均水平的 91.2%；第二产业比重最高的城市是第二产业比重最低城市的 1.8 倍。

中原城市群的第三产业比重为 40.8%，全国平均水平为 51.6%，中原城市群第三产业比重是全国的 79.03%，比全国平均水平低了将近 10 个百分点。其中第三产业比重最高的城市是郑州市，第三产业比重为 51.3%，仍然略低于全国平均水平；第三产业比重最低的城市是鹤壁市，第三产业比重为 26.8%，仅为全国平均水平的 51.9%；第三产业比重最高的城市是第二产业比重最低城市的 1.92 倍。

进一步分析中原城市群固定资产投资、社会消费品零售额与 GDP 总量之比发现，2016 年中原城市群 30 个城市共完成固定资产投资 60087.5 亿

元，占 GDP 总量的比重高达 98.5%；而当年全国固定资产投资总额为 606465.7 亿元，占 GDP 总量的比重为 81.5%。中原城市群以占全国 9.91%的固定资产投资，仅完成了全国 8.20%的 GDP。中原城市群固定资产投资占 GDP 比重最高的城市是三门峡市，2016 年固定资产投资总额为 1782.96 亿元，而当年三门峡市 GDP 总量仅为 1325.86 亿元，固定资产投资占 GDP 比重高达 134.5%；这样的投资强度很难继续维持下去，同样这样的经济增长也是缺乏可持续性的。

2016 年中原城市群 30 个城市社会消费品零售总额为 27119.1 亿元，占 GDP 总量的比重为 44.4%；而当年全国社会消费品零售总额为 332316.3 亿元，占 GDP 总量的比重为 44.7%。中原城市群消费对经济的拉动作用略低于全国平均水平。中原城市群社会消费品零售总额占 GDP 比重最高的城市是菏泽市，2016 年社会消费品零售总额为 1503 亿元，占当年菏泽市 GDP 总量 2560.24 亿元的 58.7%；社会消费品零售总额占 GDP 比重最低的城市是鹤壁市，2016 年社会消费品零售总额为 205.89 亿元，占当年鹤壁市 GDP 总量 771.79 亿元的 26.7%，消费对经济的拉动作用较弱。

综合来看，中原城市群的产业结构仍然以第二产业为主，第三产业发展水平有待于进一步提高；经济增长方式以投资拉动为主，消费对于经济增长的拉动作用较弱；这说明包括中原城市群产业层次较低，仍然以要素投入为主，依靠资源的消耗来拉动经济增长，需要进一步优化产业结构，促进产业结构的升级；加强经济增长方式转变，由投资拉动型经济增长转变为依靠消费升级与供给侧改革，实现有质量、有效益的绿色经济经济增长方式。

第三节　城市中心性等级划分

一、中心性指数理论内涵

中心性（Centrality）作为城市地理学中的一个重要概念，又称为“中心度”，克里斯塔勒（W. Christäller）于1933年发表了《德国南部的中心地》一书，系统地阐明了中心地的数量、规模与分布模式，初步建立了中心地理论。在克里斯塔勒的研究中所提出的中心地（Central Place），可以表述为向居住在它周围地域（尤指农村地域）的居民提供各种货物和服务的地方；一个地点的中心性可以理解为一个地点对围绕在它周围地区的相对意义的总和，简言之，就是中心地所起的中心职能作用的大小，在克里斯塔勒的研究中衡量中心性的主要指标主要采用城镇的电话门数来衡量。①

鉴于中心城市的吸引、辐射和服务等功能具有复杂性与综合性等特点，因此采用单一指标的测度方法并不能全面而准确地反映中心性的内涵，许多学者做了进一步研究，通过采用零售业和服务业销售额、城镇间实际交互作用等多种指标来对中心性进行度量。在继承和发展克里斯塔勒研究思想的基础上，国内学者也展开了大量关于城市中心性的研究，并且结合了我国城市发展的实际情况，在具体指标选取上做了一系列改进。

陈田（1987）认为城市经济影响能力主要取决于城市投资集聚能力、市场集聚规模和技术、经济的水平状况，在对15个经济变量进行分析研究后认为我国已形成了5级区域经济影响中心，7个一级城市经济影响区域。②

宁越敏（1993）对20世纪80年代以来我国中心城市的发展及空间扩散进行了理论探讨，并采用市区非农业人口、全市工业总产值和市区邮电业务总量3个经济指标对全国符合标准的35个主要城市的中心性指数进行了计算与排序。③

周一星（2001）采用最小需要量和主成分分析等方法，对1997年全国223个地级以上城市的中心性等级体系进行了实证研究，并且根据城市中心性指数的大小将我国城市划分成五级体系。④

---

① 许学强，周一星，宁越敏．城市地理学（第2版）［M］．北京：高等教育出版社，2009.

② 陈田．我国城市经济影响区域系统的初步分析［J］．地理学报，1987（4）：308－318.

③ 宁越敏，严重敏．我国中心城市的不平衡发展及空间扩散的研究［J］．地理学报，1993，4（2）：97－104.

④ 周一星，张莉，武悦．城市中心性与我国城市中心性的等级体系［J］．地域研究与开发，2001，20（4）：1－5.

此外顾朝林（2001）①、张志斌（2005）② 等人也在城市中心性方面做了大量研究。

二、中心性指数指标选取与模型构建

（一）中心性指数指标选取

根据前人的研究成果，结合中原城市群的发展现状，本书选取了以下7项指标来对中原城市群各城市中心性进行测度：

（1）非农业人口——城市的重要特征就是非农业人口的聚集，非农业人口的数量反映了城市的集聚能力；

（2）GDP总量——全面反映城市的经济实力与物质基础；

（3）固定资产投资——反映城市的投资规模；

（4）社会消费品零售总额——反映城市的集散能力和市场发展水平；

（5）旅游业收入——反映城市对外来游客的吸引力；

（6）实际利用外资——反映城市对于外部资本的吸引力；

（7）第三产业产值——反映一个城市服务业发展水平的重要指标。

（二）中心性指数模型构建

中心性指数计算方法如下：

假设对 n 个城市的 m 项指标进行综合评价，其指标集矩阵为 X_{ij}（其中 $i=1, 2, \cdots, n$; $j=1, 2, \cdots, m$）。

则第 i 个城市的第 j 项指标中心性 C_{ij} 如下：

$$C_{ij} = X_{ij} / \frac{1}{n}\sum_{i=1}^{n} X_{ij} \quad (4-1)$$

在分别计算以上 m 项指标的基础上，进一步计算第 i 个城市的中心性 C_i 如下：

① 顾朝林，张敏．长江三角洲都市连绵区性状特征与形成机制研究［J］．地球科学进展，2001，16（3）：332-338．

② 张志斌，靳美娟．中国西部省会城市中心性分析［J］．人文地理，2005，20（1）：14-18．

$$C_i = \frac{1}{m}\sum_{j=1}^{m} C_{ij} \tag{4-2}$$

三、各城市中心性指数计算

（一）各城市相关数据

根据各省统计局所编的统计年鉴等相关统计资料，中原城市群各城市相关数据如表 4－2 所示。

表 4－2　中原城市群各城市相关数据

	非农人口/万人	GDP 总量/亿元	固定资产投资/亿元	消费品零售额/万元	旅游业收入/亿元	实际利用外资/万美元	第三产业/亿元
郑州	691	8114.0	7070.37	3665.83	1566.98	403305	4160.68
开封	209	1755.1	1555.09	840.99	405.66	62338	754.45
洛阳	370	3820.1	4120.10	1807.38	1012.66	268798	1794.80
平顶山	253	1825.1	1755.50	771.71	186.28	43221	753.34
安阳	249	2029.9	2102.43	755.79	288.27	50076	846.39
鹤壁	92	771.8	816.89	205.89	66.00	81394	206.55
新乡	290	2167.0	2041.73	862.40	215.59	102289	870.07
焦作	200	2095.1	2221.45	698.92	332.62	82733	719.24
濮阳	152	1449.6	1542.21	529.96	144.51	63301	493.84
许昌	216	2377.7	2294.79	794.29	81.52	71951	816.69
漯河	130	1081.9	1078.39	491.55	61.11	90032	293.43
三门峡	120	1325.9	1782.96	441.13	235.61	106296	453.43
南阳	433	3115.0	3471.71	1756.43	233.08	60228	1235.12
商丘	291	1989.2	2039.09	918.53	109.21	36249	779.06
信阳	286	2037.8	2277.94	981.47	171.59	52415	785.87
周口	348	2263.9	1940.97	1094.09	112.16	52197	766.00
驻马店	278	1973.0	1755.16	849.11	132.59	38879	786.19
济源	44	538.9	548.32	152.89	45.94	33610	165.52
聊城	292.78	2859.2	2357.6	1173.13	162.6	6720	1106.4
菏泽	408.37	2560.2	1218.2	1503.00	135.5	25018	967.1
邢台	364.75	1975.8	2066.9	969.9	181.6	50586.0	780.2
邯郸	508.15	3361.1	3818.4	1508.9	488.2	97055.0	1343.7

续表

	非农人口/万人	GDP 总量/亿元	固定资产投资/亿元	消费品零售额/万元	旅游业收入/亿元	实际利用外资/万美元	第三产业/亿元
淮北	137.2	799.0	958.9	315.9	79.9	151335	287.3
亳州	195.4	1046.1	874.9	492.1	130.4	61343	435.0
宿州	224.1	1351.8	1270.0	476.9	119.1	164569	578.8
蚌埠	179.0	1385.8	1666.4	644.0	194.0	296029	576.7
阜阳	321.6	1401.9	1292.6	759.4	135.1	111798	541.8
长治	177.0	1270.5	1514.4	566.6	368	47502	562.2
晋城	135.4	1049.3	1150.4	386.2	356	18000	445.1
运城	252.8	1222.3	1483.7	704.7	434	2229	577.5
合计	7848.5	61013.8	60087.5	27119.1	8185.7	2731496	24882.3

（二）各城市中心性指数计算

按照公式进行计算，求得中原城市群各城市所有指标的得分，如表4-3所示。

表4-3　中原城市群各城市指标得分

	非农人口/万人	GDP 总量/亿元	固定资产投资/亿元	消费品零售额/万元	旅游业收入/亿元	实际利用外资/万美元	第三产业/亿元
郑州	2.6413	3.9896	3.5300	4.0553	5.7428	4.4295	5.0164
开封	0.7989	0.8630	0.7764	0.9303	1.4867	0.6847	0.9096
洛阳	1.4143	1.8783	2.0570	1.9994	3.7113	2.9522	2.1639
平顶山	0.9671	0.8974	0.8765	0.8537	0.6827	0.4747	0.9083
安阳	0.9518	0.9981	1.0497	0.8361	1.0565	0.5500	1.0205
鹤壁	0.3517	0.3795	0.4078	0.2278	0.2419	0.8939	0.2490
新乡	1.1085	1.0655	1.0194	0.9540	0.7901	1.1234	1.0490
焦作	0.7645	1.0301	1.1091	0.7732	1.2190	0.9087	0.8672
濮阳	0.5810	0.7127	0.7700	0.5863	0.5296	0.6952	0.5954
许昌	0.8256	1.1691	1.1457	0.8787	0.2988	0.7902	0.9847
漯河	0.4969	0.5320	0.5384	0.5438	0.2240	0.9888	0.3538
三门峡	0.4587	0.6519	0.8902	0.4880	0.8635	1.1674	0.5467
南阳	1.6551	1.5316	1.7333	1.9430	0.8542	0.6615	1.4892
商丘	1.1123	0.9780	1.0181	1.0161	0.4002	0.3981	0.9393

续表

	非农人口/万人	GDP 总量/亿元	固定资产投资/亿元	消费品零售额/万元	旅游业收入/亿元	实际利用外资/万美元	第三产业/亿元
信阳	1.0932	1.0020	1.1373	1.0857	0.6289	0.5757	0.9475
周口	1.3302	1.1131	0.9691	1.2103	0.4111	0.5733	0.9235
驻马店	1.0626	0.9701	0.8763	0.9393	0.4859	0.4270	0.9479
济源	0.1682	0.2650	0.2738	0.1691	0.1684	0.3691	0.1996
聊城	1.1191	1.4058	1.1771	1.2978	0.5960	0.0738	1.3340
菏泽	1.5609	1.2589	0.6082	1.6627	0.4964	0.2748	1.1660
邢台	1.3942	0.9715	1.0320	1.0729	0.6655	0.5556	0.9407
邯郸	1.9423	1.6526	1.9064	1.6692	1.7892	1.0660	1.6200
淮北	0.5244	0.3929	0.4787	0.3494	0.2928	1.6621	0.3463
亳州	0.7468	0.5144	0.4368	0.5444	0.4779	0.6737	0.5245
宿州	0.8567	0.6647	0.6341	0.5276	0.4365	1.8075	0.6978
蚌埠	0.6842	0.6814	0.8320	0.7124	0.7110	3.2513	0.6953
阜阳	1.2291	0.6893	0.6454	0.8400	0.4951	1.2279	0.6532
长治	0.6767	0.6247	0.7561	0.6268	1.3487	0.5217	0.6778
晋城	0.5176	0.5160	0.5744	0.4272	1.3047	0.1977	0.5367
运城	0.9662	0.6010	0.7408	0.7796	1.5906	0.0245	0.6962

按照公式进行计算，求得中原城市群各城市所有指标的得分和，以下是中原城市群各城市中心性指数，如表4－4所示。

表4－4　中原城市群各城市中心性指数

城市	郑州	开封	洛阳	平顶山	安阳	鹤壁	新乡	焦作	濮阳	许昌
C_i	4.201	0.921	2.311	0.809	0.923	0.393	1.016	0.953	0.639	0.870
城市	漯河	三门峡	南阳	商丘	信阳	周口	驻马店	济源	聊城	菏泽
C_i	0.525	0.724	1.410	0.837	0.924	0.933	0.816	0.230	1.001	1.004
城市	邢台	邯郸	淮北	亳州	宿州	蚌埠	阜阳	长治	晋城	运城
C_i	0.947	1.664	0.578	0.560	0.804	1.081	0.826	0.747	0.582	0.771

（三）各城市中心性等级

按照中原城市群各城市的中心性指数进行排序，对中原城市群各城市的中心性进行了等级划分，如表4－5所示。

表 4 – 5　中原城市群各城市等级划分

等级	C_i	城市
一级中心	$C_i \geqslant 3.0$	郑州
二级中心	$3.0 > C_i \geqslant 2.0$	洛阳
三级中心	$2.0 > C_i \geqslant 1.0$	邯郸、南阳、蚌埠、新乡、菏泽、聊城
四级中心	$1.0 > C_i \geqslant 0.8$	焦作、邢台、周口、信阳、安阳、开封、许昌、商丘、阜阳、驻马店、平顶山、宿州
五级中心	$0.8 > C_i$	运城、长治、三门峡、濮阳、晋城、淮北、亳州、漯河、鹤壁、济源

中原城市群 30 个中心城市可以分为五个级别的中心：

一级中心：郑州市。

二级中心：洛阳市。

三级中心：邯郸、南阳、蚌埠、新乡、菏泽、聊城等城市。

四级中心：焦作、邢台、周口、信阳、安阳、开封、许昌、商丘、阜阳、驻马店、平顶山、宿州等城市。

五级中心：运城、长治、三门峡、濮阳、晋城、淮北、亳州、漯河、鹤壁、济源等城市。

第五章

中原经济区交通发展现状

第一节　综合交通网络概况

一、四通八达的铁路网络

1904 年春，河南郑县第一次开通铁路，从此改变了中原地区的城市格局。目前中原地区共有京广铁路、京九铁路、太焦铁路、洛湛铁路、陇海铁路、侯月铁路、新月铁路、新菏铁路、宁西铁路 9 条铁路干线跨境而过，形成了纵横交错、四通八达的铁路网。

从 2000 年到 2016 年，作为中原经济区主体的河南省铁路里程从 3354 公里增长到 5466 公里，百平方公里铁路密度从 2. 01 公里增长到 3. 27 公里，增长了 62. 97%；百万人平均铁路长度从 35. 54 公里增长到 50. 82 公里，增长了 43%。

表 5－1　河南省铁路发展状况

年份	里程/km	km/百 km^2	km/百万人
2000	3354	2. 01	35. 54
2001	3319	1. 99	34. 86
2002	3347	2. 00	34. 92
2003	3410	2. 04	35. 37
2004	3752	2. 25	38. 71
2005	4000	2. 40	41. 06

续表

年份	里程/km	km/百 km^2	km/百万人
2006	3988	2.39	40.72
2007	3989	2.39	40.52
2008	3989	2.39	40.32
2009	3898	2.33	39.20
2010	4224	2.53	41.40
2011	4203	2.52	40.17
2012	4822	2.89	45.85
2013	4822	2.89	45.61
2014	5108	3.06	48.05
2015	5205	3.12	48.68
2016	5466	3.27	50.82

截至2017年末河南全省铁路通车里程5470.26公里，其中高铁1307.91公里。借助于铁路网络，中欧班列（郑州）全年开行501班，实现每周“去八回八”高频次运营。

随着我国高速铁路建设速度的不断加快，河南省的高速铁路网络也在不断完善。2010年2月6日郑西客专开通运营，河南开始进入高铁时代；两年后，京广高铁全线开通运营。2015年6月26日，作为郑太高铁一部分的郑焦城铁开通运营。2016年9月10日，郑徐高铁将河南与京沪高铁、东南沿海铁路沿线连接起来。京广高铁、徐兰高铁“十”字通道建成通车，郑万高铁、郑阜高铁、太焦高铁、郑济高铁郑州至濮阳段建设进展顺利。高铁的开通，大大压缩了中原地区与周边的时空距离。依托“米”字形高速铁路网，河南将以郑州为核心，构建辐射中原城市群的高铁“半小时”核心圈、“一小时”紧密圈和“一个半小时”合作圈，并形成辐射八方的“米”字形城镇产业发展轴带（见图5-1）。

郑州南站计划于2019年9月30日建成投用，届时衔接了郑万高铁、郑阜高铁、郑登洛城际铁路、郑州机场至郑州南站城际铁路和郑州地铁9号线、13号线等线路。郑州南站建成后将成为全国第二大高铁站，与郑州站、郑州东站形成“金三角”枢纽格局，串联起“米”字形高铁网和中原城市群城际铁路网。

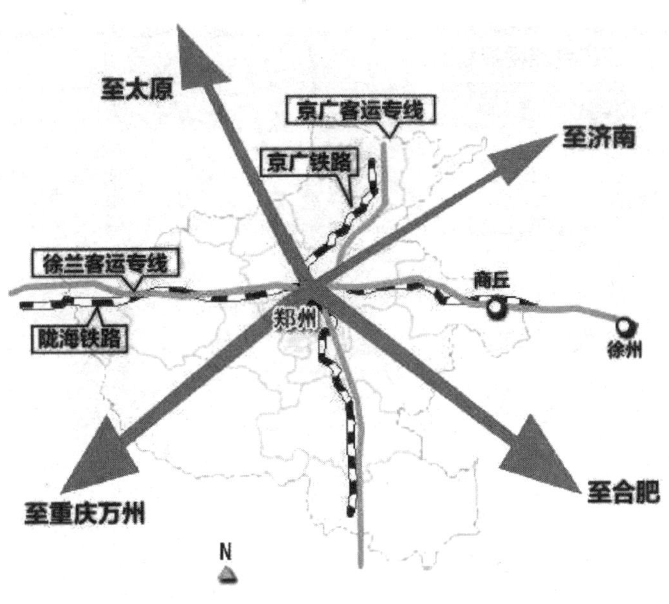

图5－1　河南省“米”字形高速铁路网示意图

河南省内规划了“一网半环八射多联”的城际轨道交通网，除了目前的三条城铁，接下来将建设新郑机场至许昌、郑州南站，郑州至巩义，新乡经焦作、济源至洛阳城铁。

在“十三五”期间，河南省将全面加快高速铁路网建设，将建成郑州至徐州、郑州至万州、郑州至阜阳、太原至焦作铁路和郑州至济南铁路河南段，形成以郑州为中心的“米”字形高速铁路网；开工建设（北）京九（龙）高铁，规划研究合（肥）西（安）、运（城）三（门峡）和呼（和浩特）南（宁）高铁豫西通道等项目。加快推进新郑机场至郑州南站至登封至洛阳、焦作至济源至洛阳等城际铁路建设。建成蒙西至华中铁路，统筹推进三门峡经亳州至江苏洋口港铁路等普速干线铁路建设，形成“四纵六横”普速干线铁路网。到2020年，预计河南省高速铁路总里程突破2000公里，全省铁路营业里程达到7000公里，实现所有省辖市通快速铁路，基本实现铁路客运快速化、货运重载化、区域城际化和路网系统化。

河南省“十三五”铁路网规划如图5－2所示。

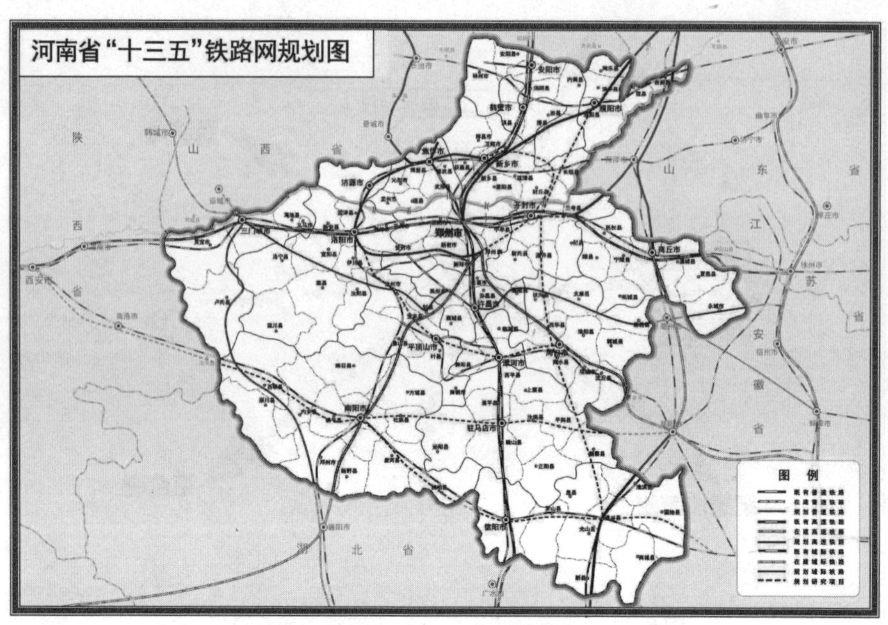

图5－2　河南省“十三五”铁路网规划图

二、日益完善的公路网络

从2000年到2016年，河南省公路里程从64453公里增长到267441公里，百平方公里公路密度从530.81公里增长到2402.36公里，增长了314.94%；百万人平均公路长度从38.59公里增长到160.14公里，增长了314.98%（见表5－2）。

表5－2　河南省公路发展状况

年份	里程/km	km/百 km^2	km/百万人
2000	64453	38.59	682.91
2001	69041	41.34	725.07
2002	71741	42.96	748.55
2003	73831	44.21	765.88
2004	75718	45.34	781.24
2005	79506	47.61	816.03
2006	236351	141.53	2413.22

续表

年份	里程/km	km/百 km^2	km/百万人
2007	238676	142.92	2424.34
2008	240645	144.10	2432.48
2009	242314	145.10	2437.03
2010	245089	146.76	2402.36
2011	247587	148.26	2366.31
2012	249649	149.49	2373.99
2013	249831	149.60	2363.14
2014	249857	149.61	2350.27
2015	250584	150.05	2343.66
2016	267441	160.14	2486.67

截至2016年底，河南省公路通车总里程达到26.7万公里，普通干线公路3.1万公里，实现了“县县通国道、乡乡有干线”；农村公路23万公里，实现了乡道及以上行政等级公路覆盖所有建制村。

2017年底，河南省高速公路里程达到6523公里。在省内，所有县（市）20分钟就能上高速；2016年底，高速公路省际出口达到27个。中原地区已初步形成了以郑州为中心的6条放射线、9条纵线、12条横线和若干连接线组成的高速公路网络。“十三五”期间，河南省高速公路计划再延长1700公里以上，2020年时高速公路规划里程达到8000公里以上。“十三五”期间，河南省高速公路省际出口还要增加8个，总数达到35个，实现所有县（市）通高速，基本建成完善的内联外通高速公路网。

高速公路信息化程度日益提高，通过建设智慧交通，河南首批实现ETC卡全国联网，一张卡就能通行全国18个省份；全省311个高速收费站顺利开通移动支付，1211条出口车道安装了扫码设施。

“十三五”期间，河南省将以跨省通道和中原城市群核心圈加密路段、紧密圈联通路段为重点，继续加快高速公路建设，有序推进高速公路拥挤路段扩容改造。打通芮城至灵宝、济源至阳城等跨省通道，建成尧山至栾川至西峡、济源至洛阳西、周口至南阳等内联项目。力争五年新增高速公路1500公里以上、新开工高速公路1500公里以上，基本建成完善的内联外通高速公路网。

在普通干线公路方面，将重点推进普通国道省际路段、连接城市组团关键路段和贫困地区低等级路段的升级改造。加快以二级公路为主的国省道低等级路段升级改造，将部分重要路段升级为一级公路，积极推进国省道城市过境段与城市道路有机衔接，着力推进跨黄河特大桥建设。五年新改建普通干线公路5000公里左右，预计到2020年，二级及以上公路占比达到75%以上。

河南省“十三五”高速公路网规划如图5－3所示。

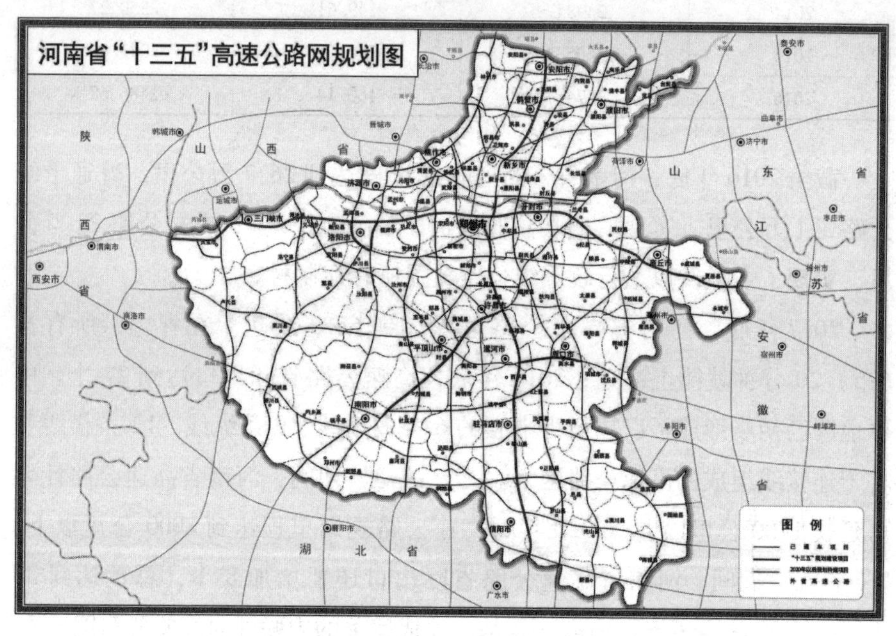

图5－3　河南省“十三五”高速公路网规划图

三、快速发展的航空运输

目前，河南省正在运营的有郑州新郑、洛阳北郊和南阳姜营3个运输机场和安阳、郑州上街2个通用航空机场（见图5－4）。信阳明港机场已经建成，即将于2018年下半年通航。

其中郑州新郑国际机场是为4F级民用机场和国内一类航空口岸，是中国八大区域性枢纽机场之一，郑州航空枢纽建设全面提速，航线网络

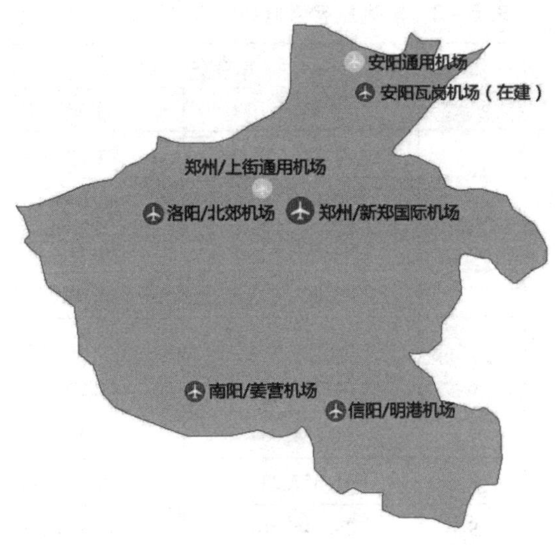

图5－4　河南省机场布局现状示意图

不断完善，客货运量大幅提升。与中国南方航空公司合作组建中国南方航空河南航空公司，河南民航发展投资公司入股卢森堡国际货运航空有限公司，“郑州—卢森堡”双枢纽战略初见成效。新开通郑州至纽约、法兰克福、东京、新加坡、雅加达等国际客货运航线，初步形成连接欧美亚主要枢纽机场的航线网络。目前郑州机场货运运力、全货机航线数量、航班量及通航城市数量均居全国第5位，基本形成横跨欧美亚三大经济区、覆盖全球主要经济体的枢纽航线网络；客运方面，开通郑州至温哥华、墨尔本、悉尼、莫斯科4条洲际定期客运航线，基本形成覆盖全国及东亚、东南亚主要城市以及通达欧洲、美洲、澳洲等地的航线网络。

2017年旅客吞吐量超过2400万人次，较2016年增长17%，远远超过同期国内机场旅客吞吐量平均增速。2010年郑州机场旅客吞吐量排名全国20位，2017年排名跃升至全国第13位（见表5－3）。目前有54家航空公司在郑州机场运营，机场拥有基地航空公司5家，分别为中国南方航空（河南航空）、西部航空、东海航空、祥鹏航空、卢森堡航空（纯货运），客运航线194条、客运通航城市112个，覆盖全国及东亚、东南亚主要城市，连接澳洲与美洲的客运航线网络基本形成。

表5－3　国内旅客吞吐量排名前15位机场

机场	旅客吞吐量/人次			
	名次	本期完成	上年同期	同比增速/%
北京/首都	1	95, 786, 296	94, 393, 454	1. 5
上海/浦东	2	70, 001, 237	66, 002, 414	6. 1
广州/白云	3	65, 806, 977	59, 732, 147	10. 2
成都/双流	4	49, 801, 693	46, 039, 037	8. 2
深圳/宝安	5	45, 610, 651	41, 975, 090	8. 7
昆明/长水	6	44, 727, 691	41, 980, 339	6. 5
上海/虹桥	7	41, 884, 059	40, 460, 135	3. 5
西安/咸阳	8	41, 857, 229	36, 994, 506	13. 1
重庆/江北	9	38, 715, 210	35, 888, 819	7. 9
杭州/萧山	10	35, 570, 411	31, 594, 959	12. 6
南京/禄口	11	25, 822, 936	22, 357, 998	15. 5
厦门/高崎	12	24, 485, 239	22, 737, 610	7. 7
郑州/新郑	13	24, 299, 073	20, 763, 217	17. 0
长沙/黄花	14	23, 764, 820	21, 296, 675	11. 6
青岛/流亭	15	23, 210, 530	20, 505, 038	13. 2
国内机场合计		1, 147, 866, 788	1, 016, 357, 068	12. 9

郑州—卢森堡“空中丝绸之路”每周18班全货机满负荷运行。由中国民用航空局联合河南省政府编制的《郑州国际航空货运枢纽战略规划》即将完成，这将是全国唯一的以货运为主的战略规划。而正在申请启动实施的郑州机场三期工程，将建成以T2和T3航站楼为核心的中央航站区，形成南北货运区协同发展的货运设施体系，实现四条跑道高效运行，进一步提升停机位容量，满足建设国际航空货运枢纽和国内大型航空枢纽的发展需求。

2017年郑州机场货邮吞吐量达到50. 27万吨，较2016年增长10. 1%；2010年郑州机场货邮吞吐量排名全国第21位，2017年排名跃升至全国第7位，同期货运增长速度全国第一（见表5－4）。

表5－4 国内货邮吞吐量排名前15位机场

机场	货邮吞吐量/吨			
	名次	本期完成	上年同期	同比增速/%
上海/浦东	1	3, 824, 279. 9	3, 440, 279. 7	11. 2
北京/首都	2	2, 029, 583. 6	1, 943, 159. 7	4. 4
广州/白云	3	1, 780, 423. 1	1, 652, 214. 9	7. 8
深圳/宝安	4	1, 159, 018. 6	1, 125, 984. 6	2. 9
成都/双流	5	642, 872. 0	611, 590. 7	5. 1
杭州/萧山	6	589, 461. 6	487, 984. 2	20. 8
郑州/新郑	7	502, 714. 8	456, 708. 8	10. 1
昆明/长水	8	418, 033. 6	382, 854. 3	9. 2
上海/虹桥	9	407, 461. 1	428, 907. 5	－5. 0
南京/禄口	10	374, 214. 9	341, 267. 1	9. 7
重庆/江北	11	366, 278. 3	361, 091. 0	1. 4
厦门/高崎	12	338, 655. 7	328, 419. 5	3. 1
天津/滨海	13	268, 283. 5	237, 085. 2	13. 2
西安/咸阳	14	259, 872. 5	233, 779. 0	11. 2
青岛/流亭	15	232, 063. 9	230, 747. 8	0. 6
合计		16, 177, 345. 4	15, 104, 056. 7	7. 1

根据《河南省“十三五”现代综合交通运输体系发展规划》，“十三五”期间，河南省支线机场和通用机场将进一步稳步发展，信阳明港机场开工建设，商丘、安阳、平顶山鲁山等支线机场和林州、西华、登封等通用机场前期工作有序推进，河南省的民航机场布局将进一步发展与完善（见图5－5）。

四、稳步发展的水路运输

河南位于我国中部地区，地处南北交通要冲，河流主干线都与邻省河道相通。内河航运，自古便有。河水悠悠，通江达海，非常发达。从“昔三代之居皆在河洛之间”的夏商周之世，到北宋时“宋都汴梁”的三千余年间，历代王朝大多建于黄河之滨。鸿沟水系、隋唐南北大运河、北宋中原水运网，都曾是中原水运的重要组成部分。

图5－5　河南省“十三五”民航机场规划图

公元605年，隋大业元年，隋炀帝下令开凿大运河，“发河南诸郡男女百余万，开通济梁，自西苑引谷水、洛水达于黄河，自汳水引河通于淮水”，长1000多公里。公元608年，隋炀帝沿洛阳东北方向开凿永济渠，沟通沁河、淇水、卫河，通航至天津，接着，溯永定河而上，通涿郡。公元610年，隋大业六年，隋炀帝继续开凿江南运河，使得镇江至绍兴段通航。至此，以洛阳为中心，向北到涿郡，向西到大兴，向南到余杭，通过通济渠、永济渠两大渠道，沟通了海河、黄河、淮河、长江、钱塘江五大水系，总长2700公里的中国南北大运河全线贯通，并把洛阳、涿郡（今北京）、汴州（今开封）、宋州（今商丘）、楚州（今淮安）、江都（今扬州）、润州（今镇江）、余杭（今杭州）、会稽（今绍兴）等区域中心联系在一起，从而加强了各地区间的联系。隋唐大运河跨越地球10多个纬度，纵贯在中国最富饶的华北平原和东南沿海上，地跨北京、天津、河北、山东、河南、安徽、江苏、浙江8个省、直辖市，是中国古代南北交通的大动脉，在中国的历史上产生过巨大的作用，是中国古代劳动人民创造的一项伟大的水利建筑工程，也是世界上开凿最早、规模最大的运河，如图 5－6 所示。

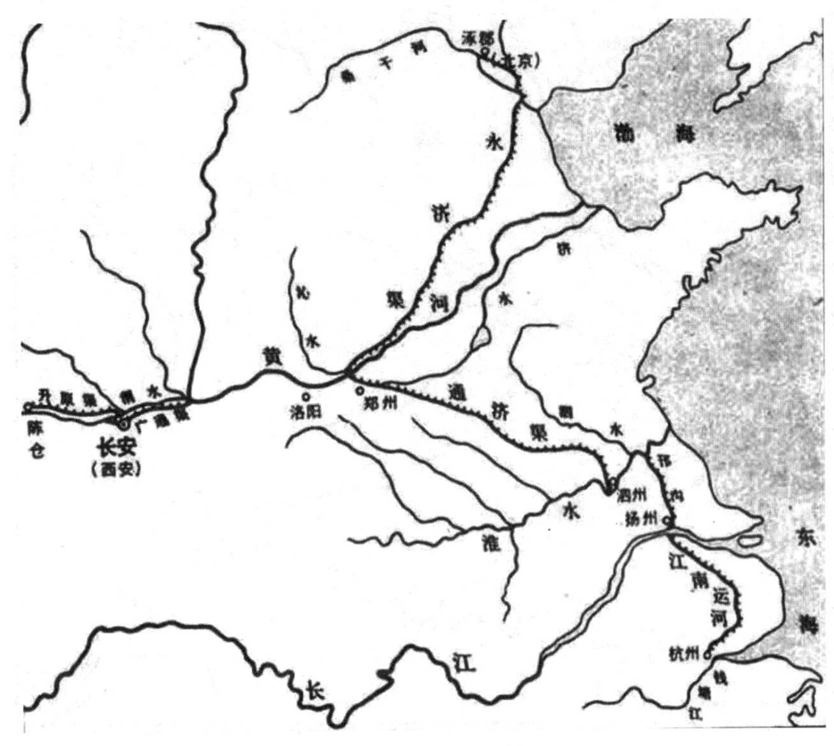

图 5－6　隋唐大运河示意图

北宋东京开封府有汴、蔡（惠民）、金水、广济（五丈）四河，流贯城内，以通各地漕运，合称漕运四渠。《宋史·河渠志》载，汴都“有惠民、金水、五丈、汴水等四渠，派引脉分，咸会天邑，舳舻相接，赡给公私，所以无匮乏”。北宋漕运分四路向京都汴京（今河南开封）集运：淮汴之粟由江南入淮水，经汴水入京；陕西之粟由三门峡附近转黄河，入汴水达京；陕蔡之粟由惠民河转蔡河，入汴水达京；京东之粟由齐鲁之地入五丈河达京。上述四河合称漕运四渠，其中来自东南六路的淮汴之粟占主要地位。北宋对运河进行一系列整治，运输能力大增，形成以京师开封为中心的运河系统，如图 5－7 所示。

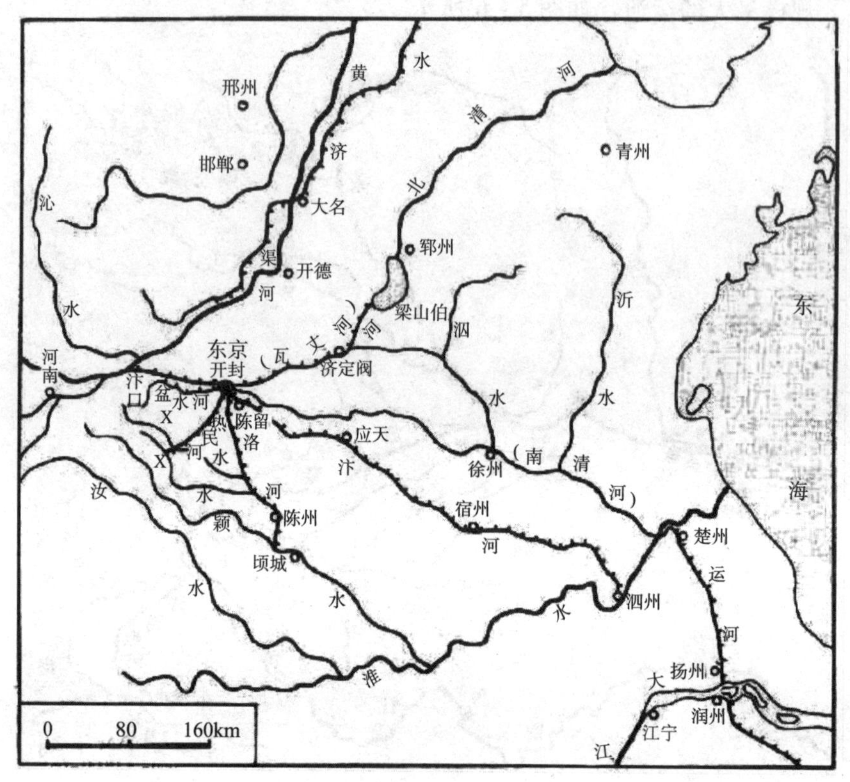

图 5-7　北宋以开封为中心的水运系统示意图

封建王朝选择建都洛阳与开封，正在因为其拥有便利的水运条件。“百舸争流天津卫，千帆竞航下江南”，这种通南达北的水运盛况，在河南历史上多有出现。

在 20 世纪 60 年代末，河南省尚有 27 条河流可以通江达海，通航里程 6100 多公里，水运运量占全社会总运量的 48%，对当时的社会经济发展做出了积极贡献。

目前，河南一共有河流 493 条（流域面积 100km^{2}以上），河道总里程 26245 公里，黄河、淮河、海河、长江四大流域途经河南。目前河南省拥有两条沟通华东和长三角水网地区的水上运输通道，一条从淮滨县出发，经过固始县，沿淮河通过京杭大运河进入长江；另一条是沙颍河，从周口向东，汇入淮河，经京杭大运河进入长江，通江达海。

河南省现有内河航道里程达 1675 公里，其中高等级航道 452 公里。2017 年，河南省共有从事国内水陆运输的经营企业 158 家，营运船舶 5600 多艘，580 多万吨，运力规模已经突破了千万吨。2017 年水路旅客周转量达到了 6000 多万人公里，货运量 1.296 亿吨。

“十三五”期间河南将大力加强内河水运网建设，投资 87 亿元建设通江达海的水上通道。加强内河航道养护，着力推进沙颍河、淮河、唐河等航运开发，打通从平顶山、南阳、漯河、周口、信阳出发，经长江出海的航运大通道。航运大通道打通后，河南将再添 3 条入海通道，并对 2 条现有出海通道进行延长。

“十三五”期间，河南省将建设内河航道 304 公里，新增港口泊位 42 个。到 2020 年，全省内河通航里程达到 1800 公里以上，其中高等级航道达到 690 公里，如图 5－8 所示。

图 5－8　河南省“十三五”内河航运规划图

五、后起之秀的管道运输

河南省是全国承东启西、连南贯北的油气管道重要枢纽，也是油气消费大省和大型石化基地。西气东输一线、二线工程纵贯河南省全境，西气东输三线工程也途经河南省部分地区，如图 5 -9 所示。

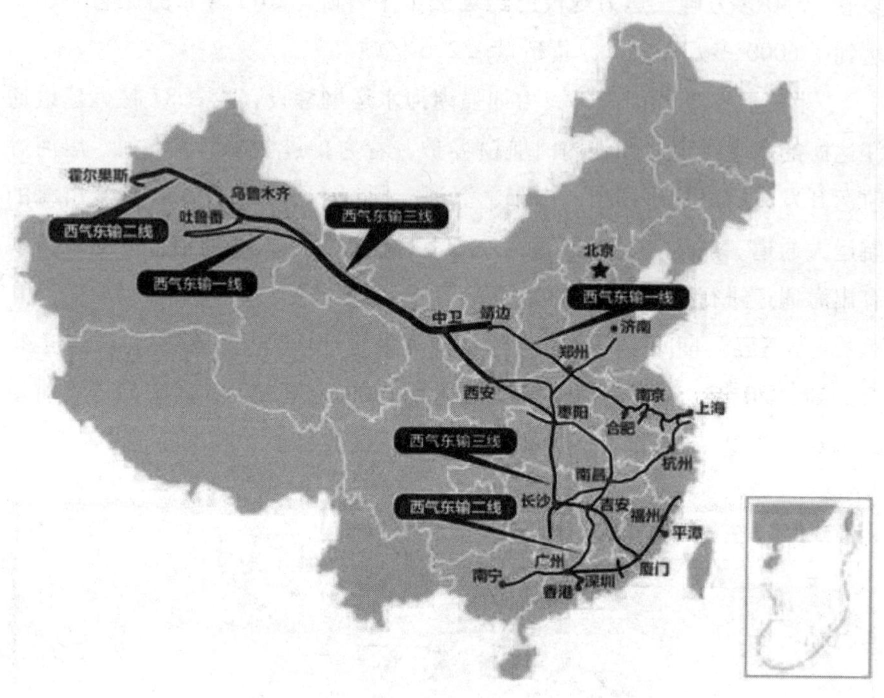

图 5 -9　西气东输管线走向示意图

西气东输先后在河南境内建设天然气管道 1410 公里，约占河南省天然气管道里程的 25%。其中包括西气东输一线干线和西气东输二线干线、淮武支线（淮阳至新县段）、平泰支线（鲁山至兰考段）、长铝支线（郑州至上街）、伊洛支线（伊川至洛阳）。

郑州是西油东送的重要节点，通过“兰州—郑州—长沙”这条成品油管道，把新疆和兰州地区所产的油，输送到全国各地，作为“乌鲁木齐—兰州”成品油管道的延伸，这条管道全长 3375 公里，由 1 条干线、2 条支干线、1 条输入支线和 25 条分输支线组成。该管道从兰州出发后，经过西安到达郑州，最终到达长沙，如图 5 -10 所示。

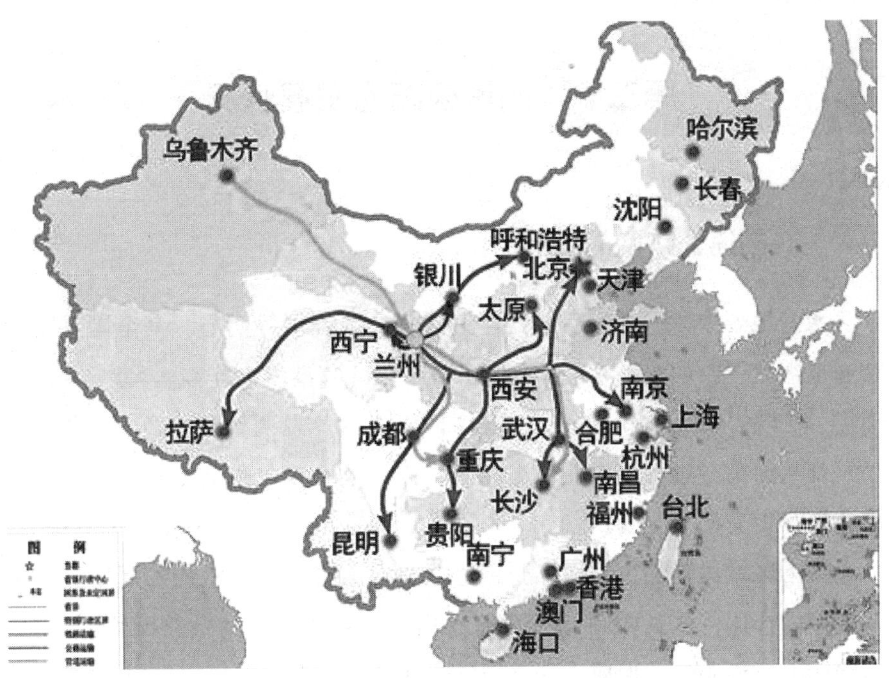

图 5－10 西油东送管线示意图

截至 2014 年底，河南省境内油气输送管道总里程已达 7034 公里，拥有中石化魏荆线，中原油田—洛阳炼厂、中原油田—临邑，中原油田—开封—郑州等多条地方油气管道。“十二五”期间，河南省又建成西气东输二线平顶山—泰安支干线、榆济线河南段和省内配套安阳—博爱—洛阳、开封—商丘等输气管道，以及锦州—郑州、驻马店—信阳等输油管道，五年全省新增长输油气管道 1833 公里，其中，输油管道 310 公里、输气管道 1523 公里，基本实现管道天然气县县通，输油网络进一步完善。

“十三五”期间，河南省将依托国家干线输气管道，完善省内支线网络，重点建设日照至濮阳至洛阳原油管道、洛阳石化至郑州机场航空煤油、洛阳至三门峡至运城等成品油管道和配套油库，积极推进西气东输三线、新疆煤制天然气外输新粤浙管线及豫鲁支线等国家骨干管道河南段，以及漯河至周口、唐河至伊川等省内支线建设。到 2020 年，新增油气长输管道 3000 公里左右。

第二节　高速公路网发展状况

一、高速公路网的发展

河南地处中原，承东启西、连南贯北，区位优势明显，是全国重要的交通枢纽之一。《国家高速公路网规划》中的京港澳、连霍、大广、二广、南洛、沪陕、济广、新晋、日兰等“四纵三横”及两条联络线共 9 条高速公路都从河南经过，其中北京至港澳、连云港至霍尔果斯 2 条高速公路在省会郑州市交汇。

作为区域运输的主力军，公路运输在河南省区域经济的发展中起着极其重要的作用，这其中高速公路的作用尤为突出。高速公路网络的数量、运输能力对产业带的形成、完善与影响地域范围有着重要的影响。

自 1994 年 12 月 26 日，全长 81 公里的连霍高速公路开封至郑州段建成通车，河南高速公路实现了零的突破，结束了河南省无高速公路的历史，标志着河南省的公路建设跨入了新的时代，成为全国第 10 个拥有高速公路的省份。

2001 年 12 月，随着全长 206 公里的连霍高速公路洛阳至三门峡至灵宝段建成通车，连霍高速公路在河南境内实现了全线贯通。

从 1984 年 1 月河南省开始进行郑州至开封段高速公路的可行性研究，到 1988 年交通部批复开封至洛阳公路采用高速公路标准分期实施，再到 1991 年 3 月开封至洛阳段高速公路相继分期开工建设，河南省经过了近 20 年的不懈努力，至 2002 年才终于有了可以引以为豪的 1231 公里高速公路。

2004 年，京珠高速公路（现京港澳高速）河南段建成通车，河南首个承东启西、连南贯北的高速公路“十字架”形成。

2005 年，河南高速公路通车里程突破 2000 公里，达到 2678 公里；2005 年，济源至洛阳高速公路建成通车，全省 18 个省辖市实现了市市通高速。

2006 年，河南高速公路通车里程突破 3000 公里，并实现了六项“全国第一”，即高速公路通车总里程居全国第一，达到3439公里；当年投资总额居全国第一，达到397亿元；当年通车里程居全国第一，达到761公里；当年在建里程居全国第一，达到1696公里；全省高速公路全程监控里程居全国第一，达到2250公里；无主线站一网相连收费里程居全国第一，达到3439公里。

2008年底，国家高速公路网线路河南境内已全部完成，高速公路通车里程达到5000公里。

此后，河南省高速公路建设进入快速发展阶段。高速公路里程先后于2010年和2015年分别突破5000公里和6000公里。

河南省高速公路发展状况如表5－5所示。

表5－5　河南省高速公路发展状况

年份	里程/km	km/百 km^2	km/百万人
1994	81	0.05	0.90
1995	230	0.14	2.54
1996	294	0.18	3.22
1997	416	0.25	4.52
1998	465	0.28	5.01
1999	465	0.28	4.97
2000	505	0.30	5.35
2001	1077	0.64	11.31
2002	1231	0.74	12.84
2003	1418	0.85	14.71
2004	1759	1.05	18.15
2005	2678	1.60	27.49
2006	3439	2.06	35.11
2007	4556	2.73	46.28
2008	4841	2.90	48.93
2009	4861	2.91	48.89
2010	5016	3.00	49.17
2011	5196	3.11	49.66
2012	5830	3.49	55.44
2013	5859	3.51	55.42
2014	5859	3.51	55.11
2015	6305	3.78	58.97
2016	6448	3.86	59.95

二、高速公路网整体状况

目前，河南省已基本建成由国道主干线和国家重点干线组成的三纵三横高速公路大通道，形成了以两条国道主干线、七条国家重点干线和四条省干线为依托，以省会郑州为中心，连接18个省辖市和周边省份14个中心城市的高速公路网（见图5-11）。河南境内现有高速公路21条，通车总里程6448.54公里，全省18个省辖市中有17个省辖市形成了高速公路的十字交叉，全省109个县（市）中有99个通达高速公路，通达率92%，其中45个县有两条高速通过。全省高速公路已基本形成了以郑州为中心的一个半小时中原城市群经济圈，3小时可达全省任何一个省辖市，6小时可达周边6省任何一个省会城市。规划目标为2020年全省通达里程8070公里，路网密度达到4.8km/百平方公里，覆盖全省所有县（市），达到发达国家及国内经济发达省份的高速公路网发展水平。

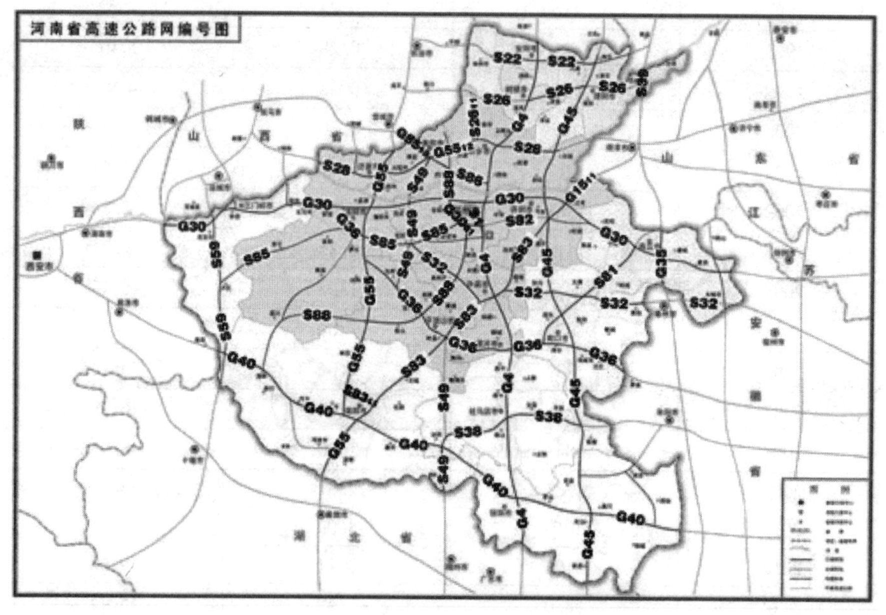

图5-11　河南省高速公路网络示意图

随着河南省区域经济的发展与区域交通基础设施建设的加强，高速公路网络不断完善。但是河南省各城市高速公路发展很不均衡，不同区域之间路网密度差异较大。

河南省各城市高速公路网网络现状如表5-6所示。

表5-6 河南省各城市高速公路网络现状

城市	面积/km²	人口/万人	GDP/亿元	里程/km	路网密度	
					km/百 km²	km/百万人
郑州	7446	972.4	8113.97	555	7.45	57.1
开封	6444	454.7	1755.10	471	7.30	103.6
洛阳	15200	680.1	3820.11	500	3.28	73.5
平顶山	7882	498.4	1825.14	392	4.98	78.7
安阳	7413	513.4	2029.85	266	3.62	51.8
鹤壁	2182	161.4	771.79	75	3.43	46.5
新乡	8169	574.3	2166.97	258	2.98	44.9
焦作	4071	354.6	2095.08	240	5.88	67.7
濮阳	4266	362.7	1449.56	193	4.62	53.2
许昌	4996	438.1	2377.71	275	5.53	62.8
漯河	2617	263.5	1081.93	126	4.67	47.8
三门峡	10496	225.6	1325.86	312	2.97	138.3
南阳	26400	1006.9	3114.97	712	2.69	70.7
商丘	10704	728.2	1989.15	494	4.62	67.8
信阳	19541	644.4	2037.80	550	2.93	85.4
周口	11959	882.1	2263.86	495	4.14	56.1
驻马店	15083	698.5	1972.99	437	2.90	62.6
济源	1931	73.3	538.91	96	5.05	131.0
合计	166800	9532.0	40471.79	6448	3.87	67.6

高速公路里程最长的城市是南阳市，高速公路里程为712公里；高速公路里程最短的是鹤壁市，高速公路里程为75公里，仅为南阳市的10.53%。高速公路网络密度最高的是郑州市，每百平方公里拥有高速公路7.45公里；高速公路网络密度最低的是南阳市，每百平方公里拥有高速公路2.69公里，仅为郑州的36.11%。每百万人口拥有高速公路里程最高的是三门峡市，为138.3公里；每百万人口拥有高速公路里程最低的是新乡市，为44.9公里，仅为三门峡市的32.47%。

根据2016年河南省各城市高速公路网络密度相关数据，制作河南省各城市高速公路网络密度图，如图5-12所示。

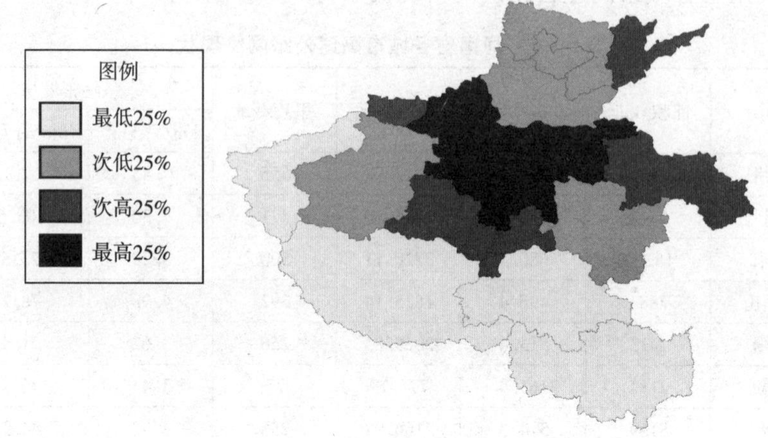

图5-12　河南省各城市高速公路网络密度图

从河南省各城市高速公路网络密度图可以看出，河南省各城市高速公路网络密度区域差异较大。高速公路网络密度较高的城市主要集中在郑州及其周边，有郑州、开封、许昌、焦作等城市；而南部的南阳、三门峡、信阳、驻马店等城市高速公路网络密度偏低。相对而言，北部区域各城市高速公路网络密度普遍较高，高速公路网络密度呈现出北高南低的整体发展格局。

第三节　高速公路评价分析

一、城市间连接矩阵与最短路径矩阵

（一）中心城市间连接矩阵

若以两城市间直接相连计为1，两城市不直接相连接计为0，由河南省高速公路拓扑网络图相应地做出河南省中心城市间的连接矩阵 $T=(C_{ij})_{18\times18}$ （i，j=1，2，…，18），如表5-7所示。

表 5－7　河南省高速公路网络连接矩阵

	郑州	开封	洛阳	平顶山	安阳	鹤壁	新乡	焦作	濮阳	许昌	漯河	三门峡	南阳	商丘	信阳	周口	驻马店	济源
郑州	—	1	1	0	0	0	1	1	0	1	0	0	0	0	0	0	0	0
开封	1	—	0	0	0	0	0	0	1	1	0	0	0	1	0	1	0	0
洛阳	1	0	—	1	0	0	0	0	0	0	0	1	0	0	0	0	0	1
平顶山	0	0	1	—	0	0	0	0	0	1	1	0	1	0	0	0	0	0
安阳	0	0	0	0	—	1	0	0	0	0	0	0	0	0	0	0	0	0
鹤壁	0	0	0	0	1	—	1	0	1	0	0	0	0	0	0	0	0	0
新乡	1	0	0	0	0	1	—	1	0	0	0	0	0	0	0	0	0	0
焦作	1	0	0	0	0	0	1	—	0	0	0	0	0	0	0	0	0	1
濮阳	0	1	0	0	0	1	0	0	—	0	0	0	0	0	0	0	0	0
许昌	1	1	0	1	0	0	0	0	0	—	1	0	0	0	0	0	0	0
漯河	0	0	0	1	0	0	0	0	0	1	—	0	0	0	0	1	1	0
三门峡	0	0	1	0	0	0	0	0	0	0	0	—	0	0	0	0	0	0
南阳	0	0	0	1	0	0	0	0	0	0	0	0	—	0	1	0	0	0
商丘	0	1	0	0	0	0	0	0	0	0	0	0	0	—	0	1	0	0
信阳	0	0	0	0	0	0	0	0	0	0	0	0	1	0	—	0	1	0
周口	0	1	0	0	0	0	0	0	0	0	1	0	0	1	0	—	0	0
驻马店	0	0	0	0	0	0	0	0	0	0	1	0	0	0	1	0	—	0
济源	0	0	1	0	0	0	0	1	0	0	0	0	0	0	0	0	0	—

（二）河南省中心城市间最短路径矩阵

城市 i 到城市 j 需要的最短路径数所形成的矩阵称为最短路径矩阵。河南省的连接性矩阵经过 7 次运算后，得到其最短路径矩阵 $T^7=(S_{ij})_{18\times 18}$（$i$，$j$＝1，2，…，18），如表 5－8 所示。

表 5－8　河南省高速公路网络最短路径矩阵

	郑州	开封	洛阳	平顶山	安阳	鹤壁	新乡	焦作	濮阳	许昌	漯河	三门峡	南阳	商丘	信阳	周口	驻马店	济源	合计
郑州	—	1	1	2	3	2	1	1	2	1	2	2	3	2	4	2	3	2	34
开封	1	—	2	2	3	2	2	2	1	1	2	3	3	1	4	1	3	3	36
洛阳	1	2	—	1	4	3	2	2	3	2	2	1	2	3	4	3	3	1	39
平顶山	2	2	1	—	5	4	3	3	3	1	1	2	1	3	3	2	2	2	40

续表

	郑州	开封	洛阳	平顶山	安阳	鹤壁	新乡	焦作	濮阳	许昌	漯河	三门峡	南阳	商丘	信阳	周口	驻马店	济源	合计
安阳	3	3	4	5	—	1	2	3	2	4	5	5	6	4	7	4	6	4	68
鹤壁	2	2	3	4	1	—	1	2	1	3	4	4	5	3	6	3	5	3	52
新乡	1	2	2	3	2	1	—	1	2	2	3	3	4	3	5	3	4	2	43
焦作	1	2	2	3	3	2	1	—	3	2	3	3	4	3	5	3	4	1	45
濮阳	2	1	3	3	2	1	2	3	—	2	3	4	4	2	5	2	4	4	47
许昌	1	1	2	1	4	3	2	2	2	—	1	3	2	2	3	2	2	3	36
漯河	2	2	2	1	5	4	3	3	3	1	—	3	2	2	2	1	1	3	40
三门峡	2	3	1	2	5	4	3	3	4	3	3	—	3	4	5	4	4	2	55
南阳	3	3	2	1	6	5	4	4	4	2	2	3	—	4	1	3	2	3	52
商丘	2	1	3	3	4	3	3	3	2	2	2	4	4	—	4	1	3	4	48
信阳	4	4	4	3	7	6	5	5	5	3	2	5	1	4	—	3	1	4	66
周口	2	1	3	2	4	3	3	3	2	2	1	4	3	1	3	—	2	4	43
驻马店	3	3	3	2	6	5	4	4	4	2	1	4	2	3	1	2	—	4	53
济源	2	3	1	2	4	3	2	1	4	3	3	2	3	4	4	4	4	—	49

矩阵中的元素 S_{ij} 表示 i 和 j 两城市间最短路径的线路数目，反映两者之间的特定连接关系，其值越小，反映两城市之间交通越便捷，反之则交通不便。[①]

二、高速公路网络评价指标

（一）区域高速公路网络连接程度评价指标

对于区域网络连接程度主要采用通达指数和通达率指标进行评价。[②]

最短路矩阵中第 i 行元素之和 E_i 即城市 i 的通达指数。通达指数 E_i 是指在高速公路网络中，从 i 城市到其他所有城市最短路径所经过的线路数目的总和。

① 李红，张平宇．辽宁中部城市群高等级公路网络发育程度评价［J］．城市发展研究，2009，16（7）：95－100.

② 程连生．中国新城在城市网络中的地位分析［J］．地理学报，1998（6）：481－491.

$$E_i = \sum_{j=1}^{n} \{S_{ij}\}, i, j = 1, 2, \cdots, N \tag{5-1}$$

矩阵中第 i 行最短路径数目之和（E_i）除以节点数（N）即为 i 城市的通达率（β_i），反映 i 城市平均连接的线路数。通达率 β_i 反映了城市 i 在网络中的通达性状况，其数值越小，表明城市 i 在网络中的通达性越好。反之，则表明城市 i 在网络中的通达性越差。

$$\beta_i = E_i/N, 0 \leqslant \beta \leqslant (N-1)/2 \tag{5-2}$$

（二）区域高速公路网络伸展程度评价指标

对于区域高速公路网络伸展程度评价指标主要包括伸展指数（D）、网络直径（δ）和“点对”间平均线路数（A）三个指标①。

伸展指数（分散指数）D 是用来衡量高速公路网络中总通达程度与联系水平的指标。表示各城市最短路径矩阵元素之和，反映出城市群交通网络的扩展规模。其值越小，说明网络内部联系程度越高，通达性越好。矩阵中所有最短路径数目之和除以城市节点数即为区域通达性，反映了整个网络的通达程度。在城市个数相同条件下，其值越小，表明区域高速公路网络的通达性越好，网络越完善。反之，则区域高速公路网络的通达性越差，网络越不完善。

$$D = \sum_{i=1}^{n} \sum_{j=1}^{n} \{S_{ij}\}, (N-1) \leqslant D \leqslant N^2(N-1)/2 \tag{5-3}$$

网络直径 δ 表示区域网络最短路径矩阵元素 S_{ij} 中的最大值，反映区域网络中最远两城市间最短路径的线路数。

$$\delta = \max\{S_{ij}\}, 1 \leqslant \delta \leqslant N-1 \tag{5-4}$$

“点对”间平均线路数 A 表示区域网络最短路径矩阵元素的总和 S_{ij} 与城市“点对”数的比值，反映对偶两城市间线路数的平均值。

$$A = \sum_{i=1}^{n} \sum_{j=1}^{n} \{S_{ij}\}/n(n-1), 1 \leqslant A \leqslant n/2 \tag{5-5}$$

（三）区域各城市网络支配能力评价指标

区域内各城市网络支配能力主要通过趋中率（Z）来进行评价。趋中

① 程连生．中国新城在城市网络中的地位分析［J］．地理学报，1998（6）：481－491.

率是度量 i 城市在网络中相应位置的指标，其数值为网络中最大通达指数与 i 城市通达性指数之差，除以网络中最大通达指数与最小通达指数之差的比值。其值越大，则 i 城市越接近于区域网络的交通中心。[①]

$$Z_i = \frac{\max(E) - E_i}{\max(E) - \min(E)} \tag{5-6}$$

三、高速公路网络评价

（一）河南省高速公路网络连接程度评价

河南省高速公路网络的通达指数空间差异明显，如表 5－9、图 5－13 所示。

表 5－9　河南省高速公路网络通达指数、通达率与趋中率

	通达指数	通达率/%	趋中率/%
郑州	34	1.89	1
开封	36	2	0.94
洛阳	39	2.17	0.85
平顶山	40	2.22	0.82
安阳	68	3.78	0
鹤壁	52	2.89	0.47
新乡	43	2.39	0.74
焦作	45	2.5	0.68
濮阳	47	2.61	0.62
许昌	36	2	0.94
漯河	40	2.22	0.82
三门峡	55	3.06	0.38
南阳	52	2.89	0.47
商丘	48	2.67	0.59
信阳	66	3.67	0.06

① James G. A., Cliff A. D., Haggett P., et al. Some Discrete Distributions for Graphs with Applications to Regional Transport Networks [J]. Geografiska Annaler, 1970, 52 (1): 14－21.

续表

	通达指数	通达率/%	趋中率/%
周口	43	2.39	0.74
驻马店	53	2.94	0.44
济源	49	2.72	0.56

通达指数平均值为47，高于此值的城市为7个，分别为安阳（68）、信阳（66）、三门峡（55）、驻马店（53）、鹤壁（52）、南阳（52）、济源（49）；通达指数排前四位的城市为郑州、开封、许昌、洛阳，通达指数分别为34、36、36、39。通达指数最高值与最低值之差为34。

通达率排前四位的城市为郑州、开封、许昌、洛阳，通达率分别为1.89、2、2、2.17，均为郑州周边城市；通达率排后四位的城市分别为安阳、信阳、三门峡、驻马店，通达率分别为3.78、3.67、3.06、2.94，均为河南省边缘的城市；通达率最高值与最低值之差为1.89。

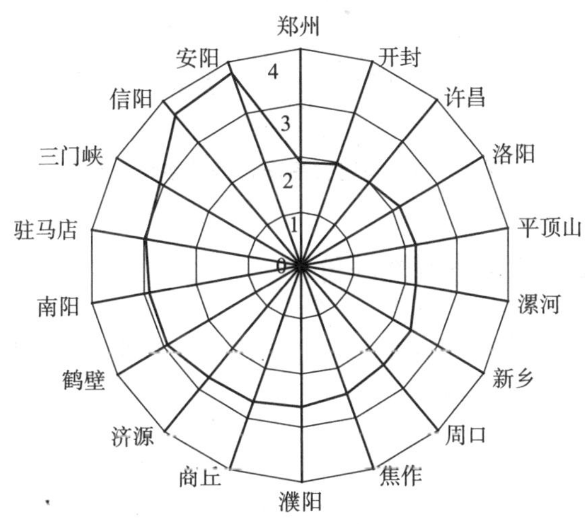

图5－13 河南省高速公路网络通达率

（二）河南省高速公路网络伸展性指标评价

（1）河南省高速公路网络的伸展指数 D 为846；区域网络直径 δ 为7；“点对”间平均线路数 A 为2.76。

（2）整体上看河南省区域高速公路网络的伸展性较好，高速公路网络基本形成，但还有待于进一步完善。

（三）河南省的城市支配能力指标

根据式（5-6），计算出河南省区域各城市的趋中率，如表5-9和图5-14所示。从中可以看出，趋中率前几名的城市依次是郑州、开封、许昌、洛阳和平顶山等城市，与通达性较好城市的次序基本吻合。

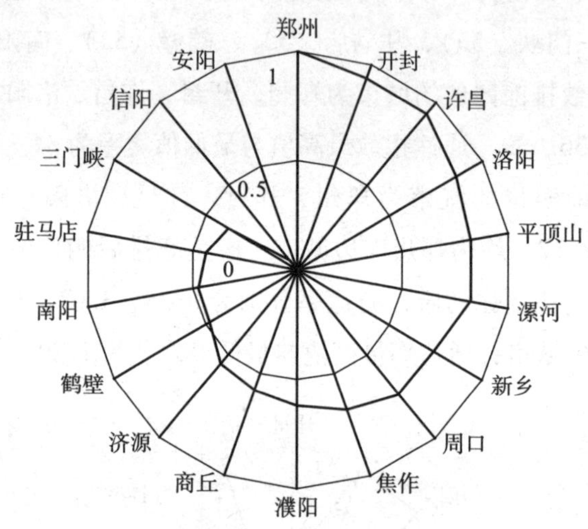

图5-14 河南省高速公路网络趋中率

四、交通轴发展协调性评价

城市作为区域的经济中心，同时也是产业带上重点的节点，城市中心性与其在交通网络中所占据的地位协调与否，直接关系到交通轴线与产业带的协调性，经过研究，对河南省交通轴与产业带的协调性做出如下评价：

1. 高速公路网络的建设与完善对于区域发展至关重要

河南省作为中部地区的重要发展引擎，高速公路网络的发育程度对未来区域经济、社会发展以及城市群一体化进程具有重要影响。随着区域间竞争的日趋激烈，河南省区域各个城市之间必须相互协调，建设快速城际交通网络，提升通达水平，共同构筑以高速公路为核心的区域快速综合交通运输系统。

河南省区域高速公路网络发育程度较好，高速公路网络基本形成，与国内其他城市群相比，高速公路网整体上的通达性比较完善。

2. 河南省各城市的通达性呈现出不均衡

城市通达性呈现明显的“核心—外围”特点，郑州市位于中心位置，位于核心圈的郑州、洛阳、开封、新乡、许昌五个城市通达指数平均值为37.6，路网结合程度较高，高速公路网络发育较好。处于最外围圈层的安阳、信阳、商丘、三门峡、驻马店五个城市通达指数平均值为58，高速公路网络发育程度较低，路网扩展潜力巨大。

3. 不同方向路网连接水平差异较大

不同方向城际路网连接水平存在一定差异，东西向最远两城市最短路径数为4（三门峡—商丘），南北向最远两城市的最短路径数为7（安阳—信阳），说明整个城市群区域高速公路网络建设存在一定的不均衡。

河南省区域高速公路网络还需要完善，横向与纵向联系均有待于进一步加强。如洛阳与南阳市虽然行政区域连接，但没有直接相联系的高速公路；北部地区的横向联系也需要进一步加强。

河南是我国第一人口大省，同时也是中部第一经济大省，高效快捷的区域高速公路网络体系，对于河南省国民经济与社会发展有着不可估量的重要意义，增强河南省城际间可达性与通达性，进一步完善区域高速公路网络的是区域交通基础设施建设的当务之急。

4. 城市中心等级与可达性不匹配

河南省各中心城市通过指数、通达率与趋中率如表5－10所示。

表5－10　河南省各中心城市可达性排序

等级	城市	通达指数	通达率	趋中率	可达性排序
一级中心	郑州	34	1.89	1	1
二级中心	洛阳	39	2.17	0.85	4
三级中心	南阳	52	2.89	0.47	14
	新乡	43	2.39	0.74	7
四级中心	焦作	45	2.5	0.68	9
	周口	43	2.39	0.74	8
	信阳	66	3.67	0.06	17
	安阳	68	3.78	0	18

续表

等级	城市	通达指数	通达率	趋中率	可达性排序
四级中心	开封	36	2	0.94	2
	许昌	36	2	0.94	3
	商丘	48	2.67	0.59	11
	驻马店	53	2.94	0.44	15
	平顶山	40	2.22	0.82	5
五级中心	三门峡	55	3.06	0.38	16
	濮阳	47	2.61	0.62	10
	漯河	40	2.22	0.82	6
	鹤壁	52	2.89	0.47	13
	济源	49	2.72	0.56	12

从表5－10中可以看出，郑州市的通达指数与通达率最低，说明郑州在整个城市群交通网络中通达性最好，其趋中率为1，说明郑州位于整个交通网络的中心，这对于强化其核心地位非常有利。

而在其他等级城市中，可达性排序与城市中心性等级并不完全吻合，如二级城市洛阳市的可达性综合排名第4；三级中心城市新乡市的可达性综合排名为第7，南阳市的可达性综合排名仅为第14；而四级中心开封市的可达性则排名第2，许昌市的可达性排名为第3，平顶山市的可达性则排名第5；在五级中心中漯河的排名为第6，较三级中心城市的可达性更好。

高速公路网络的发育程度对未来区域经济、社会发展以及城市群一体化进程具有重要影响。为了更好地发挥各级中心城市的核心作用，需要在进行高速公路网络规划与建设时，向高等级中心倾斜，提高其可达性水平，更好地发挥其在区域经济联系中的作用。①

① 余沛．河南省高速公路网络发育程度评价与分析［J］．公路，2013（10）：141－145.

第六章

中原经济区产业发展现状

第一节　产业发展概况

一、整体经济增长状况

（一）经济总量增长迅速

从2000年到2016年，河南省国内生产总值从5052.99亿元增长到40471.79亿元，增长8倍；GDP总量在2005年突破万亿元，2010年突破2万亿元，2013年突破3万亿元，2016年突破4万亿元（见表6－1）。GDP总量在全国的排名也从改革开放前的第9位，提高到全国第5位，经济总量居中部六省第1名。

表6－1　2000—2016年河南省GDP　　单位：亿元，%

年份	河南省		全国		河南/全国	
	生产总值	第二产业	生产总值	第一产业	生产总值	第二产业
2000	5052.99	2294.15	100280.1	45664.8	5.0	5.0
2001	5533.01	2510.45	110863.1	49660.7	5.0	5.1
2002	6035.48	2768.75	121717.4	54105.5	5.0	5.1
2003	6867.70	3310.14	137422.0	62697.4	5.0	5.3
2004	8579.42	4200.39	161840.2	74286.9	5.3	5.7
2005	10621.56	5510.12	187318.9	88084.4	5.7	6.3
2006	12412.86	6693.46	219438.5	104361.8	5.7	6.4
2007	15076.21	8203.37	270232.3	126633.6	5.6	6.5

续表

年份	河南省		全国		河南/全国	
	生产总值	第二产业	生产总值	第二产业	生产总值	第二产业
2008	18097.05	10132.48	319515.5	149956.6	5.7	6.8
2009	19590.35	10816.54	349081.4	160171.7	5.6	6.8
2010	23222.91	12930.83	413030.3	191629.8	5.6	6.7
2011	27098.62	14978.99	489300.6	227038.8	5.5	6.6
2012	29797.13	16063.24	540367.4	244643.3	5.5	6.6
2013	32423.55	16942.15	595244.4	261956.1	5.4	6.5
2014	35198.65	18041.82	643974.0	277571.8	5.5	6.5
2015	37278.20	18156.04	689052.1	282040.3	5.4	6.4
2016	40471.79	19275.82	744127.2	296236.0	5.4	6.5

河南省在全国的经济比重不断提高，生产总值占全国的比例不断上升。2000 年时，河南省经济总量占全国的比例仅为 5.0%，到 2016 年，河南省经济总量占全国的比例已经提高到 5.4%。相比较而言，河南省第二产业占全国比重提升更多。2000 年，河南省第二产业占全国的比重仅为 5.0%，到 2016 年河南省第二产业占全国的比重已经提高到 6.5%，平均每年提高 0.1 个百分点。

（二）产业结构不断优化

河南省在经济总量迅速增加的同时，产业结构也有所优化。2000 年，河南省第一产业、第二产业、第三产业所占比重分别是 23.0%、45.4% 和 31.6%；2016 年河南省第一产业、第二产业、第三产业所占比重已经变为 10.6%、47.6% 和 41.8%（见表 6-2）。第一产业在总产值中所占比重降低了 10 个百分点，第二产业在总产值中所占比重变化不大，第三产业在总产值中所占比重提高了 10 个百分点。

表 6-2　2000—2016 年河南省产业结构　　单位：%

年份	生产总值分产业构成			三次产业贡献率		
	第一产业	第二产业	第三产业	第一产业	第二产业	第三产业
2000	23.0	45.4	31.6	10.2	62.6	27.2
2001	22.3	45.4	32.3	14.0	49.7	36.3

续表

年份	生产总值分产业构成			三次产业贡献率		
	第一产业	第二产业	第三产业	第一产业	第二产业	第三产业
2002	21.3	45.9	32.8	10.6	55.8	33.6
2003	17.5	48.2	34.3	-5.0	74.6	30.4
2004	19.2	49.0	31.8	17.5	58.4	24.1
2005	17.3	51.9	30.8	9.6	62.3	28.1
2006	15.1	53.9	31.0	8.9	64.0	27.1
2007	14.4	54.4	31.2	4.2	66.5	29.3
2008	14.4	56.0	29.6	6.8	66.7	26.5
2009	13.8	55.2	31.0	5.2	64.4	30.3
2010	13.7	55.7	30.6	4.7	68.0	27.2
2011	12.7	55.3	32.0	4.2	61.8	34.1
2012	12.4	53.9	33.7	5.6	63.4	31.1
2013	12.2	52.3	35.5	5.6	58.1	36.3
2014	11.8	51.3	36.9	5.3	60.8	33.9
2015	11.3	48.7	40.0	5.8	53.1	41.1
2016	10.6	47.6	41.8	5.9	43.5	50.7

河南省已经从一个农业大省转变为工业大省，第三产业贡献率日益提高。2000年，河南省三次产业贡献率分别是10.2%、62.6%和27.2%，第二产业对国民经济的贡献率最高；2016年，河南省三次产业贡献率分别是5.9%、43.5%和50.7%，对国民经济的贡献率最高的产业已经转变为第三产业。

（三）人均产值仍然偏低

河南省的人均GDP也在不断增加。2000年，河南省人均GDP为5450元，2016年，河南省人均GDP已经增长到42575元，增长7.81倍。但是由于经济基础薄弱，河南省的人均GDP仍然长期落后于全国平均水平。

2000年，河南省人均GDP仅为全国平均水平的68.62%，2016年河南省人均GDP为全国平均水平的78.87%，虽然差距有所缩小，但是仍然远远落后于全国平均水平，河南经济发展仍然任重而道远，如表6-3所示。

表 6-3　2000—2016 年河南省人均 GDP　　单位：元，%

年份	河南省	全国	河南/全国
2000	5450	7942	68.62%
2001	5959	8717	68.36%
2002	6487	9506	68.24%
2003	7376	10666	69.15%
2004	9228	12487	73.90%
2005	11383	14368	79.22%
2006	13225	16738	79.01%
2007	16080	20505	78.42%
2008	19263	24121	79.86%
2009	20713	26222	78.99%
2010	24585	30876	79.62%
2011	28839	36403	79.22%
2012	31709	40007	79.26%
2013	34458	43852	78.58%
2014	37348	47203	79.12%
2015	39414	50251	78.43%
2016	42575	53980	78.87%

二、各城市经济增长状况

（一）区域经济发展不均衡

河南省整体经济发展水平低，区域经济发展也非常不均衡。2016 年占全省 GDP 比例最高的郑州市，其 GDP 总值为 8113.97 亿元，占全省的比例为 20.0%；2016 年占全省 GDP 比例最低的济源市，其 GDP 总值仅为 538.91 亿元，占全省的比例仅为 1.3%；GDP 最高的郑州市是最低的济源市的 15.06 倍。

人均产值最高的城市是郑州市，其人均产值为 84113 元，是全省平均水平的 197.6%；人均产值最低的城市是周口市，其人均产值为 25682 元，是全省平均水平的 60.3%；人均产值最高的郑州市是人均产值最低的周口市的 3.28 倍。

从每平方公里土地的产出来看，产值密度最高的城市是郑州市，其产值密度为10897.08万元/km²；产值密度最低的城市是信阳市，其产值密度为1084.69万元/km²；产值密度最高的郑州市是产值密度最低的信阳市的10.05倍。

2000—2016年河南省各市GDP与人均产值如表6-4所示。

表6-4　2000—2016年河南省各市GDP与人均产值

	生产总值/亿元	占全省比例/%	人均GDP/元	与全省平均比/%	产值密度（万元/km²）
郑州	8113.97	20.0	84113	197.6	10897.08
开封	1755.10	4.3	38619	90.7	2723.62
洛阳	3820.11	9.4	56410	132.5	2507.29
平顶山	1825.14	4.5	36708	86.2	2315.58
安阳	2029.85	5.0	39603	93.0	2760.95
鹤壁	771.79	1.9	47940	112.6	3537.07
新乡	2166.97	5.4	37805	88.8	2500.54
焦作	2095.08	5.2	59183	139.0	5146.35
濮阳	1449.56	3.6	40059	94.1	3461.21
许昌	2377.71	5.9	54522	128.1	4775.48
漯河	1081.93	2.7	41138	96.6	4019.04
三门峡	1325.86	3.3	58894	138.3	1263.21
南阳	3114.97	7.7	31010	72.8	1175.06
商丘	1989.15	4.9	27332	64.2	1858.33
信阳	2037.80	5.0	31733	74.5	1084.69
周口	2263.86	5.6	25682	60.3	1892.70
驻马店	1972.99	4.9	28305	66.5	1308.09
济源	538.91	1.3	73722	173.2	2837.87

进一步制作河南省各城市人均GDP密度图，分析河南省各城市人均GDP空间分布格局，如图6-1所示。

从图6-1中可以看出，河南省人均GDP整体分布格局呈现出北高南低的分布格局。人均GDP最高的区域位于全省西北区域，主要是郑州、焦作、济源和三门峡等城市；人均GDP最低的区域位于全省的南部区域，主要是南阳、驻马店和周口等城市。

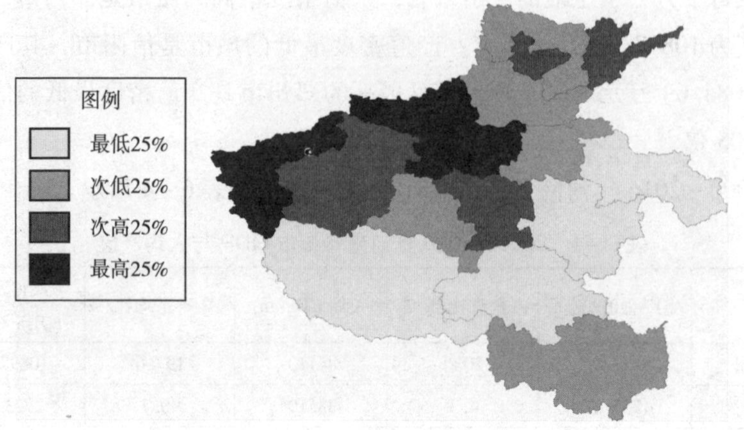

图6－1　河南省各城市人均GDP密度图

通过制作河南省各城市GDP空间密度图，分析河南省各城市GDP空间密度分布格局，如图6－2所示。

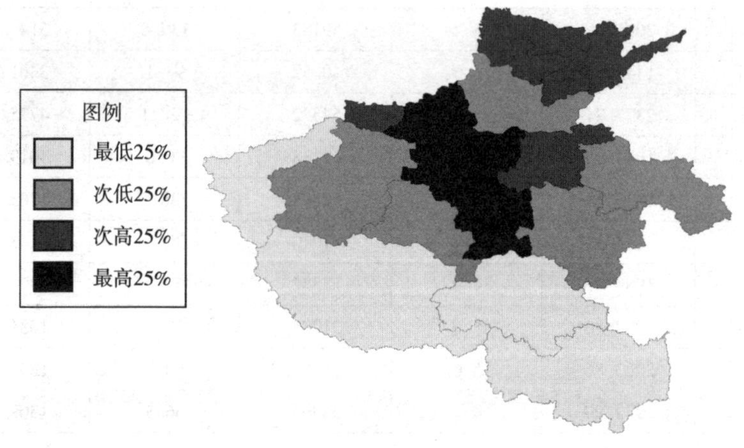

图6－2　河南省各城市GDP密度图

从图6－2中可以看出，河南省GDP空间密度整体分布格局呈现出北高南低的分布格局。GDP空间密度最高的区域位于以郑州为核心的中部区域，主要是郑州、许昌、焦作和漯河等城市；人均GDP最低的区域位于全省的南部区域，主要是南阳、驻马店和信阳等城市。

（二）各城市产业发展水平差异大

河南省各区域经济发展水平参差不齐，产业发展水平差异也较大（见表6－5）。

第一产业规模最小的是济源市，第一产业产值为23.27亿元；第一产业规模最大的城市是南阳市，第一产业产值高达515.5亿元，是济源市第一产业规模的22.15倍。第一产业占比最低的城市是郑州市，第一产业占GDP比重仅为1.9%，微不足道；第一产业占比最高的城市是信阳市，第一产业占GDP比重高达21.9%，是郑州市的11.36倍。

第二产业规模最小的是济源市，第二产业产值为350.12亿元；第二产业规模最大的城市是郑州市，第二产业产值高达3796.93亿元，是济源市第二产业规模的10.84倍。第一产业占比最低的城市是驻马店市，第二产业占GDP比重仅为39.2%；第二产业占比最高的城市是鹤壁市，第二产业占GDP比重高达65.2%，是驻马店市的1.66倍。

第三产业规模最小的是济源市，第三产业产值为165.52亿元；第三产业规模最大的城市是郑州市，第三产业产值高达4160.68亿元，是济源市第三产业规模的25.14倍。第三产业占比最低的城市是鹤壁市，第三产业占GDP比重仅为26.8%；第三产业占比最高的城市是郑州市，第三产业占GDP比重高达51.3%，是鹤壁市的1.92倍。

表6－5　2016年河南省各市产业结构状况　　单位：亿元，%

	第一产业	占比	第二产业	占比	第三产业	占比
郑州	156.35	1.9	3796.93	46.8	4160.68	51.3
开封	287.72	16.4	712.93	40.6	754.45	43.0
洛阳	234	6.1	1791.32	46.9	1794.8	47.0
平顶山	176.75	9.7	895.05	49.0	753.34	41.3
安阳	212.44	10.5	971.02	47.8	846.39	41.7
鹤壁	61.99	8.0	503.25	65.2	206.55	26.8
新乡	222.89	10.3	1074.01	49.6	870.07	40.2
焦作	133.95	6.4	1241.89	59.3	719.24	34.3
濮阳	161.87	11.2	793.85	54.8	493.84	34.1
许昌	162.48	6.8	1398.54	58.8	816.69	34.3

续表

	第一产业	占比	第二产业	占比	第三产业	占比
漯河	113.87	10.5	674.62	62.4	293.43	27.1
三门峡	123.5	9.3	748.93	56.5	453.43	34.2
南阳	515.5	16.5	1364.35	43.8	1235.12	39.7
商丘	386.26	19.4	823.83	41.4	779.06	39.2
信阳	446.05	21.9	805.87	39.5	785.87	38.6
周口	457.63	20.2	1040.23	45.9	766	33.8
驻马店	412.86	20.9	773.94	39.2	786.19	39.8
济源	23.27	4.3	350.12	65.0	165.52	30.7
最小值	23.27	1.9	350.12	39.2	165.52	26.8
最大值	515.5	21.9	3796.93	65.2	4160.68	51.3
最大/最小	22.15	11.36	10.84	1.66	25.14	1.92

进一步制作河南省各城市第一产业占 GDP 比例空间分布图，分析河南省各城市第一产业所占比重空间分布格局，如图 6-3 所示。

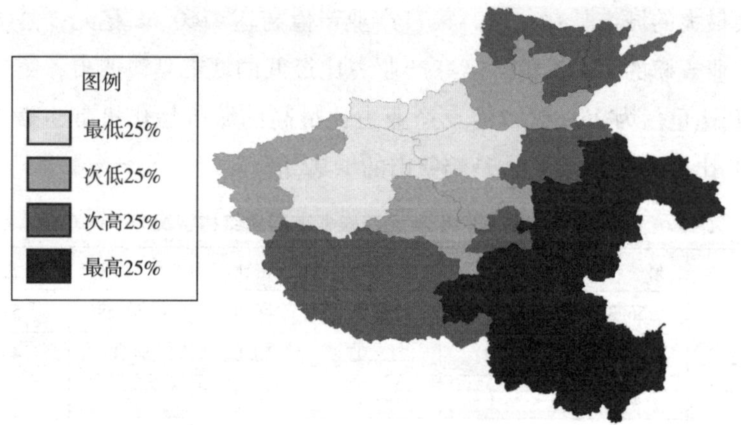

图 6-3 河南省各城市第一产业占 GDP 比例图

从图 6-3 中可以看出，河南省第一产业占 GDP 比重分布格局呈现出南高北低的分布格局。第一产业占 GDP 比重最高的区域位于全省南部区域，主要是驻马店、驻马店、商丘和周口等城市；第一产业占 GDP 比重最低的区域位于全省的北部区域，主要是郑州、洛阳、焦作和济源等城市。

制作河南省各城市第二产业占 GDP 比例空间分布图，分析河南省各城市第二产业所占比重空间分布格局，如图6-4所示。

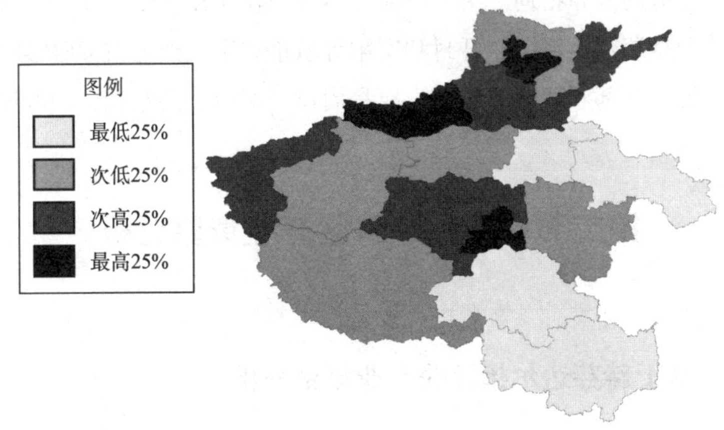

图6-4　河南省各城市第二产业占GDP比例图

从图6-4中可以看出，河南省第二产业占GDP比例分布格局并没有出现集中分布格局。不过从整体上仍然可以看出，北部区域第二产业占GDP比重要高于南部区域。第二产业占GDP最高的区域分别是鹤壁、焦作、济源和漯河市；第二产业占GDP最低的区域主要位于全省的东部区域，主要是开封、商丘、驻马店和信阳等城市。

同样制作河南省各城市第三产业占GDP比例空间分布图，分析河南省各城市第三产业所占比重空间分布格局，如图6-5所示。

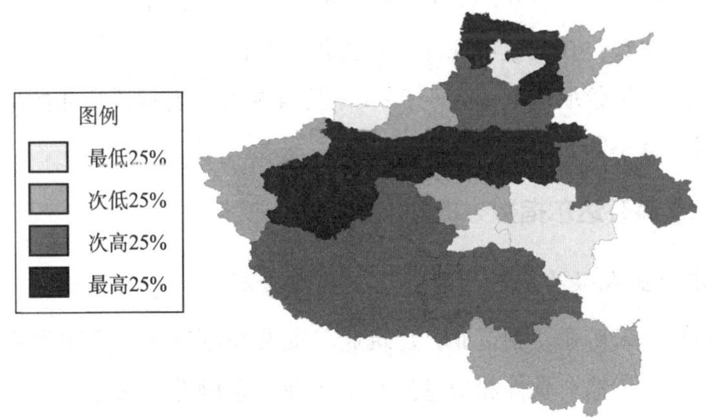

图6-5　河南省各城市第三产业占GDP比例图

从图 6－5 中可以看出，河南省第三产业占 GDP 比例分布格局呈现出中间高南北低的分布格局。第三产业占 GDP 最高的区域主要位于全省中部区域，分别是郑州、洛阳、开封和安阳等城市；第三产业占 GDP 最低的区域位于全省的东部和北部区域，主要是周口、漯河、鹤壁和济源等城市。

第二节　中原经济区产业集聚分析

一、基于赫芬达尔指数的产业集聚分析

（一）赫芬达尔指数内涵

赫芬达尔—赫希曼指数（Herfindahl－Hirschman Index，HHI），简称赫芬达尔指数，是一种测量产业集中度的综合指数。它是指一个行业中各市场竞争主体所占行业总收入或总资产百分比的平方和，用来计量市场份额的变化，即市场中厂商规模的离散度。

其计算公式为：

$$H = \sum_{i=1}^{N} \left(\frac{x_i}{X} \right)^2 \tag{6-1}$$

式中：H 为赫芬达尔指数，X 为市场总规模，x_i 为 i 企业的就业人数，N 为行业内的企业数。在此使用地区比重代替企业比重。

赫芬达尔指数取值范围介于 0～1，其值越大，表示该行业的地区集聚程度越高，越小则表示集聚程度越低。

（二）赫芬达尔指数分析

1. 以就业人数为基础的赫芬达尔指数分析

主要选择采矿业，制造业，建筑业，批发和零售业，交通运输仓储及邮政业，信息传输、软件和信息技术服务业，金融业，房地产业，租赁和商务服务业，科学研究和技术服务业 10 个行业进行赫芬达尔指数分析。

根据 2005—2016 年河南省各城市历年各产业就业人口状况，计算其赫

芬达尔指数，具体数值如表 6－6 所示。

表 6－6　2005—2016 年河南省各产业赫芬达尔指数

年份	采矿业	制造业	建筑业	批发和零售业	交通运输仓储及邮政业
2005	0.1248	0.0699	0.0925	0.0150	0.0015
2006	0.1239	0.0686	0.0878	0.0164	0.0020
2007	0.1233	0.0707	0.0880	0.0164	0.0019
2008	0.1234	0.0692	0.0848	0.0163	0.0016
2009	0.1164	0.0705	0.0790	0.0168	0.0035
2010	0.1211	0.0723	0.0964	0.0196	0.0027
2011	0.1149	0.0875	0.0975	0.0195	0.0033
2012	0.1198	0.1004	0.0968	0.0825	0.0365
2013	0.1157	0.0884	0.0865	0.0836	0.0518
2014	0.1248	0.0844	0.0876	0.0836	0.0523
2015	0.1275	0.0821	0.0881	0.0809	0.0545
2016	0.1316	0.0802	0.0877	0.0850	0.0970

年份	信息传输、软件和信息技术服务业	金融业	房地产业	租赁和商务服务业	科学研究和技术服务业
2005	0.5702	0.0525	0.0931	0.0860	0.1312
2006	0.5332	0.0545	0.0960	0.0896	0.1330
2007	0.5706	0.0530	0.1198	0.0905	0.1223
2008	0.5018	0.0521	0.1301	0.1075	0.1320
2009	0.3432	0.0507	0.1096	0.0988	0.1253
2010	0.4983	0.0845	0.1208	0.0954	0.1354
2011	0.4377	0.0831	0.1205	0.1059	0.1425
2012	0.0909	0.0845	0.1231	0.1092	0.1529
2013	0.0999	0.0872	0.1067	0.0970	0.1648
2014	0.1125	0.0864	0.1148	0.1151	0.1717
2015	0.1266	0.0891	0.1165	0.1131	0.1733
2016	0.1385	0.1269	0.1167	0.1003	0.1705

根据 2005—2016 年河南省各产业赫芬达尔指数，计算其平均值并排序，如表 6－7 所示。

表 6 -7 2005—2016 年河南省各产业赫芬达尔指数平均值及排序

	采矿业	制造业	建筑业	批发和零售业	交通运输仓储及邮政业
平均值	0.1223	0.0787	0.0894	0.0446	0.0257
排序	3	7	6	9	10
	信息传输、软件和信息技术服务业	金融业	房地产业	租赁和商务服务业	科学研究和技术服务业
平均值	0.3353	0.0754	0.1140	0.1007	0.1462
排序	1	8	4	5	2

从平均值来看，赫芬达尔指数最高的产业是信息传输、软件和信息技术服务业，其次是科学研究和技术服务业，采矿业；赫芬达尔指数最低的产业是交通运输仓储及邮政业，批发和零售业，房地产业。

2. *以产值为基础的赫芬达尔指数分析*

主要选择工业，建筑业，批发和零售业，交通运输仓储及邮政业，住宿和餐饮业，金融业，房地产业，居民服务、修理和其他服务业 8 个行业进行赫芬达尔指数分析。

根据 2005—2016 年河南省各城市历年各产业产值状况，计算其赫芬达尔指数，具体数值如表 6 -8 所示。

表 6 -8 2005—2016 年河南省各产业赫芬达尔指数

年份	工业	建筑业	批发和零售业	交通运输仓储及邮政业
2005	0.0762	0.0881	0.0914	0.0983
2006	0.0765	0.0893	0.0942	0.0979
2007	0.0760	0.0902	0.1002	0.0960
2008	0.0748	0.0936	0.0854	0.1105
2009	0.0739	0.0940	0.0851	0.1080
2010	0.0760	0.0944	0.0871	0.1133
2011	0.0797	0.0924	0.0915	0.1083
2012	0.0804	0.0898	0.0955	0.1099
2013	0.0803	0.0894	0.0956	0.1100

续表

年份	工业	建筑业	批发和零售业	交通运输仓储及邮政业
2014	0.0793	0.0896	0.0949	0.1002
2015	0.0805	0.0898	0.0943	0.1023
2016	0.0797	0.0892	0.0958	0.1033
年份	住宿和餐饮业	金融业	房地产业	居民服务、修理和其他服务业
2005	0.0854	0.2266	0.0904	0.0747
2006	0.0853	0.2274	0.0946	0.0759
2007	0.0882	0.2302	0.1210	0.0745
2008	0.0922	0.2241	0.1003	0.0884
2009	0.0849	0.2141	0.1093	0.0876
2010	0.0839	0.2231	0.1102	0.0966
2011	0.0886	0.2248	0.1130	0.1140
2012	0.0898	0.2225	0.1089	0.1145
2013	0.0876	0.2399	0.1096	0.0945
2014	0.0925	0.1818	0.1136	0.0808
2015	0.0951	0.1885	0.1128	0.0781
2016	0.0947	0.2058	0.1154	0.0760

根据2005—2016年河南省各产业赫芬达尔指数，计算其平均值并排序，如表6-9所示。

表6-9　2005—2016年河南省各产业赫芬达尔指数平均值及排序

	工业	建筑业	批发和零售业	交通运输仓储及邮政业
平均值	0.0778	0.0908	0.0926	0.1048
排序	8	5	4	3
	住宿和餐饮业	金融业	房地产业	居民服务、修理和其他服务业
平均值	0.0890	0.2174	0.1083	0.0880
排序	6	1	2	7

从平均值来看，赫芬达尔指数最高的产业是金融业，其次是房地产业，交通运输仓储及邮政业；赫芬达尔指数最低的产业是工业，居民服

务、修理和其他服务业，住宿和餐饮业。

二、基于空间基尼系数的产业集聚分析

（一）空间基尼系数内涵

空间基尼系数由克鲁格曼（Paul Krugman）于1991年提出，用于测算美国制造业行业的集聚程度。

自从该分析模型提出以来，得到了非常广泛的应用。

空间基尼系数计算公式如下：

$$G = \sum^{m=i=1} (s_i - x_i)^2 \tag{6-2}$$

式中：G为空间基尼系数，m为地理区域的个数，s_i为地区i的某行业就业人数占该行业总就业人数和比重，x_i为地区i的就业人数占全国总就业人数比重。

空间基尼系数可使用就业人数计算，也可以使用产值或增加值进行计算。空间基尼系数的值介于0~1，其值越大，表示该行业在地理上的集聚程度越高，即产业在地理上愈加集中。

（二）空间基尼系数分析

1. *以就业人数为基础的空间基尼系数分析*

主要选择采矿业，制造业，建筑业，批发和零售业，交通运输仓储及邮政业，信息传输、软件和信息技术服务业，金融业，房地产业，租赁和商务服务业，科学研究和技术服务业10个行业进行空间基尼系数分析。

根据2005—2016年河南省各城市历年各产业就业人口状况，计算其空间基尼系数，具体数值如表6-10所示。

表6-10 2005—2016年河南省各产业空间基尼系数

年份	采矿业	制造业	建筑业	批发和零售业	交通运输仓储及邮政业
2005	0.0916	0.0031	0.0055	0.0032	0.0152
2006	0.0900	0.0034	0.0051	0.0034	0.0149
2007	0.0925	0.0036	0.0049	0.0045	0.0161

续表

年份	采矿业	制造业	建筑业	批发和零售业	交通运输仓储及邮政业
2008	0.0904	0.0038	0.0045	0.0052	0.0168
2009	0.0956	0.0041	0.0040	0.0061	0.0149
2010	0.0966	0.0050	0.0051	0.0068	0.0181
2011	0.1343	0.0037	0.0055	0.0096	0.0233
2012	0.1421	0.0038	0.0058	0.0030	0.0033
2013	0.1285	0.0030	0.0115	0.0034	0.0054
2014	0.1173	0.0025	0.0117	0.0032	0.0059
2015	0.1045	0.0026	0.0104	0.0032	0.0053
2016	0.0890	0.0028	0.0100	0.0032	0.0060
年份	信息传输、软件和信息技术服务业	金融业	房地产业	租赁和商务服务业	科学研究和技术服务业
2005	0.0323	0.0008	0.0093	0.0046	0.0153
2006	0.0339	0.0009	0.0083	0.0062	0.0163
2007	0.0260	0.0012	0.0075	0.0075	0.0136
2008	0.0111	0.0008	0.0074	0.0209	0.0178
2009	0.0148	0.0009	0.0076	0.0125	0.0130
2010	0.0221	0.0041	0.0070	0.0069	0.0150
2011	0.0276	0.0030	0.0099	0.0102	0.0166
2012	0.0062	0.0022	0.0088	0.0111	0.0189
2013	0.0044	0.0035	0.0070	0.0110	0.0244
2014	0.0068	0.0042	0.0073	0.0105	0.0371
2015	0.0118	0.0044	0.0109	0.0105	0.0426
2016	0.0249	0.0194	0.0141	0.0098	0.0463

根据2005—2016年河南省各产业空间基尼系数，计算其平均值并排序，如表6－11所示。

表6－11　2005—2016年河南省各产业赫芬达尔指数平均值及排序

	采矿业	制造业	建筑业	批发和零售业	交通运输仓储及邮政业
平均值	0.1060	0.0035	0.0070	0.0046	0.0121
排序	1	10	7	8	4

续表

	信息传输、软件和信息技术服务业	金融业	房地产业	租赁和商务服务业	科学研究和技术服务业
平均值	0.0185	0.0038	0.0088	0.0101	0.0231
排序	3	9	6	5	2

从平均值来看，空间基尼系数最高的产业是采矿业，其次是科学研究和技术服务业，信息传输、软件和信息技术服务业；空间基尼系数最低的产业是制造业，金融业，批发和零售业。

2. 以产值为基础的空间基尼系数分析

主要选择工业，建筑业，批发和零售业，交通运输仓储及邮政业，住宿和餐饮业，金融业，房地产业，居民服务、修理和其他服务业 8 个行业进行空间基尼系数分析。

根据 2005—2016 年河南省各城市历年各产业产值状况，计算其空间基尼系数，具体数值如表 6-12 所示。

表 6-12　2005—2016 年河南省各产业空间基尼系数

年份	工业	建筑业	批发和零售业	交通运输仓储及邮政业
2005	0.0002	0.0003	0.0003	0.0028
2006	0.0003	0.0003	0.0004	0.0037
2007	0.0005	0.0004	0.0007	0.0048
2008	0.0009	0.0006	0.0008	0.0028
2009	0.0009	0.0010	0.0006	0.0029
2010	0.0016	0.0011	0.0008	0.0036
2011	0.0025	0.0011	0.0007	0.0029
2012	0.0024	0.0011	0.0008	0.0038
2013	0.0025	0.0014	0.0010	0.0051
2014	0.0012	0.0020	0.0013	0.0040
2015	0.0011	0.0019	0.0015	0.0049
2016	0.0013	0.0017	0.0019	0.0048

续表

年份	住宿和餐饮业	金融业	房地产业	居民服务、修理和其他服务业
2005	0.0002	0.0020	0.0009	0.0009
2006	0.0002	0.0027	0.0013	0.0012
2007	0.0005	0.0037	0.0018	0.0018
2008	0.0006	0.0048	0.0020	0.0071
2009	0.0004	0.0052	0.0019	0.0074
2010	0.0005	0.0071	0.0025	0.0091
2011	0.0008	0.0092	0.0030	0.0110
2012	0.0011	0.0104	0.0032	0.0122
2013	0.0012	0.0155	0.0033	1.1305
2014	0.0019	0.0159	0.0041	0.0057
2015	0.0022	0.0287	0.0040	0.0044
2016	0.0024	0.0538	0.0072	0.0051

根据2005—2016年河南省各产业空间基尼系数，计算其平均值并排序，如表6－13所示。

表6－13　2005—2016年河南省各产业空间基尼系数平均值及排序

	工业	建筑业	批发和零售业	交通运输仓储及邮政业
平均值	0.0013	0.0011	0.0009	0.0038
排序	5	6	8	3
	住宿和餐饮业	金融业	房地产业	居民服务、修理和其他服务业
平均值	0.0010	0.0132	0.0029	0.0997
排序	7	1	4	2

从平均值来看，空间基尼系数最高的产业是金融业，其次是居民服务、修理和其他服务业，交通运输仓储及邮政业；空间基尼系数最低的产业是批发和零售业，住宿和餐饮业，建筑业。

第七章

中原经济区城市发展现状

第一节 城市职能结构

城市职能结构是指城市体系各成员城市在城市体系的城际联系之中所扮演的角色，反映着不同城市之间的分工协作关系和地域专业化程度，职能结构是城市时空演变研究的一个重要方面。城市职能则是由城市为外部服务的经济活动来决定，因此在研究城市职能结构之前，首先要对城市经济活动进行分析。

一、城市经济活动分析

（一）城市经济活动相关理论

一个城市的全部经济活动按其服务对象可以划分为两大部分：一部分是为本城市以外地区的需要进行服务，另一部分则是为本城市的需要进行服务。

为本城市以外地区服务是指从城市以外为城市创造收入的部分，它是一个城市得以存在和持续发展的经济基础，这一部分的经济活动被称为城市的基本活动，是导致一个城市持续发展的主要动力源泉。满足城市内部需求的经济活动随着基本部分的发展而发展，因此它被称为非基本活动部分。

目前在研究中主要利用区位商法和最小需要量法这两种方法对城市的

基本与非基本经济活动进行划分。利用区位商法进行研究大大简化了对城市基本和非基本部分进行区分的复杂过程，因而在关于城市经济结构的研究中被广泛采用。

区位商法由马蒂拉（J. M. Mattila）与汤普森（W. R. Thompson）首先提出，这种方法的实质是假定全国行业的部门结构就是能够满足全国人口需要的结构，因此各个城市必须有类似的劳动力行业结构才能满足当地的需要；如果低于这一比重的部门，则城市需从外地输入相应产品或者取得相应服务；而当城市某部门比重大于全国比重时，则可以认为此部门除了能够满足本市需要以外还存在有基本活动部分；那么大于全国比重的差额即该部门基本活动部分的比重，将各部门与全国平均比重的正差额进行累加，就能够得到城市总的基本部分。

区位商法的数学模型如公式（7－1）所示：

$$L_i = \frac{e_i/e_t}{E_i/E_t}, i = 1, 2, \cdots, n \qquad (7-1)$$

式中：e_i表示城市 i 部门的职工人数，e_t表示城市中职工总人数，E_i表示全国 i 部门职工人数，E_t表示全国职工总数。

L_i为区位商，则 L_i 大于 1 的部门可以被认为是具有基本活动部分的部门。

B_i为剩余职工指数，若 B_i 小于 0，则可以认为此部门只为本地服务；若 B_i大于 0，则可以认为 B_i为 i 部门从事基本活动的职工数，其数学模型如公式（7－2）、公式（7－3）所示：

$$B_i = e_i - \frac{E_i}{E_t} \cdot e_t, i = 1, 2, \cdots, n \qquad (7-2)$$

$$B = \sum_{i=1}^{n} B_i, B_i > 0 \qquad (7-3)$$

如公式（7－3）所示，B 为城市中从事基本活动的总职工数。

（二）城市经济活动分析

虽然中原经济区城市的形成与发展已经有上千年的历史，但是由于各种原因，与沿海地区的发达城市群相比，中原经济区城市还显得比较落后，主要表现在第二产业比重过高，第三产业发展滞后。而我国沿海地区的发达城市群，尤其是长三角和珠三角城市群，第三产业发展迅速，其比重已经大大超过第二产业，产业结构高级化的趋势十分明显；以上海为例，其金融、保险、信息、高科技、现代服务业等职能大大强化，而作为制造业中心，尤其是传统产业生产基地的地位已经明显有所下降。

1. 中原经济区各城市分行业就业现状

由于本书研究对象是中原经济区，因此只需分析各城市在中原经济区内的职能定位，所以采用全省数据，而非全国数据进行计算。

按照统计年鉴的分类方法，扣除农林牧渔业，2016 年中原经济区各城市分行业城镇在岗职工人数如表 7－1 所示。

表 7－1　2016 年中原经济区各城市分行业城镇在岗职工

单位：万人

	合计	采矿业	制造业	电力、燃气及水的生产和供应	建筑业	批发和零售	交通运输、仓储及邮政	住宿、餐饮	信息传输、计算机服务和软件	金融业
全省	1144.99	45.18	363.26	26.18	173.37	56.13	45.84	11.00	12.16	30.00
郑州	200.85	5.08	68.06	3.48	29.45	10.33	8.10	3.09	3.89	9.06
开封	53.75	0.00	20.03	0.87	8.60	3.75	1.19	0.67	0.49	0.76
洛阳	75.39	1.80	25.25	1.57	8.34	3.62	1.90	0.81	0.97	2.67
平顶山	54.99	11.43	12.00	2.80	4.21	2.35	1.33	0.53	0.28	1.69
安阳	57.49	0.73	14.22	0.91	19.63	1.74	1.43	0.33	0.42	1.52
鹤壁	23.29	3.09	9.57	0.37	2.68	0.62	0.34	0.17	0.11	0.52
新乡	66.34	0.37	20.33	1.18	18.92	1.92	1.35	0.44	0.49	1.23
焦作	54.25	3.21	25.21	0.87	2.92	2.86	3.07	0.31	0.29	1.56
濮阳	41.49	4.17	10.40	1.53	8.53	1.48	0.99	0.17	0.38	0.64
许昌	48.78	1.08	23.52	0.75	3.69	2.08	0.92	0.53	0.47	0.86
漯河	33.77	0.00	17.71	0.38	2.59	1.49	0.98	0.19	0.10	0.58
三门峡	25.07	6.95	3.89	0.60	1.66	0.86	0.85	0.21	0.35	1.24
南阳	94.68	2.04	25.74	1.59	13.72	4.47	2.87	0.94	0.56	2.24
商丘	77.08	4.10	20.40	0.78	11.10	4.96	2.56	0.56	0.93	1.29
信阳	63.16	0.69	13.57	1.17	12.39	4.50	2.06	0.74	0.91	1.15
周口	72.49	0.00	24.78	1.01	10.02	4.26	2.11	0.31	0.77	1.62

续表

	合计	采矿业	制造业	电力、燃气及水的生产和供应	建筑业	批发和零售	交通运输、仓储及邮政	住宿、餐饮	信息传输、计算机服务和软件	金融业
驻马店	71.42	0.02	20.88	1.19	13.20	4.43	2.41	0.68	0.65	1.18
济源	12.52	0.40	6.33	0.19	1.35	0.33	0.57	0.06	0.08	0.20

	房地产业	租赁和商业服务业	科研、技术服务和地质勘查	水利、环境和公共设施管理	居民服务和其他服务业	教育	卫生、社会保障和社会福利	文化、体育和娱乐	公共管理和社会组织	
全省	23.14	18.13	17.78	13.05	3.12	124.55	58.45	7.79	113.79	
郑州	6.32	4.32	6.09	2.07	0.40	15.29	9.63	2.32	13.62	
开封	1.10	0.90	0.56	0.52	0.26	4.98	2.99	0.37	5.66	
洛阳	1.66	0.75	3.04	0.94	0.14	8.19	4.34	0.61	8.69	
平顶山	0.88	0.88	0.67	1.11	0.16	5.23	2.74	0.41	6.27	
安阳	0.79	1.13	0.28	0.48	0.06	5.46	2.79	0.30	5.21	
鹤壁	0.31	0.23	0.21	0.46	0.02	1.62	0.84	0.06	2.08	
新乡	0.95	0.82	0.73	0.69	0.08	6.65	3.32	0.26	6.57	
焦作	0.61	0.48	0.47	0.58	0.25	4.00	2.15	0.23	5.11	
濮阳	0.64	1.68	0.29	0.36	0.27	3.75	1.45	0.17	4.58	
许昌	1.12	0.46	0.53	0.61	0.17	4.41	2.35	0.29	4.93	
漯河	0.46	0.73	0.14	0.33	0.03	3.22	1.41	0.24	3.16	
三门峡	0.20	0.35	0.21	0.22	0.06	2.69	1.44	0.19	3.03	
南阳	1.01	1.56	1.66	1.67	0.25	17.07	6.73	0.64	9.47	
商丘	2.26	1.15	0.37	0.76	0.24	10.29	5.00	0.29	9.98	
信阳	1.54	0.97	1.10	0.93	0.27	10.02	3.24	0.38	7.43	
周口	1.14	0.70	0.51	0.47	0.14	11.01	3.62	0.38	9.25	
驻马店	1.97	0.89	0.78	0.66	0.31	9.79	3.93	0.57	7.56	
济源	0.14	0.06	0.05	0.17	0.01	0.84	0.46	0.07	1.18	

注：从业人数为年底数。

数据来源：河南统计年鉴2017。

对相关数据进行处理，得到2016年中原经济区各城市分行业职工比重，如表7－2所示。

表7－2 2016年中原经济区各城市分行业职工比重

单位:%

	采矿业	制造业	电力、燃气及水的生产和供应	建筑业	交通运输、仓储及邮政	信息传输、计算机服务和软件	批发和零售	住宿、餐饮	金融业
全省	3.95	31.73	2.29	15.14	4.90	4.00	0.96	1.06	2.62
郑州	2.53	33.89	1.73	14.66	5.14	4.03	1.54	1.94	4.51
开封	0.00	37.27	1.61	16.00	6.97	2.21	1.25	0.92	1.41
洛阳	2.39	33.49	2.09	11.06	4.80	2.52	1.08	1.28	3.55
平顶山	20.78	21.82	5.08	7.65	4.27	2.41	0.97	0.51	3.07
安阳	1.26	24.73	1.58	34.14	3.03	2.49	0.58	0.73	2.64
鹤壁	13.25	41.07	1.57	11.51	2.66	1.45	0.73	0.49	2.23
新乡	0.56	30.64	1.78	28.51	2.89	2.04	0.66	0.74	1.86
焦作	5.93	46.47	1.60	5.38	5.26	5.67	0.58	0.54	2.87
濮阳	10.05	25.06	3.69	20.55	3.57	2.39	0.40	0.92	1.53
许昌	2.22	48.21	1.54	7.57	4.26	1.88	1.10	0.95	1.77
漯河	0.00	52.44	1.13	7.68	4.41	2.91	0.57	0.31	1.72
三门峡	27.73	15.51	2.41	6.63	3.41	3.39	0.84	1.41	4.93
南阳	2.15	27.18	1.68	14.49	4.72	3.03	1.00	0.59	2.36
商丘	5.32	26.46	1.02	14.40	6.43	3.32	0.73	1.21	1.67
信阳	1.10	21.48	1.86	19.62	7.12	3.26	1.17	1.45	1.82
周口	0.00	34.19	1.39	13.83	5.87	2.91	0.43	1.07	2.24
驻马店	0.03	29.23	1.67	18.48	6.20	3.38	0.95	0.90	1.65
济源	3.20	50.56	1.55	10.78	2.62	4.54	0.44	0.60	1.62
平均值	5.47	33.32	1.94	14.61	4.65	2.99	0.83	0.92	2.41
标准差	7.81	10.78	0.97	7.61	1.46	1.01	0.32	0.42	1.03

	房地产业	租赁和商业服务业	科研、技术服务和地质勘查	水利、环境和公共设施管理	居民服务和其他服务业	教育	卫生、社会保障和社会福利	文化、体育和娱乐	公共管理和社会组织
全省	2.02	1.58	1.55	1.14	0.27	10.88	5.10	0.68	9.94
郑州	3.15	2.15	3.03	1.03	0.20	7.61	4.79	1.16	6.78
开封	2.05	1.67	1.04	0.96	0.48	9.27	5.57	0.69	10.53
洛阳	2.20	0.99	4.04	1.25	0.18	10.86	5.76	0.81	11.52

续表

	房地产业	租赁和商业服务业	科研、技术服务和地质勘查	水利、环境和公共设施管理	居民服务和其他服务业	教育	卫生、社会保障和社会福利	文化、体育和娱乐	公共管理和社会组织
平顶山	1.61	1.61	1.21	2.02	0.30	9.50	4.97	0.75	11.40
安阳	1.37	1.96	0.49	0.84	0.11	9.49	4.85	0.52	9.06
鹤壁	1.31	0.99	0.89	1.98	0.08	6.94	3.61	0.25	8.95
新乡	1.44	1.24	1.11	1.05	0.12	10.02	5.01	0.39	9.90
焦作	1.12	0.89	0.88	1.06	0.45	7.37	3.96	0.43	9.43
濮阳	1.55	4.04	0.70	0.87	0.66	9.04	3.50	0.41	11.03
许昌	2.30	0.94	1.09	1.25	0.36	9.04	4.82	0.59	10.11
漯河	1.37	2.17	0.41	0.98	0.10	9.53	4.18	0.71	9.37
三门峡	0.79	1.38	0.82	0.88	0.25	10.73	5.76	0.74	12.09
南阳	1.07	1.65	1.75	1.76	0.27	18.03	7.10	0.67	10.00
商丘	2.94	1.49	0.48	0.98	0.31	13.35	6.48	0.38	12.95
信阳	2.43	1.53	1.75	1.48	0.42	15.86	5.13	0.61	11.77
周口	1.57	0.96	0.70	0.65	0.19	15.19	4.99	0.52	12.77
驻马店	2.75	1.24	1.10	0.93	0.43	13.70	5.50	0.80	10.58
济源	1.15	0.49	0.36	1.39	0.11	6.74	3.67	0.57	9.40
平均值	1.79	1.52	1.21	1.19	0.28	10.68	4.98	0.61	10.43
标准差	0.69	0.78	0.95	0.39	0.16	3.25	0.98	0.21	1.53

2. 中原经济区各城市经济活动分析

根据公式（7-1），代入相关数据进行计算，得出2016年中原经济区各城市区位商，如表7-3所示。

表7-3　2016年中原经济区各城市区位商

	采矿业	制造业	电力、燃气及水的生产和供应	建筑业	交通运输、仓储及邮政	信息传输、计算机服务和软件	批发和零售	住宿、餐饮	金融业
郑州	0.641	1.068	0.758	0.968	1.049	1.007	1.604	1.824	1.721
开封	0.000	1.175	0.706	1.057	1.422	0.552	1.300	0.863	0.537
洛阳	0.606	1.056	0.912	0.731	0.980	0.629	1.123	1.208	1.354

续表

	采矿业	制造业	电力、燃气及水的生产和供应	建筑业	交通运输、仓储及邮政	信息传输、计算机服务和软件	批发和零售	住宿、餐饮	金融业
平顶山	5.265	0.688	2.223	0.505	0.872	0.602	1.009	0.483	1.171
安阳	0.321	0.780	0.691	2.255	0.618	0.622	0.606	0.686	1.006
鹤壁	3.358	1.295	0.687	0.760	0.542	0.363	0.755	0.462	0.852
新乡	0.143	0.966	0.777	1.883	0.590	0.509	0.687	0.692	0.709
焦作	1.502	1.465	0.699	0.355	1.074	1.415	0.604	0.510	1.097
濮阳	2.547	0.790	1.613	1.357	0.728	0.598	0.415	0.862	0.585
许昌	0.563	1.520	0.675	0.500	0.870	0.469	1.141	0.898	0.676
漯河	0.000	1.653	0.493	0.507	0.900	0.727	0.596	0.292	0.657
三门峡	7.028	0.489	1.053	0.438	0.696	0.847	0.875	1.326	1.883
南阳	0.546	0.857	0.735	0.957	0.962	0.756	1.037	0.555	0.902
商丘	1.349	0.834	0.445	0.951	1.312	0.829	0.756	1.140	0.638
信阳	0.278	0.677	0.813	1.296	1.452	0.814	1.222	1.362	0.695
周口	0.000	1.078	0.609	0.913	1.198	0.727	0.451	1.005	0.854
驻马店	0.008	0.921	0.730	1.220	1.266	0.844	0.985	0.851	0.630
济源	0.812	1.594	0.677	0.712	0.534	1.133	0.460	0.566	0.617

	房地产业	租赁和商业服务业	科研、技术服务和地质勘查	水利、环境和公共设施管理	居民服务和其他服务业	教育	卫生、社会保障和社会福利	文化、体育和娱乐	公共管理和社会组织
郑州	1.558	1.357	1.952	0.906	0.725	0.700	0.939	1.701	0.682
开封	1.015	1.053	0.668	0.844	1.752	0.853	1.091	1.012	1.060
洛阳	1.087	0.624	2.601	1.094	0.661	0.998	1.128	1.192	1.160
平顶山	0.795	1.014	0.781	1.772	1.099	0.873	0.974	1.096	1.147
安阳	0.679	1.239	0.316	0.736	0.398	0.873	0.951	0.769	0.912
鹤壁	0.648	0.626	0.573	1.734	0.276	0.638	0.707	0.360	0.901
新乡	0.711	0.782	0.712	0.919	0.428	0.921	0.981	0.577	0.996
焦作	0.556	0.563	0.564	0.933	1.663	0.678	0.777	0.632	0.949
濮阳	0.767	2.554	0.452	0.765	2.410	0.831	0.686	0.601	1.110
许昌	1.137	0.592	0.704	1.095	1.310	0.831	0.944	0.870	1.018
漯河	0.680	1.370	0.267	0.859	0.356	0.876	0.818	1.050	0.943

续表

	房地产业	租赁和商业服务业	科研、技术服务和地质勘查	水利、环境和公共设施管理	居民服务和其他服务业	教育	卫生、社会保障和社会福利	文化、体育和娱乐	公共管理和社会组织
三门峡	0.392	0.870	0.530	0.772	0.916	0.987	1.129	1.089	1.217
南阳	0.529	1.040	1.126	1.549	0.980	1.658	1.392	0.986	1.006
商丘	1.453	0.942	0.312	0.861	1.152	1.227	1.270	0.559	1.303
信阳	1.205	0.967	1.126	1.298	1.540	1.458	1.004	0.895	1.184
周口	0.777	0.607	0.449	0.574	0.695	1.396	0.977	0.762	1.284
驻马店	1.362	0.786	0.707	0.814	1.596	1.260	1.077	1.183	1.065
济源	0.570	0.310	0.235	1.219	0.396	0.620	0.718	0.831	0.946

利用公式（7－2），进一步进行计算，得到2008年中原经济区各城市剩余职工指数，如表7－4所示。

表7－4　2008年中原经济区各城市剩余职工指数

单位：万人

	采矿业	制造业	电力、燃气及水的生产和供应	建筑业	交通运输、仓储及邮政	信息传输、计算机服务和软件	批发和零售	住宿、餐饮	金融业	房地产业
郑州		4.340			0.483	0.059	1.165	1.759	3.794	2.266
开封		2.979		0.462	1.112		0.155			0.016
洛阳		1.334					0.089	0.167	0.699	0.132
平顶山	9.256		1.538				0.005		0.246	
安阳				10.923					0.010	
鹤壁	2.167	2.177								
新乡				8.871						
焦作	1.074	7.997			0.196	0.902			0.137	
濮阳	2.533		0.581	2.245						
许昌		8.041					0.066			0.135
漯河		6.993								
三门峡	5.962		0.030					0.087	0.580	
南阳							0.034			
商丘	1.063				1.177			0.115		0.706

续表

	采矿业	制造业	电力、燃气及水的生产和供应	建筑业	交通运输、仓储及邮政	信息传输、计算机服务和软件	批发和零售	住宿、餐饮	金融业	房地产业
信阳				2.830	1.400		0.135	0.243		0.262
周口		1.785			0.703			0.004		
驻马店				2.382	0.930					0.523
济源		2.358				0.067				

	租赁和商业服务业	科研、技术服务和地质勘查	水利、环境和公共设施管理	居民服务和其他服务业	教育	卫生、社会保障和社会福利	文化、体育和娱乐	公共管理和社会组织	从事基本活动总职工数	占总就业数比例
郑州	1.135	2.969					0.958		18.929	9.42%
开封	0.045			0.110		0.250	0.004	0.321	5.454	10.15%
洛阳		1.874	0.081			0.491	0.099	1.196	6.160	8.17%
平顶山	0.012		0.484	0.015			0.036	0.802	12.394	22.54%
安阳	0.217								11.150	19.39%
鹤壁			0.195						4.538	19.49%
新乡									8.871	13.37%
焦作				0.098					10.405	19.18%
濮阳	1.021			0.159				0.455	6.994	16.86%
许昌			0.053	0.041				0.085	8.422	17.26%
漯河	0.198						0.011		7.202	21.33%
三门峡						0.165	0.015	0.540	7.379	29.44%
南阳	0.061	0.185	0.592		6.774	1.894		0.058	9.597	10.14%
商丘				0.032	1.902	1.061		2.324	8.379	10.87%
信阳		0.124	0.215	0.093	3.147	0.013		1.154	9.615	15.22%
周口					3.124			2.049	7.666	10.57%
驻马店				0.116	2.018	0.282	0.089	0.462	6.802	9.52%
济源			0.031						2.456	19.62%

3. 各城市主导产业分析

根据表7-4相关数据，得到2008年中原经济区各城市主导产业，如

表7-5所示。

表7-5 2008年中原经济区各城市主导产业

城市	主导产业	数量
郑州	制造业，交通运输、仓储及邮政，信息传输、计算机服务和软件，批发和零售，住宿、餐饮，金融业，房地产业，租赁和商业服务业，科研、技术服务和地质勘查，文化、体育和娱乐	10
开封	制造业，建筑业，交通运输、仓储及邮政，批发和零售，房地产业，租赁和商业服务业，居民服务和其他服务业，卫生、社会保障和社会福利，文化、体育和娱乐，公共管理和社会组织	10
洛阳	制造业，批发和零售，住宿、餐饮，金融业，房地产业，科研、技术服务和地质勘查，水利、环境和公共设施管理，卫生、社会保障和社会福利，文化、体育和娱乐，公共管理和社会组织	10
平顶山	采矿业，电力、燃气及水的生产和供应，批发和零售，金融业，租赁和商业服务业，水利、环境和公共设施管理，居民服务和其他服务业，文化、体育和娱乐，公共管理和社会组织	9
安阳	建筑业，金融业，租赁和商业服务业	3
鹤壁	采矿业，制造业，水利、环境和公共设施管理	3
新乡	建筑业	1
焦作	采矿业，制造业，交通运输、仓储及邮政，信息传输、计算机服务和软件，金融业，居民服务和其他服务业	6
濮阳	采矿业，电力、燃气及水的生产和供应，建筑业，租赁和商业服务业，居民服务和其他服务业，公共管理和社会组织	6
许昌	制造业，批发和零售，房地产业，水利、环境和公共设施管理，居民服务和其他服务业，公共管理和社会组织	6
漯河	制造业，租赁和商业服务业，文化、体育和娱乐	3
三门峡	采矿业，电力、燃气及水的生产和供应，住宿、餐饮，金融业，卫生、社会保障和社会福利，文化、体育和娱乐，公共管理和社会组织	7
南阳	批发和零售，租赁和商业服务业，科研、技术服务和地质勘查，水利、环境和公共设施管理，教育，卫生、社会保障和社会福利，公共管理和社会组织	7
商丘	采矿业，交通运输、仓储及邮政，住宿、餐饮，房地产业，居民服务和其他服务业，教育，卫生、社会保障和社会福利，公共管理和社会组织	8

续表

城市	主导产业	数量
信阳	建筑业，交通运输、仓储及邮政，批发和零售，住宿、餐饮，房地产业，科研、技术服务和地质勘查，水利、环境和公共设施管理，居民服务和其他服务业，教育，卫生、社会保障和社会福利，公共管理和社会组织	11
周口	制造业，交通运输、仓储及邮政，住宿、餐饮，教育，公共管理和社会组织	5
驻马店	建筑业，交通运输、仓储及邮政，房地产业，居民服务和其他服务业，教育，卫生、社会保障和社会福利，文化、体育和娱乐，公共管理和社会组织	8
济源	制造业，信息传输、计算机服务和软件，水利、环境和公共设施管理	3

中原经济区各主导产业包括城市如表 7 -6 所示。

表 7 -6　中原经济区各主导产业包括城市

	采矿业	制造业	电力、燃气及水的生产和供应	建筑业	交通运输、仓储及邮政	信息传输、计算机服务和软件	批发和零售	住宿、餐饮	金融业
城市	平顶山、鹤壁、焦作、濮阳、三门峡、商丘	郑州、开封、洛阳、鹤壁、焦作、许昌、漯河、周口、济源	平顶山、濮阳、三门峡	开封、安阳、新乡、濮阳、信阳、驻马店	郑州、开封、焦作、商丘、信阳、周口、驻马店	郑州、焦作、济源	郑州、开封、洛阳、平顶山、许昌、南阳、信阳	郑州、洛阳、三门峡、商丘、信阳、周口	郑州、洛阳、平顶山、安阳、焦作、三门峡
数量	6	9	3	6	7	3	7	6	6
	房地产业	租赁和商业服务业	科研、技术服务和地质勘查	水利、环境和公共设施管理	居民服务和其他服务业	教育	卫生、社会保障和社会福利	文化、体育和娱乐	公共管理和社会组织

续表

城市	郑州、开封、洛阳、许昌、商丘、信阳、驻马店	郑州、开封、平顶山、安阳、濮阳、漯河、南阳	郑州、洛阳、南阳、信阳	洛阳、平顶山、鹤壁、许昌、南阳、信阳、济源	开封、平顶山、焦作、濮阳、许昌、商丘、信阳、驻马店	南阳、商丘、信阳、周口、驻马店	开封、洛阳、三门峡、南阳、商丘、信阳、驻马店	郑州、开封、洛阳、平顶山、漯河、三门峡、驻马店	开封、洛阳、平顶山、濮阳、许昌、三门峡、南阳、商丘、信阳、周口、驻马店
数量	7	7	4	7	8	5	7	7	11

（1）主导产业区位商偏低

从绝对数值上看，多数主导产业的区位商偏低，区位商最高的是三门峡市的采矿业，区位商为7.028。其他区位商大于2的还有平顶山市的采矿业，区位商为5.265；鹤壁市的采矿业，区位商为3.358；濮阳市的采矿业，区位商为2.547；平顶山市的电力、燃气及水的生产和供应业，区位商为2.223；安阳的建筑业，区位商为2.255；洛阳的科研、技术服务和地质勘查业；区位商为2.601；濮阳的租赁和商业服务业，区位商为2.410；濮阳的居民服务和其他服务业，区位商为2.554；其他城市没有区位商大于2的主导产业。

（2）部分产业发展水平低下

分行业来看，主导产业为公共管理和社会组织包括的城市数量最多，有11个城市将其作为主导产业，其次是制造业，有9个城市将其作为主导产业，居民服务和其他服务有8个城市将其作为主导产业，这些产业优势相对比较突出。

电力、燃气及水的生产和供应，信息传输、计算机服务和软件业这两个产业包括的城市数量最少，均为3个。

主导产业为科研、技术服务和地质勘查业，包括的城市为4个。这些产业是中原经济区城市区域发展比较薄弱的产业，需要以后在发展中重点予以扶持，加速其发展。

（3）各城市主导产业数量差距较大，剩余职工指数偏小

分城市来看，在列入统计的18个行业中，信阳市有11个行业为主导产业，数量最多；其次是郑州市、开封市和洛阳市均有10个行业为主导产业，这些城市在中原经济区内具有一定的优势。

新乡市仅有1个行业为主导产业，安阳市、鹤壁市、漯河市和济源市均只有3个行业为主导产业，这些城市还需要进一步培育自己的主导产业。

从剩余职工指数来看，中原经济区各城市剩余职工指数占总数比例差异较大。其中剩余职工占总就业数比例最高的是三门峡市，为29.44%；其次是平顶山市，为22.54%；最低的是洛阳市，仅为8.17%。

二、城市职能分析

（一）城市经济活动相关理论

城市职能是指某城市在国家或者区域中所起的作用和所承担的分工。目前在研究中应用比较相对广泛的主要是统计分析方法和城市经济基础研究的方法。

麦克斯韦尔（J. W. Maxwell）利用三个指标来对城市的职能特点进行分析：

（1）城市的优势职能（Dominant Function），根据城市基本职工构成中比重最大的部门来确定。

（2）突出职能（Distinctive Function），借用纳尔逊的平均职工比重加标准差的方法来对突出职能进行分析。

（3）城市的专业化指数，主要使用了乌尔曼和达西建立的专业化指数公式来确定，如公式（7-4）所示：

$$S = \sum_{i=1}^{n}\left[\frac{(P_i - M_i)^2}{M_i}\right] \Big/ \left[\left(\sum_{i=1}^{n} P_i - \sum_{i=1}^{n} M_i\right)^2 \Big/ \sum_{i=1}^{n} M_i\right] \qquad (7-4)$$

式中：i为各经济活动部门；P_i为i部门职工在总职工中的百分比；M_i为i部门的最小需要量。①

① 许学强，周一星，宁越敏．城市地理学（第2版）［M］．北京：高等教育出版社，2009.

（二）中原经济区各城市职能结构特征

本书主要应用城市经济基础研究方法，同时结合统计分析方法中的职能强度来确定中原经济区各城市的职能结构。将占各城市就业比重最大的部门确定为该城市的优势职能；以高于城市群平均值加一个标准差作为城市突出职能的标准，以高于平均值以上几个标准差来表示该职能的强度。

根据表7－3、表7－4与表7－5的计算结果，同时找出城市群城市中各部门的最小职工比重，以这个比重值作为城市群所有城市对该部门的最小需要量，利用公式（7－4）计算专业化指数，可以得到中原经济区各城市职能结构特征，如表7－7所示。

表7－7　中原经济区各城市职能结构特征

<table>
<tr><th>城市</th><th>优势职能</th><th>突出职能</th><th>职能强度</th><th>专业化指数</th></tr>
<tr><td rowspan="7">郑州</td><td rowspan="7">制造业</td><td>信息传输、计算机服务和软件</td><td>1.030</td><td rowspan="7">5.43</td></tr>
<tr><td>批发和零售</td><td>2.217</td></tr>
<tr><td>住宿、餐饮</td><td>2.448</td></tr>
<tr><td>金融业</td><td>2.042</td></tr>
<tr><td>房地产业</td><td>1.960</td></tr>
<tr><td>科研、技术服务和地质勘查</td><td>1.919</td></tr>
<tr><td>文化、体育和娱乐</td><td>2.586</td></tr>
<tr><td rowspan="3">开封</td><td rowspan="3">制造业</td><td>交通运输、仓储及邮政业</td><td>1.595</td><td rowspan="3">1.33</td></tr>
<tr><td>批发和零售</td><td>1.302</td></tr>
<tr><td>居民服务和其他服务业</td><td>1.229</td></tr>
<tr><td rowspan="2">洛阳</td><td rowspan="2">制造业</td><td>金融业</td><td>1.105</td><td rowspan="2">4.81</td></tr>
<tr><td>科研、技术服务和地质勘查</td><td>2.983</td></tr>
<tr><td rowspan="3">平顶山</td><td rowspan="3">制造业</td><td>采矿业</td><td>1.960</td><td rowspan="3">252.60</td></tr>
<tr><td>电力、燃气及水的生产和供应</td><td>3.237</td></tr>
<tr><td>水利、环境和公共设施管理</td><td>2.111</td></tr>
<tr><td>安阳</td><td>建筑业</td><td>建筑业</td><td>2.567</td><td>3.88</td></tr>
<tr><td>鹤壁</td><td>制造业</td><td>水利、环境和公共设施管理</td><td>2.001</td><td>103.13</td></tr>
<tr><td>新乡</td><td>制造业</td><td>建筑业</td><td>1.827</td><td>2.33</td></tr>
</table>

续表

城市	优势职能	突出职能	职能强度	专业化指数
焦作	制造业	制造业	1.220	21.83
		信息传输、计算机服务和软件	2.642	
		居民服务和其他服务业	1.079	
濮阳	制造业	电力、燃气及水的生产和供应	1.798	60.28
		租赁和商业服务业	3.245	
		居民服务和其他服务业	2.331	
许昌	制造业	制造业	1.382	4.27
漯河	制造业	制造业	1.774	1.77
三门峡	采矿业	采矿业	2.850	453.19
		住宿、餐饮	1.176	
		金融业	2.456	
		公共管理和社会组织	1.087	
南阳	制造业	水利、环境和公共设施管理	1.466	3.85
		教育	2.264	
		卫生、社会保障和社会福利	2.178	
商丘	制造业	交通运输、仓储及邮政业	1.224	17.41
		房地产业	1.654	
		卫生、社会保障和社会福利	1.538	
		公共管理和社会组织	1.647	
信阳	制造业	交通运输、仓储及邮政业	1.696	2.20
		批发和零售	1.066	
		住宿、餐饮	1.268	
		教育	1.594	
周口	制造业	教育	1.387	1.11
		公共管理和社会组织	1.525	
驻马店	制造业	交通运输、仓储及邮政业	1.069	1.33
		房地产业	1.390	
济源	制造业	制造业	1.600	7.59
		信息传输、计算机服务和软件	1.528	

根据表7－7可以看出，中原经济区各城市职能结构特征主要有以下几个方面：

1. 优势职能以制造业为主，职能结构趋同现象严重

从整个中原经济区城市职能结构特征来看，优势职能主要以制造业为主。18 个城市中，安阳市的优势职能是建筑业，三门峡市的优势职能是采矿业，其余 16 个城市的优势职能都是制造业，这说明中原经济区各城市的产业结构趋同现象严重。

在制造业中从业人员比例最高的漯河市为 52. 44%，最低的三门峡市为 15. 51%，平均比例为 33. 32%。

2. 城市职能单一，职能强度不高

除郑州以外，其他城市仅有少数几项突出职能，其中安阳市、鹤壁市、新乡市、许昌市、漯河市 5 个城市仅有一个突出职能。

其中职能强度最高的是濮阳市的租赁和商业服务业，职能强度为 3. 245；其次是平顶山市的电力、燃气及水的生产和供应，职能强度为 3. 237；其余的职能强度均小于 3。

3. 专业化指数差异较大，多数城市专业化指数不高

各城市的专业化指数差异较大。专业化指数最高的城市是矿业城市三门峡，其专业化指数为 453. 19；其次是传统能源城市平顶山，其专业化指数为 252. 60；以及以从事煤炭生产为主的鹤壁市，专业化指数为 103. 13；中原油田所在的濮阳市，其专业化指数为 60. 28；这几个城市都是以矿业或者能源开采为基础发展起来的城市。除了这些特殊情况，其余各城市的专业化指数普遍不高。专业化指数最低的周口市仅为 1. 11，开封市和驻马店市的专业化指数都只有 1. 33。

第二节　城市规模结构

一、城市规模分布相关理论

城市规模分布是指在某区域（国家、地区等）内城市人口规模的层次分布特性，其主要目的是通过研究区域内城市从大到小的序列与其人口规

模的关系，以解释区域人口在城市中的分布特征。

本节主要以中原经济区各城市市区非农业人口数量为基础数据，分别从城市首位律、城市金字塔和位序—规模法则三个方面对中原经济区城市规模结构进行分析，如图7－1所示。

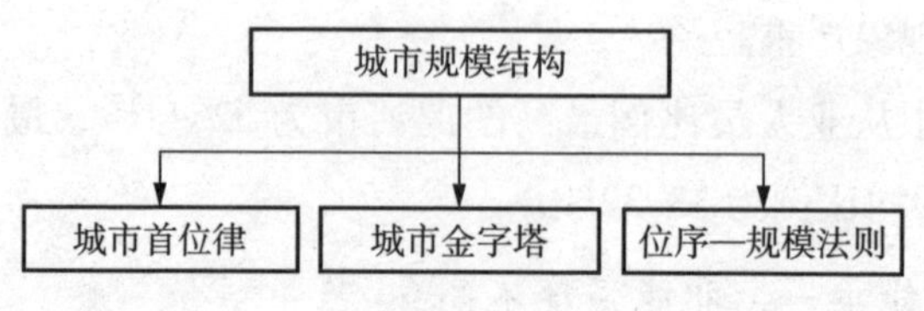

图7－1　中原经济区城市规模结构研究框架

（一）城市首位律

马克·杰斐逊对51个国家（其中有6个国家为两个不同时段）的情况进行了分析，并将每个国家前三位城市的人口规模与比例关系列出，发现其中有28个国家的最大城市的人口规模是其第二位城市人口规模的两倍以上；有18个国家的最大城市的人口规模大于第二位城市人口规模三倍以上。杰斐逊认为这种现象已经构成了一种规律性的关系，并把这种在人口规模上与第二位城市保持着非常巨大的差距，吸引了全国城市人口的很大一部分，并且在整个国家的政治、经济、社会、文化生活中占据非常明显优势的城市定义为首位城市（Primate City）。基于观察到这种比较普遍存在的现象，他提出了城市首位律（Law of the Primate City），即一个国家的“首位城市”的人口规模总是要比这个国家的第二位城市（更不用说其他城市）大得异乎寻常，而且不仅如此，这个城市还体现了整个国家和民族的智能与情感，在国家经济与社会发展中有着非常突出的影响。

在实际研究中人们常采用一定区域内最大城市与第二位城市人口的比值，即城市首位度，也称为二城市指数（S_2），来作为一种对区域内城市规模分布状况进行衡量的常用指标，首位度比较大的城市规模分布，就称为首位分布，如公式（7－5）所示。

$$S_2 = P_1/P_2 \tag{7-5}$$

为了避免首位度二城市指数过于简单化，有人提出了4城市指数和11城市指数。

4 城市指数如公式（7－6）所示：

$$S_4 = P_1/(P_2 + P_3 + P_4) \tag{7-6}$$

11 城市指数如公式（7－7）所示：

$$S_{11} = 2P_1/\sum_{n=2}^{11} P_n \tag{7-7}$$

式中：P_1、P_2，…，P_n为按城市按规模按照从大到小进行排序以后，人口规模排在第 n 位城市的人口规模。

根据首位度的相关理论，正常的 2 城市指数值为 2，4 城市指数和 11 城市指数值接近于 1。由于这三者都关注于第一大城市与其他城市的比例关系，因此被统称为首位度指数①。

（二）城市金字塔

如果将一个国家或者区域中许多大小不等的城市，按照规模大小进行分等，就会出现一种普遍存在的规律性现象，即在城市规模越大的等级中的城市数量就会越少；而规模越小的城市等级中的城市数量就会越多。把这种城市数量随着规模等级不同而变动的关系用图表的方式表示出来，就形成了城市等级规模金字塔，城市金字塔的基础是大量的小城市，金字塔的顶端则是一个或少数几个大城市，不同规模等级的城市数量之间的相对关系可以采用每一个规模等级的城市数量与其上一规模等级的城市数量相除的商（K 值）来进行表示。

戴维斯（K. Davis）将城市金字塔的规模等级边界进行规范化后进行研究，发现如果当城市规模按照倍数进行分级（例如，10 万～20 万、20 万～40 万、40 万～80 万……），则世界大国的城市体系发育基本上符合各个规模等级城市的数目会随着规模等级的降低而成倍增加这一规律。②

（三）位序—规模法则

与首位律的研究角度不同，位序—规模法则主要是从城市的规模与规模位序关系的研究角度来考察一个城市体系的规模分布。

---

① 许学强，周一星，宁越敏．城市地理学（第 2 版）[M]．北京：高等教育出版社，2009.

② 许学强，周一星，宁越敏．城市地理学（第 2 版）[M]．北京：高等教育出版社，2009.

奥尔巴克（F. Auerbach）早在1913年就已经发现有五个欧洲国家和美国的城市人口资料符合如公式（7－8）所示的关系：

$$P_iR_i = K \tag{7-8}$$

式中：P_i是一国的城市按照人口规模从大到小进行排序以后第 i 位城市的人口数量；R_i是第 i 位城市的位序；K 为常数。

齐夫（G. K. Zipf）于1949年提出，在经济发达国家里，一体化城市体系的规模分布可以一个比较简单的公式来进行表达，如公式（7－9）所示：

$$P_r = P_1/r \tag{7-9}$$

式中：P_r是规模第 r 位城市的人口数量；P_1是最大城市的人口数量；r 是城市的位序。

因此一个国家规模第二位城市的人口是最大规模城市人口的一半，规模第三位城市是最大规模城市人口的1/3，以此进行类推……将这样的位序—规模分布的图解点表示在双对数坐标图上，就会形成一条直线。假若一个国家有着比较强的首位度，则其城市规模分布曲线就会明显偏离位序—规模法则，在强大的首位城市以下缺少位于中间等级的城市。

齐夫的模式并不具有比较普遍的意义，目前应用比较广泛的公式实质上是罗特卡模式的一般化，如公式（7－10）所示：

$$P_i = P_1/R_{iq} \text{或} P_i = P_1 \cdot R_{i-q} \tag{7-10}$$

式中：P_i是第 i 位规模城市的人口；P_1是规模最大的城市人口；R_i是第 i 位规模城市的位序；q 是常数。

齐夫模式则可以被视为是当 $q=1$ 时的特例。

将公式（7－10）进行对数变换，得到公式如下：

$$LgP_i = lgP_i - qlgR_i \tag{7-11}$$

如果将研究区域城市体系中的每个城市按照位序和规模表示在双对数坐标图上，就可以利用散点图对城市的规模等级进行比较客观的划分。

对数据进行“$y=a+bx$”形式的一元线性回归分析，如果通过回归分析所得到的相关系数比较大，就表明该城市体系比较符合位序—规模法则；反之则很有可能是首位分布或者其他比较特殊的类型。

a 值的大小显示在坐标图上是回归线的截距，反映了第一位城市的规模。

b 值是回归线的斜率，如果“$|b|$”值比较接近于1，则说明规模分布接近于齐夫的理想状态；如果 $|b|$ 值大于1，则说明规模分布相对比较集中，大城市相对比较突出，而中小城市发育则相对不够成熟，首位度显得比较高；如果 $|b|$ 值小于1，则说明城市人口相对比较分散，分布在各个等级规模的城市里，高位次城市的规模显得不是很突出，而中小城市的发育则相对显得比较成熟。

对多年数据进行对比时，如果 $|b|$ 值变大，则说明城市体系的规模分布趋向于集中的力量要大于趋向于分散的力量；如果 $|b|$ 值变小，则说明趋向于分散的力量要大于趋向于集中的力量。①

二、中原经济区城市人口规模分布

（一）中原经济区城市市区人口现状

中原经济区城市共有38个设市城市，其中有17个省辖市，21个县级市，县级市中济源市属于省直管市，按2016年相关数据，中原经济区城市市区人口排序如表7－8所示。

表7－8　中原经济区城市市区人口排序　　单位：万人，%

位序	城市	年末总人口	市区人口	城市化率
1	郑州市	972	354	71
2	洛阳市	680	205	54.4
3	南阳市	1007	189	43
4	商丘市	728	184	40
5	开封市	455	170	45.9
6	信阳市	644	155	44.4
7	漯河市	264	135	49.2
8	许昌市	438	134	49.4
9	安阳市	513	118	48.5
10	平顶山市	498	111	50.8
11	新乡市	574	107	50.4
12	焦作市	355	99	56.5

① 许学强，周一星，宁越敏．城市地理学（第2版）［M］．北京：高等教育出版社，2009.

续表

位序	城市	年末总人口	市区人口	城市化率
13	驻马店市	699	86	39.8
14	濮阳市	363	72	42
15	鹤壁市	161	65	57.2
16	三门峡市	226	64	53.1
17	周口市	882	64	39.5
18	邓州市	143.47	55.14	38.43
19	永城市	123.15	55.1	44.74
20	新郑市	92.53	52.03	56.23
21	禹州市	114.87	51.98	45.25
22	项城市	100.25	45.48	45.37
23	新密市	80.69	45.07	55.86
24	巩义市	82.79	44.91	54.25
25	济源市	73	44	59.6
26	林州市	80.23	41.32	51.5
27	汝州市	93.6	40.54	43.31
28	登封市	70.14	37.61	53.62
29	长葛市	68.91	35.9	52.1
30	辉县市	75.13	33.61	44.73
31	荥阳市	62.1	33.3	53.62
32	偃师市	57.17	32.48	56.82
33	灵宝市	73.06	31.45	43.05
34	沁阳市	43.78	25.9	59.16
35	卫辉市	49.37	20.87	42.28
36	舞钢市	32.13	17.77	55.31
37	孟州市	37.1	17.69	47.68
38	义马市	14.68	14.13	96.26

注：①地级市总人口数为年末户籍人口数，其余为常住人口数；②市区人口地级以上城市为户籍非农业人口数，县级市为全部非农业人口数。

资料来源：河南统计年鉴2017。

（二）基于首位律的城市规模结构分析

2016年，中原经济区市区人口最多的城市是郑州市，市区人口为354

万人；其次是洛阳市，市区人口为205万人；排名第三的是南阳市，市区人口为189万人；排名第四的是商丘市，市区人口为184万人。

根据相关数据，代入城市首位度的计算公式（7－5）、公式（7－6）和公式(7－7)，可以计算出2016年中原经济区城市的2城市指数为：

$$S_2 = 1.727$$

根据公式（7－6），计算4城市指数如下：

$$S_4 = 0.612$$

根据公式（7－7），计算11城市指数如下：

$$S_{11} = 0.235$$

根据首位度的一般规律，在成熟的城市体系中正常的2城市指数值为2，4城市指数和11城市指数值为1。

但是中原经济区的2城市指数为1.727，主要原因是中原经济区副中心城市洛阳市经济较发达，城市规模较大；而中原经济区中心城市郑州市相对而言显得体量不大，难以起到中心城市的作用，其集聚作用难以发挥。

而中原经济区第三大城市南阳市和第四大城市商丘市的人口差距并不大，只有5万人，差距不到3%；而第五大城市开封市与第四大城市商丘市的人口差距也只有14万人，只有8%左右。由此可见，中原经济区各大城市仍然在不断集聚各个区域人口，正在快速发展之中。

同时由以上三个指数可以看出，中原经济区城市距离成熟的城市体系尚有一定的差距，说明中原经济区城市体系仍处于发展阶段，远远未达到成熟阶段。

（三）基于城市金字塔的城市规模结构

1. 各级别城市构成

2014年11月21日，国务院印发《关于调整城市规模划分标准的通知》（以下简称《通知》），对原有城市规模划分标准进行了调整，明确了新的城市规模划分标准。

《通知》明确，新的城市规模划分标准以城区常住人口为统计口径，将城市划分为五类七档：

城区常住人口50万以下的城市为小城市，其中20万以上50万以下的城市为Ⅰ型小城市，20万以下的城市为Ⅱ型小城市；

城区常住人口50万以上100万以下的城市为中等城市；城区常住人口100万以上500万以下的城市为大城市，其中300万以上500万以下的城市为Ⅰ型大城市，100万以上300万以下的城市为Ⅱ型大城市；

城区常住人口500万以上1000万以下的城市为特大城市；城区常住人口1000万以上的城市为超大城市。

按照《关于调整城市规模划分标准的通知》中的城市规模划分标准，截至2016年底，中原经济区城市38个城市规模构成如下：

（1）人口规模在300万以上的Ⅰ型大城市1座：中心城市郑州市；

（2）人口规模在100万～200万的Ⅱ型大城市10座：副中心城市洛阳市、南阳市、商丘市、开封市、信阳市、漯河市、许昌市、安阳市、平顶山市、新乡市；

（3）人口规模在50万～100万的中等城市有10座：焦作市、驻马店市、濮阳市、鹤壁市、三门峡市、周口市、邓州市、永城市、新郑市、禹州市；

（4）人口规模在20万～50万的Ⅰ型小城市有14座：项城市、新密市、巩义市、济源市、林州市、汝州市、登封市、长葛市、辉县市、荥阳市、偃师市、灵宝市、沁阳市、卫辉市；

（5）人口规模在20万以下的Ⅱ型小城市有3座：舞钢市、孟州市、义马市。

2016年中原经济区城市规模级别构成如表7－9所示。

表7－9　2016年中原经济区城市规模级别构成

城市级别	划分标准/万人	城市		非农业人口	
		数量/个	比例/%	数量/万人	比例/%
Ⅰ型大城市	>300	1	2.63	354	11.46
Ⅱ型大城市	100～300	10	26.32	1508	48.83
中等城市	50～100	10	26.32	664.25	21.51
Ⅰ型小城市	20～50	14	36.84	512.44	16.59
Ⅱ型小城市	<20	3	7.89	49.59	1.61

2. 城市金字塔

从中原经济区城市城市规模构成数量上来看，Ⅰ型大城市有1个，占城市总数的2.63%；Ⅱ型大城市有10个，占城市总数的26.32%；中等城市有10个，占城市总数的26.32%；Ⅰ型小城市有14个，占城市总数的36.84%；Ⅱ型小城市有3个，占城市总数的7.89%。城市规模结构呈现出大城市、中等城市数量多，小城市数量相对偏少，规模结构整体上呈现出不规则的塔状。

将Ⅰ型小城市与Ⅱ型小城市合并为小城市，将Ⅰ型大城市独立，制作城市金字塔，如图7－2所示。

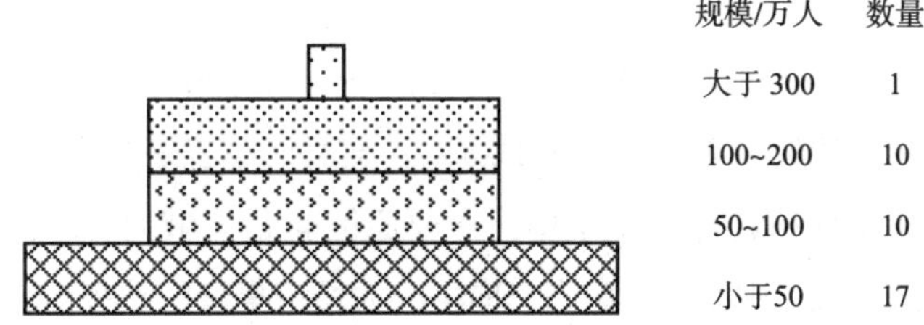

图7－2　2016年中原经济区城市金字塔

从中原经济区城市各级别城市人口数量上来看，2016年在中原经济区城市38个城市中，占非农业人口比例最高的是大城市，占非农业人口比例合计为60.29%；中等城市非农业人口所占比例为21.51%，小城市占非农业人口所占比例仅为18.2%。由此可见，中原经济区人口向特大城市与超大城市集聚的趋势非常明显。

从城市金字塔上看，中原经济区城市城市规模结构不合理，中小城市发育不够完善，从目前发展趋势来看，中原经济区城市规模结构的不规则金字塔结构还将继续相当长时间。这其中一个重要的原因是中原经济区的主体河南省是我国的人口大省，再加上我国县改市所需要的行政审批流程较慢，这些因素造成了国外的一些城市人口规模的规律并不一定适合我国。

（四）基于位序—规模法则的城市规模结构特征

根据位序—规模法则和表7－8的相关数据，做出中原经济区2016年所有城市的人口规模和位序的双对数坐标图，如图 7－3 所示。

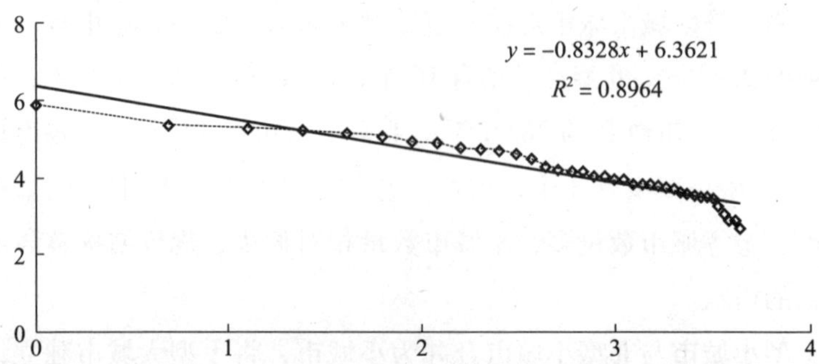

图 7－3　2016 年中原经济区城市位序—规模法则分布

对相关数据进行回归分析可得回归方程：

$$y = -0.8328x + 6.3621,\ R^2 = 0.8964$$

由于回归线的斜率 b 值为 －0.8328，其绝对值小于 1，说明目前中原经济区城市的规模分布趋势并不集中，主要原因就是区域内存在多个特大城市。但是总体上看，中原经济区人口向中心大城市集聚的趋势比较明显。

三、中原经济区城市规模结构特征

1. 城市首位度低，核心城市不强

一方面说明中原经济区城市的中心城市郑州还不能充分发挥龙头作用；另一方面也说明中原经济区城市区域发展仍处于集聚过程中，对区域经济的扩散作用相对不强。

城市首位度在一定程度上反映了核心城市在城市群内的地位，为了能够更好地了解中原经济区城市首位度状况，现将中原经济区中心城市与国内主要城市群的中心城市做一个横向比较，如表 7－10 所示。

表 7－10　2016 年主要城市群中心城市相关数据

城市群	最大城市	市区 GDP/亿元	市区人口数/万人	市区人均 GDP/元
长江三角洲城市群	上海	28178.7	1446	116562
京津唐城市群	北京	25669.1	1354	118198
珠江三角洲城市群	广州	19547.4	862	141933

续表

城市群	最大城市	市区 GDP/亿元	市区人口数/万人	市区人均 GDP/元
成渝城市群	重庆	15724.5	2440	65586
武汉地区城市群	武汉	9630.6	517	125463
湘中地区城市群	长沙	5867.2	323	145061
山东半岛城市群	济南	5816.7	470	101681
关中城市群	西安	5527.7	609	78002
辽中南城市群	沈阳	4922.6	584	71120
中原城市群	郑州	4609.7	349	82826
哈大齐城市群	哈尔滨	4472.7	550	81338
福厦城市群	厦门	3784.3	216	97282

注：为保证可比性，数据均来源于《中国城市统计年鉴2017》，因此郑州市区人口数存在差异。

在选取的国内主要的十二大城市群中，中原经济区最大城市的市区 GDP 总量处于第 10 位，排名比较靠后，不仅远远落后于沿海发达地区城市群中心城市，同时也落后于中部地区的武汉与长沙，以及西部的西安市。

郑州市的市区人口数在十二大城市群中，排名也是第 10 位，落后于中部的武汉市，比长沙市略高，但是差距不大。说明郑州市的人口集聚能力还有待进一步加强。

从市区人均 GDP 来看，郑州市的市区人均 GDP 在十二大城市群中，排名也是第 10 位，不仅远远落后于沿海发达地区城市群中心城市，同时也落后于中部地区的武汉与长沙，比重庆市、西安市要高，同时也高于东北地区的沈阳市和哈尔滨市，这说明郑州市的经济发展水平已经有了较大进步，但是还需要进一步努力。

综合来看，郑州市的整体实力与国内发达的长三角、珠三角等城市群的中心城市还有很大差距，这说明郑州市要建设国家中心城市，还需要进一步努力。从现状来看，甚至距离地区性中心城市的要求还有较大差距，科技、金融、人才、信息等要素市场体系还需要进一步完善与发展，对区域产业分工与协作的影响力较弱，对城市群地区的吸引与辐射作用并不强，难以独自起到城市群核心的作用，与中部地区的武汉、长沙等城市的集聚与辐射能力相比，还有着不小的差距。

2. 人口集中趋势明显，中小城市发育程度不足

最近几年，人口向大城市集聚的趋势比较明显。目前中原经济区城市区域内共有大城市 11 座，中等城市 10 座，小城市 17 座。目前中原经济区城市呈现出不规范的金字塔结构，中原经济区城市目前中小城市发育不够的问题仍将保持一段时间。

今后中原经济区应当在遵循人口流动规律的基础上，培育一批中小城市，加快撤县建市步伐，将一批基础条件较好、经济较发达的县适时改为建制市，加快中原经济区城镇化速度。

第三节　城市空间结构

一、基于均匀度指数的空间结构分析

（一）均匀度指数的理论内涵

1. 都市碎化程度分析方法的提出

随着二战以后美国经济的高速发展，私人汽车拥有量开始不断上升，便捷的高速交通网络已经覆盖全美各地，从 20 世纪 70 年代开始，美国大都市人口开始迁往高速公路沿线的中小城市和乡村地区，大都市外围的独立城镇开始逐渐成为主要的绿色制造业、大型购物中心和中上阶层人士居住的所在地，大都市中心开始出现了“空心化”倾向，而整个区域随着政府单元的不断增加，发展更加趋于均匀化，分散化的倾向也更加明显，从而出现了所谓的“碎化”现象。

对都市碎化程度进行分析与研究主要采用以下两种方法：

第一种是基于政治的方法，主要通过对城镇单元绝对个数指标或者人均数指标进行衡量与比较。

第二种是基于经济的方法，主要通过对不同政府单元某一个或若干个指标在区域中所占份额（百分比）的平方和进行相加，从而得到碎化程度

指标。

即假设区域中每一个政府单元的某一项指标为 x_i（$i=1, 2, 3, \cdots, n$），则有：

$$y_i = x_i / \sum_{i=1}^{n} x_i \tag{7-12}$$

$$D = \sum_{i=1}^{n} y_i^2 \tag{7-13}$$

式中：y_i为每个政府单元某一项指标占区域总指标的比重；D为碎化程度指标。

D的取值范围从$1/n$到1，其中D值越接近于1，则表明区域空间越集聚，D值越小则表明区域空间越分散。采用这一方法进行分析，对于碎化程度的变化显得比较敏感，但是却无法对政府单元个数的变化引起的集聚—碎化程度进行比较直观的反映。①

2. 均匀度指数的提出与完善

我国学者罗震东与张京祥在都市碎化指数的基础上进行改进，提出了大都市碎化指数，利用这一指数既能够对大都市区域中政府单元个数的变化进行反映，也能够对不同政府单元在区域中比重的变化进行反映，优越性比较突出。

他们所提出的大都市碎化指数是将第二种方法中的平方和更改为平方根的和，计算方法如下：

假设区域中每一政府单元的某一指标为 x_i（$i=1, 2, 3, \cdots, n$），则有：

$$y_i = x_i / \sum_{i=1}^{n} x_i \tag{7-14}$$

$$I = \sum_{i=1}^{n} \sqrt{y_i} \tag{7-15}$$

式中：I为碎化指数，y_i为每个政府单元某一项指标占区域总指标的比重。

其中I的取值范围从1到$\sqrt{n}$，当y_i等于1时，I值最小，表明区域呈现

① 罗震东，张京祥．大都市区域空间集聚—碎化的测度及实证研究——以江苏沿江地区为例［J］．城市规划，2002，26（4）：61－63.

高度集中状况；当所有 y_i 都相等时 I 值最大，则表明此时区域空间呈现出绝对均匀状况。

由于碎化指数包含了政府单元个数的因素，因而相比以前的方法能够更加直观地对区域碎化程度进行比较与分析，但是这一指数却无法直观体现区域内部各个单元分布的均衡程度。因此，罗震东与张京祥在碎化指数的基础上，进一步提出了均匀度指数，主要从单元个数这一角度对碎化指数进行改进：

$$I = \sum_{i=1}^{n} \sqrt{y_i}/\sqrt{n} \tag{7-16}$$

式中：I' 为均匀度指数，y_i 为每个政府单元指标占区域总指标的比重。

其中 I' 的取值范围从 $1/\sqrt{n}$ 到 1，其中 I' 越接近 1，则表明区域空间越均匀，值越小则表明区域空间越集聚。由于均匀度指数消除了碎化指数中单元个数的影响，纯粹从区域单元分布的均衡性角度来进行考虑，因此对于衡量城市群空间集聚和扩散程度具有比较大的参考意义。①

叶玉瑶与张鸿鸥对该模型进行了改进，在大都市均匀度指数中引入了辖区面积因子这一指标，选取人口、GDP 以及城镇建设用地作为反映区域空间要素集聚与扩散的三项基本指标，并采用了下面的改进算法来对大都市均匀度指数进行测算：

$$y'_i = (x_i/s_i)/\sum_{i=1}^{n}(x_i/s_i) \tag{7-17}$$

$$I' = \sum_{i=1}^{n} \sqrt{y'_i}/\sqrt{n} \tag{7-18}$$

式中：x_i（$i=1, 2, 3, \cdots, n$）为区域中某一政府单元某一项的指标；

s_i 为政府单元的辖区面积；

y'_i 为每个区域单元指标占区域总指标的比重；

I' 为区域空间均匀度指数，I' 的取值范围从 $1/\sqrt{n}$ 到 1，其中 I' 越接近 1，

① 罗震东，张京祥．大都市区域空间集聚—碎化的测度及实证研究——以江苏沿江地区为例［J］．城市规划，2002，26（4）：61－63.

则表明区域空间越均匀，I'值越小则表明区域空间越集聚。[①]

（二）中原城市群空间均匀度指数计算

1. 均匀度指数模型的改进

中原经济区城市群正处于快速发展阶段，已经成为我国中部地区空间要素集聚度最高的城市群之一。因此有必要从集聚与扩散的视角，采用定量方法对中原经济区城市群空间集聚的程度与动态趋向进行测度，分析中原经济区城市群区域空间发展格局。

由于城市的扩散主要以城市建成区面积的不断增加为标志，其次城市划分标准主要以市区人口数量为依据，因此本书对叶玉瑶、张虹鸥所选取的指标进行了改进，将总人口和城镇建设用地这两个指标改为市区人口和城市建成区面积，考虑到投资对经济的巨大拉动作用，因而增加了固定资产投资这一指标。因此选取城市建成区面积、市区人口数、固定资产投资和 GDP 四项指标，对中原经济区城市群区域的集聚与扩散程度进行定量测定。

2001 年、2008 年和 2016 年中原城市群各市空间均匀度相关评价指标及所占城市群整体的比例如表 7－11～表 7－13 所示。

表 7－11　2001 年中原城市群各市空间均匀度相关指标及所占城市群比例

	城市建成区		市区人口		固定投资		GDP 总量	
	面积/km^2	比例/%	人数/万人	比例/%	总额/亿元	比例/%	总额/亿元	比例/%
郑州	142.44	16.2	229.03	14.7	286.12	19.0	828.2	14.8
开封	67	7.6	78.09	5.0	43.99	2.9	252.35	4.5
洛阳	107.69	12.2	145.8	9.4	121.75	8.1	465.19	8.3
平顶山	47.1	5.4	89.04	5.7	54.76	3.6	295.34	5.3
安阳	69	7.8	75.97	4.9	69.61	4.6	279.83	5.0
鹤壁	35.17	4.0	51.22	3.3	20.22	1.3	94.82	1.7
新乡	60	6.8	77.25	5.0	73.31	4.9	308.69	5.5
焦作	56.58	6.4	77.67	5.0	61.9	4.1	256.66	4.6

① 叶玉瑶，张虹鸥．珠江三角洲城市群空间集聚与扩散［J］．经济地理，2007，27（5）：773－776.

续表

	城市建成区		市区人口		固定投资		GDP 总量	
	面积/km²	比例/%	人数/万人	比例/%	总额/亿元	比例/%	总额/亿元	比例/%
濮阳	28.26	3.2	48.81	3.1	80.47	5.3	219.45	3.9
许昌	25.6	2.9	37.03	2.4	75.57	5.0	326.19	5.8
漯河	26.8	3.0	34.3	2.2	45.94	3.0	182.32	3.3
三门峡	21.46	2.4	27.22	1.8	59.35	3.9	181.19	3.2
南阳	44.5	5.1	166.4	10.7	139.86	9.3	576.28	10.3
商丘	37	4.2	149.38	9.6	92.13	6.1	318.38	5.7
信阳	37	4.2	135.68	8.7	108.33	7.2	263.68	4.7
周口	20	2.3	35.2	2.3	89.86	6.0	373.4	6.7
驻马店	32.46	3.7	32.86	2.1	69.18	4.6	305.62	5.5
济源	21.7	2.5	64.29	4.1	13.9	0.9	66.23	1.2

表 7-12　2008 年中原城市群各市空间均匀度相关指标及所占城市群比例

	城市建成区		市区人口		固定投资总额		GDP 总量	
	面积/km²	比例/%	人数/万人	比例/%	总额/亿元	比例/%	总额/亿元	比例/%
郑州	328.7	22.6	326.5	17.0	1770.64	16.9	3012.86	16.7
开封	89.5	6.2	84.9	4.4	303.85	2.9	702.33	3.9
洛阳	164	11.3	155.65	8.1	1100.61	10.5	1825.76	10.1
平顶山	61.7	4.2	96.66	5.0	421.21	4.0	1048.33	5.8
安阳	73	5.0	104.96	5.5	565.94	5.4	1053.08	5.8
鹤壁	48	3.3	55.82	2.9	206.58	2.0	328.16	1.8
新乡	94.6	6.5	97.21	5.1	772.78	7.4	902.96	5.0
焦作	90	6.2	83.14	4.3	636.14	6.1	990.36	5.5
濮阳	36	2.5	59.26	3.1	334.6	3.2	632.69	3.5
许昌	65.3	4.5	39.91	2.1	521.72	5.0	1028.71	5.7
漯河	51.3	3.5	132.37	6.9	246.55	2.4	541.68	3.0
三门峡	28.5	2.0	29.64	1.5	403.15	3.9	647.48	3.6
南阳	87.4	6.0	175.72	9.2	895.84	8.6	1596.77	8.8
商丘	58.5	4.0	158	8.2	533.82	5.1	891.88	4.9
信阳	58.2	4.0	141.83	7.4	662.49	6.3	835.29	4.6
周口	42	2.9	48.05	2.5	534.62	5.1	951.63	5.3
驻马店	49.2	3.4	61.47	3.2	423.39	4.0	806.13	4.5
济源	28.3	1.9	68.25	3.6	134.91	1.3	274.55	1.5

表7－13　2016年中原城市群各市空间均匀度相关指标及所占城市群比例

	城市建成区		市区人口		固定投资总额		GDP 总量	
	面积/km²	比例/%	人数/万人	比例/%	总额/亿元	比例/%	总额/亿元	比例/%
郑州	457	22.3	496.8	19.7	7070.37	17.5	8113.97	19.9
开封	129	6.3	170.15	6.7	1555.09	3.8	1755.1	4.3
洛阳	216	10.6	204.53	8.1	4120.1	10.2	3820.11	9.4
平顶山	73	3.6	110.8	4.4	1755.5	4.3	1825.14	4.5
安阳	82	4.0	117.87	4.7	2102.43	5.2	2029.85	5.0
鹤壁	64	3.1	64.65	2.6	816.89	2.0	771.79	1.9
新乡	118	5.8	107.2	4.2	2041.73	5.1	2166.97	5.3
焦作	113	5.5	99.18	3.9	2221.45	5.5	2095.08	5.1
濮阳	59	2.9	71.62	2.8	1542.21	3.8	1449.56	3.6
许昌	108	5.3	134.1	5.3	2294.79	5.7	2377.71	5.8
漯河	67	3.3	135.31	5.4	1078.39	2.7	1081.93	2.7
三门峡	49	2.4	63.54	2.5	1782.96	4.4	1325.86	3.3
南阳	150	7.3	189.13	7.5	3471.71	8.6	3114.97	7.6
商丘	63	3.1	184.46	7.3	2039.09	5.0	1989.15	4.9
信阳	94	4.6	155.2	6.1	2277.94	5.6	2037.8	5.0
周口	70	3.4	63.5	2.5	1940.97	4.8	2263.86	5.6
驻马店	80	3.9	85.58	3.4	1755.16	4.3	1972.99	4.8
济源	55.1	2.7	73.3	2.9	548.32	1.4	538.91	1.3

2. 中原城市群空间均匀度指数

根据河南省统计局所编2002—2017年历年《河南统计年鉴》，整理出中原城市群各市的均匀度指数相关数据，根据相关公式，将相应数据代入，经计算，得到2001—2016年中原城市群区域空间均匀度指数，如表7－14所示。

表7－14　中原城市群空间均匀度（2001—2016年）

年份	2001	2002	2003	2004	2005	2006	2007	2008
城市建成区	0.9385	0.9434	0.9432	0.9418	0.9346	0.9345	0.9302	0.9297
市区人口	0.9423	0.9462	0.9468	0.9477	0.9298	0.9318	0.9315	0.9299
固定投资总额	0.9678	0.9677	0.9647	0.9650	0.9636	0.9621	0.9610	0.9609
GDP 总量	0.9565	0.9570	0.9491	0.9512	0.9580	0.9592	0.9591	0.9602

续表

年份	2009	2010	2011	2012	2013	2014	2015	2016
城市建成区	0.9296	0.9330	0.9332	0.9341	0.9353	0.9325	0.9312	0.9328
市区人口	0.9284	0.9247	0.9280	0.9272	0.9240	0.9263	0.9251	0.9374
固定投资总额	0.9612	0.9602	0.9580	0.9576	0.9568	0.9561	0.9553	0.9543
GDP 总量	0.9616	0.9625	0.9627	0.9625	0.9622	0.9618	0.9604	0.9605

根据相关计算结果，绘制出 2001—2016 年中原城市群区域空间均匀度指数变化趋势如图 7 -4 所示。

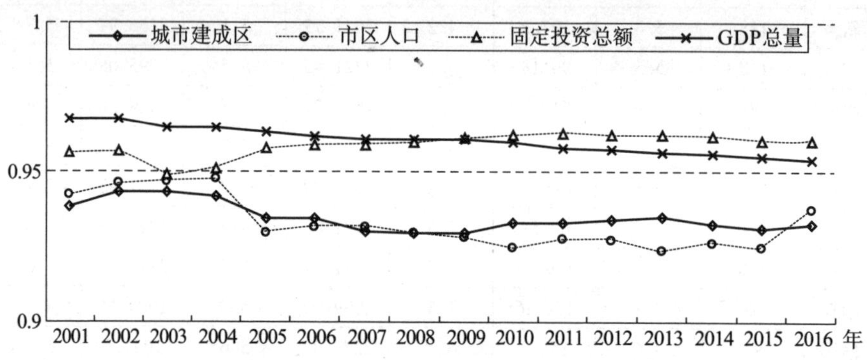

图 7 -4　中原城市群空间均匀度演化趋势（2001—2016 年）

分指标来看，从城市建成区均匀度指数来看，2001 年城市建成区的空间均匀度为 0.9385，2008 年城市建成区的空间均匀度为 0.9297，2016 年城市建成区的空间均匀度为 0.9328；城市建成区这一指标的均匀度指数呈一定的下降趋势，这说明中原城市群区域的城市化水平发展出呈现出比较明显的马太效应与集聚效应。原来城市化水平比较低的城市城市化速度较慢，而原来城市化水平比较高的地区城市化进程开始加速，导致了城市建成区均匀度指数的下降。其中在 2001 年郑州市城市建成区面积占整个城市群的 16.2%，到 2016 年这一比例高达 22.3%，增加了 6 个百分点。

从市区人口总量空间均匀度指标来看，2001 年市区人口的空间均匀度为 0.9423，2008 年市区人口的空间均匀度为 0.9299，2016 年市区人口的空间均匀度为 0.9374；2016 年市区人口的均匀度指数相比 2001 年市区人口的空间均匀度略有下降，说明中原城市群各城市的市区人口集聚速度存在一定差距，从区域整体上看城市的集聚效应开始逐渐显现。中心城市的经济集聚效益开始发挥，强者恒强的马太效应逐步显现。以郑州市为例，2001 年郑州市市区人口占整个中原城市群城市市区人口的比例为 14.7%，2016 年郑州市市区人口占整个中原城市群城市市区人口的比例已经增加到 19.7%，增加了 5 个百分点，增长幅度较大，人口集聚趋势非常明显。

从固定资产投资均匀度指数来看，2001 年固定资产投资的空间均匀度为 0.9678，2008 年固定资产投资的空间均匀度为 0.9609，2016 年固定资产投资的空间均匀度为 0.9543；2016 年固定资产投资的空间均匀度相比 2001 年略有下降，这说明以固定资产投资衡量，中原经济区区域趋向空间非均质化。2001 年郑州市固定资产投资占整个城市群的 19%，到了 2008 年郑州市固定资产投资占整个城市群的比例下降到 16.9%，2016 年郑州市固定资产投资占整个城市群的比例为 17.5%，相比 2001 年仍然降低了 1.5 个百分点。但是中原经济区副中心城市洛阳的固定投资所占比例有所上升。2001 年洛阳市固定资产投资占整个城市群的 8.1%，到了 2008 年洛阳市固定资产投资占整个城市群的比例增加到 10.5%，2016 年洛阳市固定资产投资占整个城市群的比例为 10.2%，相比 2001 年增加了 2 个百分点。

从 GDP 总量空间均匀度指数来看，2001 年 GDP 的空间均匀度为 0.9565，2008 年 GDP 的空间均匀度为 0.9602，2016 年 GDP 的空间均匀度为 0.9605；2016 年 GDP 的均匀度指数相比 2001 年 GDP 的空间均匀度略有上升，说明以中原城市群各城市的经济发展速度整体上差异不大，经济增长呈现出空间均质化特点。虽然在此期间郑州等中心城市 GDP 占整个城市群的比例不断增加，但是另外一些城市的 GDP 占整个城市群比例有所下降。以核心城市郑州市为例，2001 年郑州市 GDP 占整个中原城市群 GDP 的比例为 14.8%，2016 年郑州市 GDP 占整个中原城市群 GDP 的比例为 19.7%，增加了 5 个百分点，基本上与郑州市区人口占整个中原城市群比例增加的幅度一致。以非核心城市南阳市为例，2001 年南阳市 GDP 占整个中原城市群 GDP 的比例为 10.3%，仅次于郑州市；2016 年南阳市 GDP 占整个中原城市群 GDP 的比例下降为 7.6%，降低了 2.7 个百分点，落后于副中心城市洛阳市占整个中原城市群比例的 9.4%。

总体来看，中原城市群区域空间均匀度虽然略有下降，表现出一定的空间非均质化发展特征，但是总体变化不大，其空间集聚特征并不十分突出。

主要原因是由于中原城市群发展水平比较低，区域各城市尚处于各自集聚发展过程中，但是各城市之间的发展差距开始逐渐加大，集聚效应不断强化。

（三）中原城市群区域空间均匀度分析

1. 城市群处于快速发展阶段，空间集聚水平较低

区域空间结构发展演变过程一般分为独立城镇膨胀、城镇空间定向蔓生、城镇间向心发展与城镇连绵带形成四个发展阶段，只有当城镇沿交通轴线定向空间扩展到一定程度时，其边缘受到其他城镇的吸引，从而形成多个城镇之间向心发展的机制时，即区域空间发展进入城镇间向心发展阶段，城市群、都市圈才开始出现雏形，该区域才进入城市群、都市圈发展阶段。①

从中原城市群空间均匀度指数的演化可以看出中原城市群区域内城市化呈现出快速发展趋势，虽然出现了一定的空间集聚现象，部分城市之间如郑州与开封进入城镇空间蔓生阶段，但是整体上看距离城镇连绵带的形成还有很大距离。

2. 城镇用地浪费严重，城镇空间无序发展

中原城市群地区在城市化快速发展过程中，农村人口与外来人口一方面转移到大城市，也有相当一部分选择附近的城市就近转移，因此中原城市群地区的人口集聚既在整个区域层面显示出高度集聚的特征，同时也在以各县市为研究对象的微观层面表现出不同程度非完全集聚的特征。如南阳市辖区内的邓州市，总人口高达 143.47 万人，城镇人口也达到了 55.14 万人；商丘市辖区内的永城市，总人口高达 123.15 万人，城镇人口 55.1 万人。因此从整个中原城市群地区来看人口集聚度很高，但由于城镇发展相当分散，并未形成强有力的集聚中心。由于城镇的分散化发展，导致中原经济区城镇用地浪费严重，威胁到了中原经济区作为国家重要粮食生产基地的可持续发展。

人口的非完全集聚一方面使得中原城市群区域内的一些小城镇呈现出蓬勃旺盛的发展势头，另一方面也给区域内基础设施的协调以及城市管理造成一定的困难，各地区在工业用地分布上呈现出“小集聚、大分散”的

---

① 欧阳慧．谨防当前我国城市群、都市圈发展误区［J］．北方经济，2007（3）：22－23.

格局，对于土地的集约利用极为不利。目前中原城市群的空间拓展基本上主要以大中城市以自我为中心的“自上而下”的蔓延扩展模式和一些经济发达的小城镇缺乏协调的“自下而上”的产业空间拓展模式这两种模式为主，从而导致中原城市群地区部分城镇呈现出无序连绵的特征。因此在中原城市群今后的规划与发展过程中要着力进行调整与完善。

二、基于城镇化不平衡指数的空间结构分析

（一）城镇化不平衡指数模型概述

为了解中原城市群不同地区城镇化水平的空间差异程度，了解空间要素的分布情况，引入城镇化不平衡指数这一指标进行分析。

城镇化不平衡指数 I 是衡量一个国家或地区城镇化差异程度的指标，其计算公式为：

$$I = \sqrt{\sum_{i=1}^{n}\left[\left(\frac{\sqrt{2}}{2}(Y_i - X_i)\right)^2\right]/n} = \sqrt{\sum_{i=1}^{n}(d_i)^2/n}, i = 1,2,3,\cdots,n \quad (7-19)$$

式中：n 为区域个数，X_i 和 Y_i 为相互比较的两组指标。

如果 X_i 和 Y_i 差异较小，那么 I 的值就较小，这就反映出这两组指标相对较为平衡；反之如果两者的值相差比较大，那么 I 的值就会比较大，这就表明相互比较的两组指标不平衡性较为突出。如果将 X_i 和 Y_i 在直角坐标系中进行表示，则离对角线越远的点，其相关两组指标之间的差距就越大；而离对角线越近的点，其相关两组指标之间的差距就越小；而在对角线附近的点，则表示其相关两组指标间差距不大，相对比较均衡。

点到对角线的垂直距离 d_i 为：

$$d_i = \frac{\sqrt{2}}{2}(Y_i - X_i), i = 1,2,3,\cdots,n \quad (7-20)$$

其绝对值越小，就表明相比较的两组指标差异越小；反之则表示相比较的两组指标差异越大。[①]

---

① 杨中标，石培基，程红芳．甘肃省城镇化地域差异研究［J］．干旱区资源与环境，2008，22（1）：21－26.

在本书中，Y_i为 i 城市城镇人口占区域城镇人口比重，X_i为 i 城市面积、总人口等指标占区域面积比重。

I 值越大，就说明中原城市群城镇分布的区域差异越显著；当 I 趋于 0 时，则表明中原城市群城镇呈均衡分布。

（二）城镇化不平衡指数分析

1. 中原城市群城镇土地与人口分布

2016 年中原城市群各市土地面积、城镇人口与总人口状况如表 7－15 所示。

表 7－15　中原城市群各市城镇人口与土地面积（2016 年）

	辖区		城镇人口		总人口		城镇化水平/%	人口密度/人/km²
	面积/km²	比例/%	总量/万人	比例/%	总量/万人	比例/%		
郑州	7446	4.47	691	14.85	972.4	10.20	71	1306
开封	6444	3.87	209	4.49	454.7	4.77	45.9	706
洛阳	15236	9.15	370	7.95	680.1	7.13	54.4	446
平顶山	7882	4.73	253	5.44	498.4	5.23	50.8	632
安阳	7352	4.41	249	5.35	513.4	5.39	48.5	698
鹤壁	2182	1.31	92	1.98	161.4	1.69	57.2	740
新乡	8666	5.20	290	6.23	574.3	6.02	50.4	663
焦作	4071	2.44	200	4.30	354.6	3.72	56.5	871
濮阳	4188	2.51	152	3.27	362.7	3.80	42	866
许昌	4979	2.99	216	4.64	438.1	4.60	49.4	880
漯河	2692	1.62	130	2.79	263.5	2.76	49.2	979
三门峡	10496	6.30	120	2.58	225.6	2.37	53.1	215
南阳	26509	15.91	433	9.31	1006.9	10.56	43	380
商丘	10704	6.43	291	6.26	728.2	7.64	40	680
信阳	18787	11.28	286	6.15	644.4	6.76	44.4	343
周口	11961	7.18	348	7.48	882.1	9.25	39.5	737
驻马店	15083	9.05	278	5.98	698.5	7.33	39.8	463
济源	1899	1.14	44	0.95	73.3	0.77	59.6	386

根据 2016 年中原经济区各城市城镇化水平，制作中原经济区城镇化水平空间格局示意图，如图 7－5 所示。

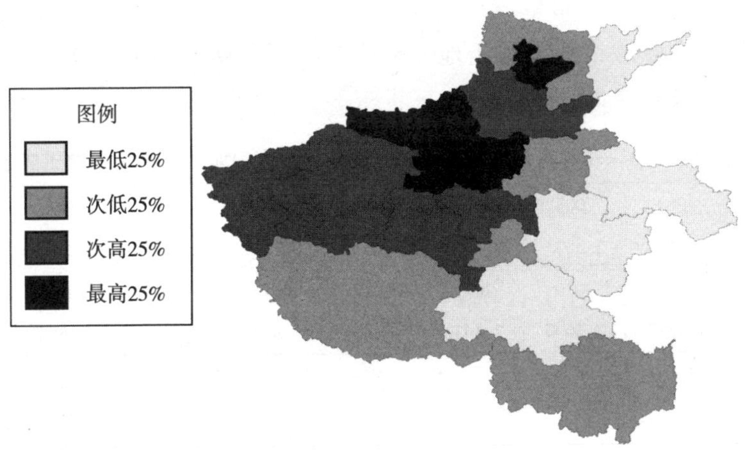

图 7－5　中原城市群城镇化水平空间格局（2016 年）

从图 7－5 可以看出，2016 年中原经济区城市群城镇化水平空间格局，整体上呈现出北高南低的整体分布。尤其是东部地区城市的城镇化水平普遍偏低。而城镇化水平最高的城市主要集中在北部，如郑州、焦作、济源与鹤壁等城市。

2. 中原城市群土地与城镇人口城镇化不平衡指数分析

根据相关数据，代入公式（7－19）进行计算，得到 2016 年中原城市群土地面积与人口的城镇不平衡指数 $I=2.4385$。

根据 2016 年中原城市群各市土地面积与城镇人口所占比例，制作散点图，如图 7－6 所示。

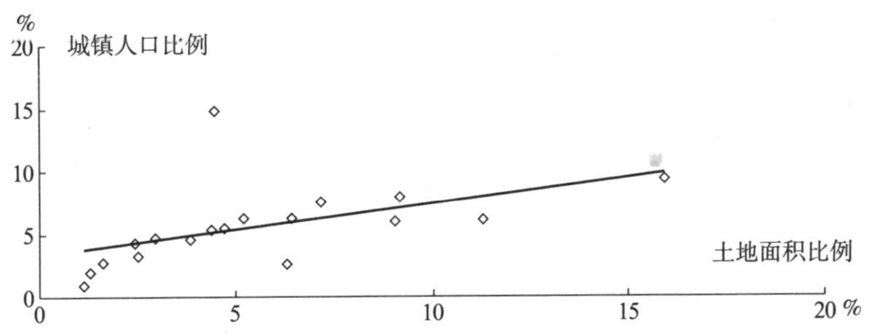

图 7－6　2016 年中原城市群各市土地—城镇人口散点图

为更好地了解中原城市群区域土地—城镇人口城镇不平衡指数的变化

趋势，现将中原城市群区域各城市1997—2008年相关数据代入公式（7-19），得到中原城市群城市土地—城镇人口不平衡指数的历史演化情况，如表7-16和图7-7所示。

表7-16 2001—2016年中原城市群土地与城镇人口城镇不平衡指数历史演化

年份	2001	2002	2003	2004	2005	2006	2007	2008
I	2.3647	2.3635	2.3809	2.1982	2.3658	2.3114	2.2366	2.1940
年份	2009	2010	2011	2012	2013	2014	2015	2016
I	2.1537	2.5009	2.4933	2.4604	2.4516	2.4600	2.4543	2.4385

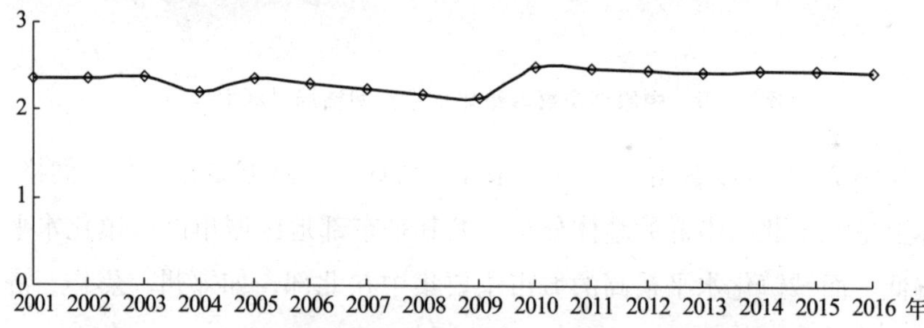

图7-7 中原城市群土地—城镇人口城镇不平衡指数变化趋势

通过表7-16和图7-7可以看出，中原城市群区域土地—城镇人口的城镇不平衡指数变化整体上呈现出波动上升的发展趋势，2001年城镇化不平衡指数为2.3647，2016年为2.4385。虽然有所增长，但是增长幅度不大。

区域土地是城镇发展的基础资源，根据公式（7-20），计算得出2016年中原经济区相对于土地面积的城镇化不平衡指数表，如表7-17所示。

表7-17 2016年土地—城镇人口的城镇化不平衡指数

城市	郑州	开封	洛阳	平顶山	安阳	鹤壁	新乡	焦作	濮阳
d_i	7.3366	0.4354	-0.8495	0.5029	0.6640	0.4768	0.7249	1.3150	0.5403
城市	许昌	漯河	三门峡	南阳	商丘	信阳	周口	驻马店	济源
d_i	1.1743	0.8288	-2.6345	-4.6757	-0.1159	-3.6246	0.2200	-2.1769	-0.1419

洛阳、三门峡、南阳、商丘、信阳、驻马店、济源等市的点位在对角线以下，d_i值为负数，主要是因为这些地方的土地面积较大，非农业人口数还未达到与其面积相匹配的程度，相对于土地面积的非农业人口数量

不足。

洛阳市土地面积占全省土地面积的9.15%，而非农业人口数量却只占全省总数量的4.49%，表现为非农业人口数量不足；相类似的还有南阳市，其土地面积占全省总面积的15.91%，而非农业人口却只占全省的9.31%。

与之相反的是省会郑州市，其土地面积只占全省总量的4.47%，而城镇人口数量却占全省总数量的14.85%，表现为城镇人口数量相对超载。

这些城市对土地面积而言所表现出来的城镇化不平衡性，在中原经济区是两个极端现象。说明中原城市群空间要素分布很不平衡，城镇化水平参差不齐；人口要素开始向中心城市有所集聚，但是并未出现人口要素向中心城市高度集聚的现象，说明中原城市群城市化水平不高，集聚效应不强。

3. 中原城市群总人口与城镇人口城镇化不平衡指数分析

根据相关数据，代入公式（7－19）进行计算，得到2016年中原城市群总人口与城镇人口的城镇不平衡指数 $I=2.4385$。

2016年中原城市群各市总人口与城镇人口散点图如图7－8所示。

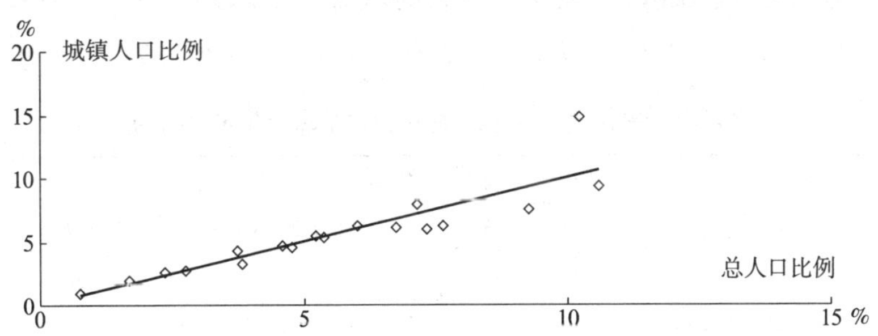

图7－8　2016年中原城市群各市总人口—城镇人口散点图

为更好地了解中原城市群区域总人口—城镇人口城镇不平衡指数的变化趋势，现将中原城市群区域各城市1997—2008年相关数据代入公式（7－19），得到中原城市群城市总人口—城镇人口不平衡指数的历史演化情况，如表7－18和图7－9所示。

表7-18　2001—2016年中原城市群总人口与城镇人口城镇不平衡指数历史演化

年份	2001	2002	2003	2004	2005	2006	2007	2008
I	1.6815	1.6530	1.6596	1.5693	1.4925	1.3924	1.1771	1.1131
年份	2009	2010	2011	2012	2013	2014	2015	2016
I	1.0478	1.2037	1.1477	1.0902	1.0456	1.0176	0.9804	0.9423

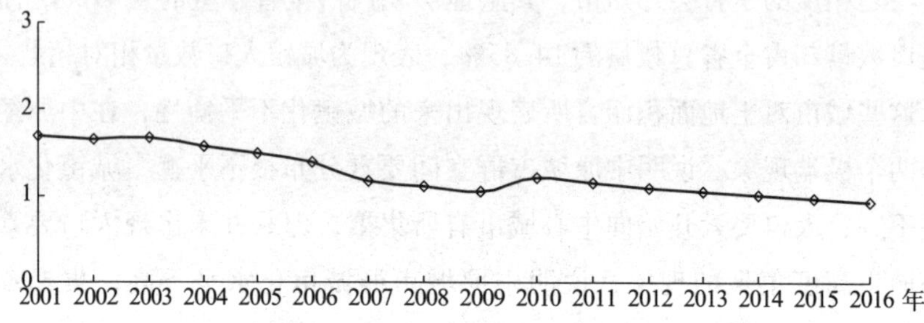

图7-9　中原城市群总人口—城镇人口城镇不平衡指数变化趋势

通过表7-18和图7-9可以看出，中原城市群区域总人口—城镇人口城镇不平衡指数的变化整体上呈现出波动下降的发展趋势，2001年城镇化不平衡指数为1.6815，2016年为0.9423，下降趋势明显。

区域总人口是城镇非农业人口增长的基础，根据公式7-20，计算得出2016年中原经济区相对于总人口的城镇化不平衡指数，如表7-19所示。

表7-19　2016年总人口—城镇人口的城镇化不平衡指数

城市	郑州	开封	洛阳	平顶山	安阳	鹤壁	新乡	焦作	濮阳
d_i	3.2843	-0.2021	0.5732	0.1517	-0.0234	0.2058	0.1435	0.4128	-0.3724
城市	许昌	漯河	三门峡	南阳	商丘	信阳	周口	驻马店	济源
d_i	0.0381	0.0169	0.1476	-0.8917	-0.9738	-0.4297	-1.2459	-0.9556	0.1205

开封、安阳、濮阳、南阳、商丘、信阳、周口、驻马店等市的点位在对角线以下，d_i值为负数，主要是因为这些地方的总人口数量较多，非农业人口数还未达到与其总人口相匹配的程度，相对于总人口的非农业人口数量不足。

周口市总人口占全省总人口的9.25%，而非农业人口数量却只占全省总数量的7.48%，表现为非农业人口数量不足。

与之相反的是省会郑州市，其总人口只占全省总量的10.20%，而城镇人口数量却占全省总数量的14.85%，表现为城镇人口数量相对集聚。

但是与土地面积—城镇人口不平衡指数相比，总人口—城镇人口城镇不平衡指数值要低得多，说明相对于总人口，中原经济区城市的非农业人口分布相对比较均衡。从另一个方面也说明，目前中原经济区城市化进程多以本地农业人口转化为主，人员的大规模跨城市流动虽然已经开始，但是并不占据主流。这也从一个侧面说明中原城市群中心城市集聚效应不强，对于人口的吸引力不够强。

4. 中原城市群经济总量与城镇人口城镇化不平衡指数分析

根据相关数据，代入公式（7－19）进行计算，得到2016年中原城市群经济总量与城镇人口的城镇不平衡指数$I=1.0997$。

2016年中原城市群各市经济总量与城镇人口散点图如图7－10所示。

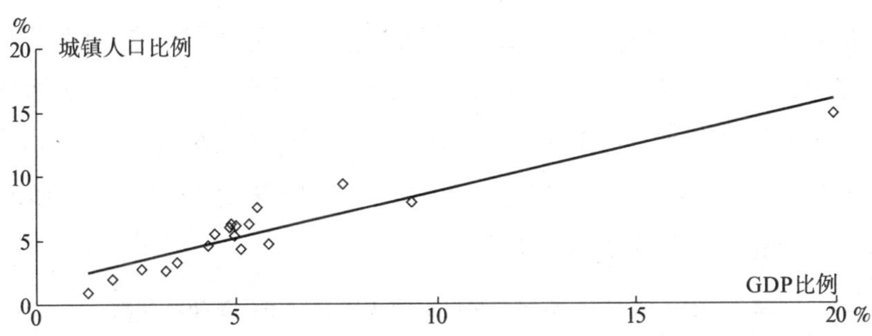

图7－10　2016年中原城市群各市经济总量—城镇人口散点图

为更好地了解中原城市群区域经济总量与城镇人口城镇不平衡指数的变化趋势，现将中原城市群区域各城市1997—2008年相关数据代入公式（7－19），得到中原城市群城市经济总量与城镇人口不平衡指数的历史演化情况，如表7－20和图7－11所示。

表7－20　2001—2016年中原城市群经济总量与城镇人口城镇不平衡指数历史演化

年份	2001	2002	2003	2004	2005	2006	2007	2008
I	0.7725	0.7266	0.8887	0.7490	0.7069	0.8346	1.0246	1.0680
年份	2009	2010	2011	2012	2013	2014	2015	2016
I	1.1150	0.8105	0.9180	0.9905	1.0099	0.9976	1.0410	1.0997

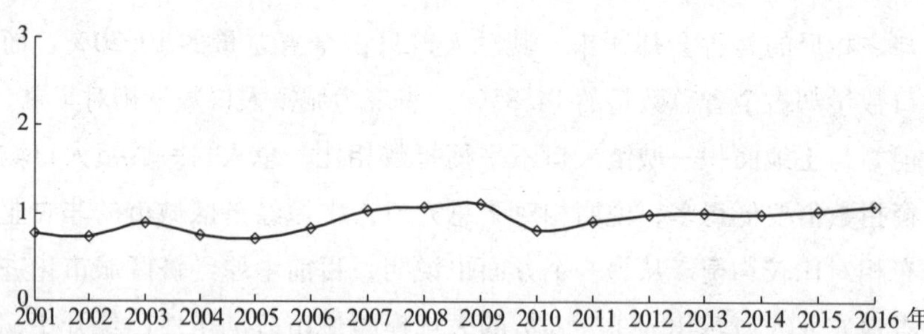

图7－11　中原城市群经济总量—城镇人口城镇不平衡指数变化趋势

通过表7－20和图7－11可以看出，中原城市群区域经济总量—城镇人口城镇不平衡指数的变化整体上呈现出波动上升的发展趋势，2001年城镇化不平衡指数为0.7725，2016年为1.0997，上升趋势明显。

随着经济发展水平的提升，城镇化进程不断深化，因此城镇化是经济发展所导致的结果，城镇化区域差异的最重要因素就是区域经济发展水平的高低。主要表现在区域城镇化的发展状况受到区域经济发展的水平的影响；随着区域经济发展水平的提高，城镇集聚的社会资本与经济实体就会越多，因此城镇化水平会随之不断提高，城市也就越来越发达。

根据公式（7－20），计算得出2016年中原经济区相对于总人口的城镇化不平衡指数，如表7－21所示。

表7－21　2016年经济总量—城镇人口的城镇化不平衡指数

城市	郑州	开封	洛阳	平顶山	安阳	鹤壁	新乡	焦作	濮阳
d_i	－3.5889	0.1239	－1.0138	0.6802	0.2610	0.0631	0.6416	－0.5940	－0.1985
城市	许昌	漯河	三门峡	南阳	商丘	信阳	周口	驻马店	济源
d_i	－0.8400	0.0932	－0.4808	1.1695	0.9746	0.8126	1.3672	0.8005	－0.2713

郑州、洛阳、焦作、濮阳、许昌、三门峡、济源等市的点位在对角线以下，d_i值为负数，主要是因为这些地方的经济总量较大，而城镇人口占比小于经济总量占比。

郑州市经济总量占全省GDP总量的19.92%，而城镇人口数量却只占全省总数量的14.85%，此外人均GDP也远远高于全省平均水平。

与之相反的是南阳和周口等城市。南阳市的经济总量占全省的7.65%，城镇人口数量占全省的9.30%；周口市的经济总量占全省的5.56%，城镇人口数量占全省的7.49%。同时这两个城市也是河南省的农业大市，经济相对落后。

5. 中原城市群工业产值与城镇人口城镇化不平衡指数分析

根据相关数据，代入公式（7－19）进行计算，得到2016年中原城市群工业产值与城镇人口的城镇不平衡指数 $I=1.3507$。

2016年中原城市群各市工业产值与城镇人口散点图如图7－12所示。

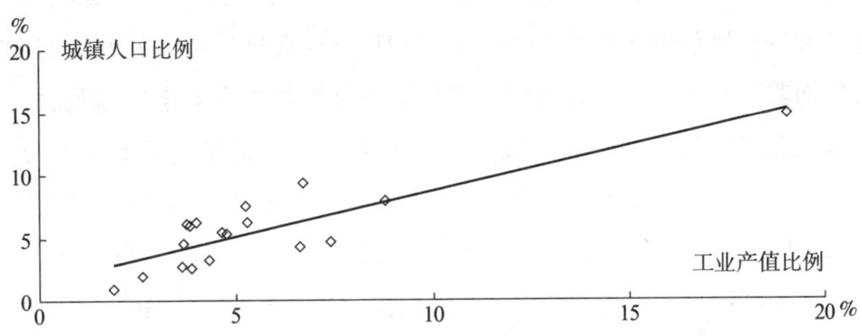

图7－12 2016年中原城市群各市工业产值—城镇人口散点图

为更好地了解中原城市群区域工业产值与城镇人口城镇不平衡指数的变化趋势，现将中原城市群区域各城市1997—2008年相关数据代入公式（7－19），得到中原城市群城市工业产值与城镇人口不平衡指数的历史演化情况，如表7－22和图7－13所示。

表7－22 2001—2016年中原城市群工业产值与城镇人口城镇不平衡指数历史演化

年份	2001	2002	2003	2004	2005	2006	2007	2008
I	1.2173	1.2053	1.2833	1.3366	1.2793	1.3955	1.5320	1.5380
年份	2009	2010	2011	2012	2013	2014	2015	2016
I	1.5347	1.3199	1.3860	1.4281	1.4115	1.3428	1.3672	1.3507

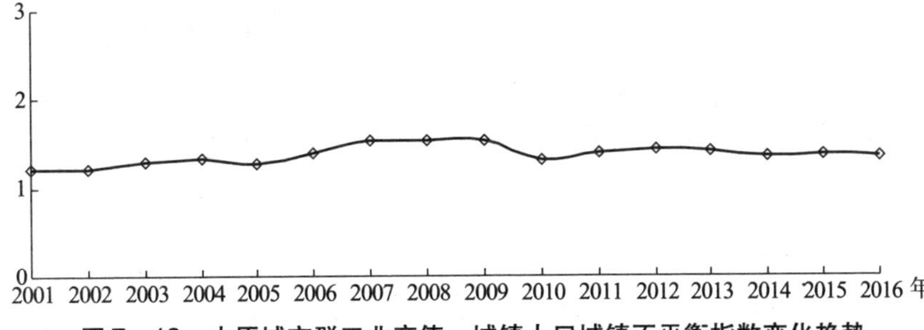

图7－13 中原城市群工业产值—城镇人口城镇不平衡指数变化趋势

通过表 7－22 和图 7－13 可以看出，中原城市群区域工业产值—城镇人口城镇不平衡指数的变化整体上呈现出波动上升的发展趋势，2001 年城镇化不平衡指数为 1.2173，2016 年为 1.3507，不平衡指数有一定增加。

一个国家和地区经济社会发展过程中，工业化和城镇化是必须经历的发展阶段，二者具有相互作用与相互耦合的关系，工业化促进城镇化，是城镇化的根本动力源泉。随着工业化的发展，大量劳动力从农业生产部门进入工业生产部门，使整个社会的生产效率得到提高，促进生产力的发展与解放；而且伴随着工业化产生的城镇化，将给工业化提供重要的市场与关联产业，一些为工业部门服务的产业得以建立并发展，从而又促进了工业本身的发展，二者具有循环累积作用。随着工业生产规模的扩大，城镇的发展，大量劳动力、资本与生产要素向城镇集聚，从而使得城镇的规模不断扩张，工业生产效率不断提高，因此工业化和城镇化在研究中表现出极强的正相关性。

根据公式（7－20），计算得出 2016 年中原经济区相对于工业产值的城镇化不平衡指数，如表 7－23 所示。

表 7－23　2016 年工业产值—城镇人口的城镇化不平衡指数

城市	郑州	开封	洛阳	平顶山	安阳	鹤壁	新乡	焦作	濮阳
d_i	－2.9437	0.5683	－0.6010	0.5742	0.4106	－0.4546	0.6667	－1.6390	－0.7475
城市	许昌	漯河	三门峡	南阳	商丘	信阳	周口	驻马店	济源
d_i	－1.9533	－0.5791	－0.9070	1.8387	1.6068	1.6870	1.5933	1.5319	－0.6524

郑州、洛阳、鹤壁、焦作、濮阳、许昌、漯河、三门峡、济源等市的点位在对角线以下，d_i值为负数，主要是因为这些地方的工业产值占比较大，而城镇人口占比小于工业产值占比。

郑州市工业产值占全省的 19.01%，而城镇人口数量却只占全省的 14.85%；许昌市工业产值占全省的 7.41%，而城镇人口数量却只占全省的 4.65%；类似的还有焦作等城市。

与之相反的是南阳、商丘等城市。南阳市的工业产值占全省的 6.7%，城镇人口数量占全省的 9.30%；商丘市的经济总量占全省的 3.99%，城镇人口数量占全省的 6.26%；相类似的还有信阳、周口、驻马店等城市。这些城市的工业不发达，严重影响了城镇化的进程。

第八章

交通、产业与城市空间相关分析

第一节　探索性空间计量分析模型

一、空间计量分析模型

（一）空间计量分析理论

早在20世纪70年代欧洲就展开了空间计量经济学研究，并将它作为一个确定的领域。Paelinck & Klaassen et al. 对这个领域进行了定义，包括：空间相互依赖在空间模型中的任务，空间关系不对称性，位于其他空间的解释因素的重要性，过去的和将来的相互作用之间的区别，明确的空间模拟等内容。①

Anselin（1988）对空间计量经济学进行了系统的研究，并将空间计量经济学定义为：在区域科学模型的统计分析中，研究由空间所引起的各种特性的一系列方法，认为空间计量经济学研究的是明确考虑空间影响（空间自相关和空间不均匀性）的方法。②

空间经济计量学发端于空间相互作用理论及其进展。尽管空间相互作用关系一直是人们研究中所关注的问题，但空间关系理论分析框架直到20

① Paelinck J. H. P. , Klaassen L. L. H. . Spatial econometrics [M]. Saxon House, 1979.

② Anselin L. . Spatial Econometrics: Methods and Models [M]. Dordrecht: Kluwer Academic Publishers, 1988.

世纪末才逐渐提出。例如，Paelinck（1979）① 论文中强调空间相互依存的重要性、空间关系的渐进性和位于其他空间适当的因素的作用。Akerlof（1997）② 提出的相互作用粒子系统模型（Interacting Particle Systems）、Durlauf（1997）③ 阐述的随机场（Random Field Models）模型、Durlauf（1994）④ 提出的邻近溢出效应模型，以及 Fujita & Krugman et al.（1999）⑤ 提出的报酬递增、路径依赖和不完全竞争等新经济地理模型等一系列理论，确立了空间关系理论分析的整体框架。

在经济研究中出现不恰当的模型识别和设定所忽略的空间效应主要有两个来源：空间依赖性（Spatial dependence）和空间异质性（Spatial heterogeneity）。其中前者表现为观测值与区位之间的一致性，后者表现为每一空间区位上事物及变量的独特性。

（二）空间依赖性理论内涵

空间依赖性（也称空间相关性）是空间效应识别的第一个来源，它产生于空间组织观测单元之间缺乏依赖性的考察。空间相关不仅意味着空间上的观测值缺乏独立性，而且意味着潜在于这种空间相关中的数据结构，也就是说空间相关的强度及模式由绝对位置（格局）和相对位置（距离）共同决定。

空间相关性是指一地所发生的事件，行为与现象，会直接或间接影响到另一地发生的事件行为和现象。因此第 i 个空间观测单元的观测变量 y_{ni} 与其他各地观测变量之间存在函数关系 f。

其一般表达为：

$$y_i = f(y_1, \cdots, y_{i-1}, y_{i+1}, \cdots y_n) + \varepsilon_i, i = 1, 2, \cdots, n \quad (8-1)$$

---

① Paelinck J. H. P, Klaassen L. L. H. . Spatial econometrics [M]. Saxon House, 1979.

② Akerlof G. A. . Social distance and social decisions [J]. Econometrica: Journal of the Econometric Society, 1997: 1005 - 1027.

③ Brock W. A. , Durlauf S. N. Interactions - based models [M]. //Handbook of econometrics [J]. Elsevier, 2001 (5): 3297 - 3380.

④ Durlauf S. N. . Spillovers, stratification, and inequality [J]. European Economic Review, 1994, 38 (3 - 4): 836 - 845.

⑤ Fujita M. , Krugman P. R. , Venables A. J. , et al. . The spatial economy: cities, regions and international trade [M]. Cambridge, MA: MIT press, 1999.

式中：ε_i表示随机干扰项。

对于空间相关性，空间自相关通常是其核心内容。空间自相关是测试空间某点的观测值是否与其相邻点的值存在相关性的一种分析方法。如果某一位置变量值高，其附近位置上该变量值也高，则为正空间正相关，反之，则为负空间自相关。根据矩条件，可以正式表达空间自相关，即属性值相似性与位置相似性的一致程度。

$$Cov[y_i, y_j] = E[y_i, y_j] - E[y_i] \cdot E[y_j] \neq 0, i \neq j \qquad (8-2)$$

式中：i、j分别指单个观测位置，y_i、y_j表示相应位置上某一随机变量的值。

空间相关性表现出的空间效应可以用以下两种模型来表征和刻画：当模型的随机干扰项在空间上相关时，即为空间误差模型；当变量间的空间依赖性对模型显得非常关键而导致了空间相关时，即为空间滞后模型。

（三）空间权重矩阵

定义空间权重，就要对空间单元的位置进行量化，根据空间单位的邻近关系设定空间权重矩阵（Contiguity Based Spatial Weights）是最为常见的。通过空间中的相对位置定义相邻时，需要根据地图上所研究区域的相对位置，决定哪些区域是相邻的，并用0－1表示，即“1”表示空间单元相邻，“0”表示空间单元不相邻。对于一个具有n个空间单元的系统，基于邻近设定的空间权重矩阵是一个$n \times n$稀疏的二元0－1矩阵，对角线元素为0（习惯上，空间单元不与自身相邻），相邻元素为1。

邻接标准的W_{ij}取值：

$$W_{ij}\begin{cases}1，当区域 i 和区域 j 相邻时\\0，当区域 i 和区域 j 不相邻时\end{cases}$$

式中：$i=1, 2, 3, \cdots, n$；$j=1, 2, 3, \cdots, m$；$m=n$或$m \neq n$。

空间权重矩阵采用k最近邻居方式。

一阶邻近矩阵（First Order Contiguity Matrix）是假定两个地区相邻时空间关联才会发生，即当区域i和j相邻时用1表示，否则用0表示。常见的相邻关系如图8－1所示。

（1）“车”相邻（rook contiguity）：如区域i和j有共同的边界，则称

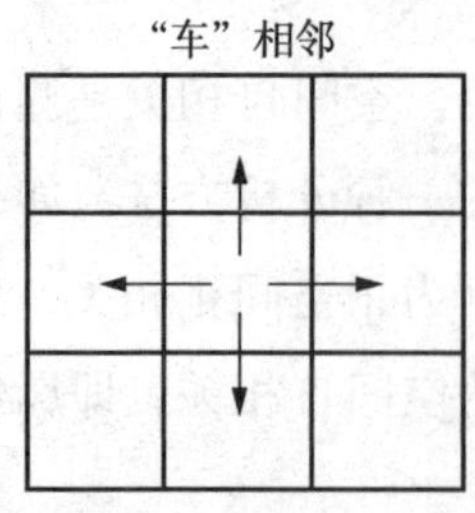

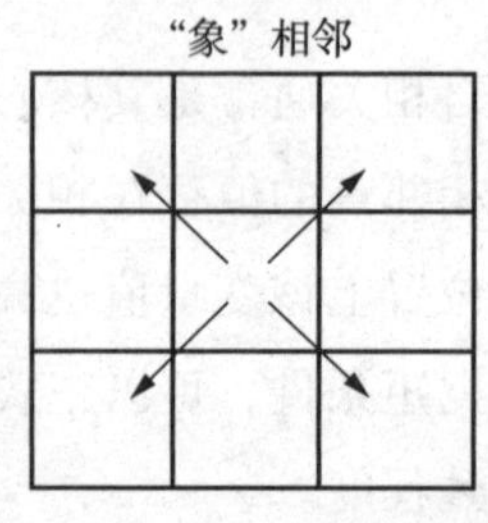

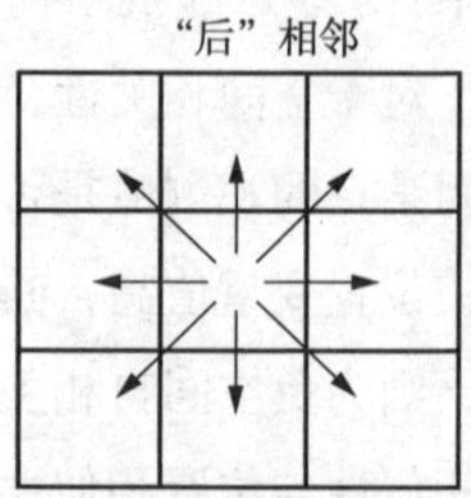

图8-1 常见的邻近关系

域i和j“车”相邻，记$w_{ij}=1$；否则，记$w_{ij}=0$。按照“车”相邻规则，空间权重矩阵W具有对称性。

（2）“象”相邻（bishop contiguity）：如区域i和j有共同的顶点但没有共同的边界，则称区域i和j“象”相邻，记$w_{ij}=1$；否则，记$w_{ij}=0$。

（3）“后”相邻（queen contiguity）：如区域i和j有共同的顶点或共同的边界，则称区域i和j“车”相邻，记$w_{ij}=1$；否则，记$w_{ij}=0$。

二、探索性空间数据分析工具

（一）探索性空间数据分析

空间计量经济学家普遍认为一定空间内的某些经济活动属性值与其周围区域空间内同一活动的属性值是有密切联系的，也就是说各区域之间的数据存在与时间序列相关相对应的空间相关。区域之间的数据存在与时间序列相关相对应的空间相关。

探索性空间数据分析（Exploratory Spatial Data Analysis，ESDA）是一种具有识别功能的空间数据分析方法，主要用于探测空间分布的非随机性或空间自相关。探索性空间数据分析将统计学和现代图形计算技术结合起来，描述数据的空间分布并加以可视化，识别空间数据的异常值，检测社会和经济现象的空间集聚，以及展示数据的空间结构，揭示现象之间的空间相互作用机制。ESDA本质上是由数据驱动的探索过程，而不是由理论驱动的演绎推理过程，其目的是“让数据自己说话”，通过数据分析来发现问题。

ESDA除了包含传统的散点图、概括性统计计量、频率分布表、直方图这几个内容外，主要使用两类工具：第一类用来分析空间数据在整个系统内表现出的分布特征，通常将这种整体分布特征称为全局空间相关性，表明现象或事物总体上在空间上的平均的相互关联的程度，一般用 Global Moran's I 指数测度；第二类用来分析局部子系统所表现出的分布特征，又称为局部空间相关性，具体表现形式包括空间集聚区、非典型的局部区域、异常值或空间政区（Spatial Regimes）等，进一步揭示现象或事物在各自局部空间的位置上的分布的格局及相互关联的程度，一般用局部空间自相关统计量 LISA（局部 Moran 指数等）、Moran 散点图来测度。另外，把 ESDA 与传统的地理信息系统技术相结合之后，可以得到像地图一样可视化的形式表现分析的结果，这种结果不仅仅是增强了分析结果的视觉效果，而且它可以比其他的方法更好地揭示得到结果的空间分布规律。

（二）全局空间自相关分析

全局空间自相关分析是一种可以衡量各个区域间的整体上的空间差异程度和空间关联的分析方法。Global Moran's I 统计量是一种常用的全局空间自相关度量指标，Moran's I 指数源于统计学中的 Pearson 相关系数。将互相关系数推广到自相关系数，时间序列的自相关系数推广到空间序列的自相关系数，最后采用加权函数代替滞后函数，将一维空间自相关系数推广到二维空间自相关系数，即可得到 Moran's I 指数，这是由 Moran（1950）提出的，Moran's I 指数其实就是标准化的空间自协方差。

假定一个向量 $x = [x_{1,} x_2, \cdots x_n]'$，Moran's I 指数用向量形式表示如下：

$$I = \frac{\sum_{i=1}^{n}\sum_{j=1}^{n} w_{ij}(x_i - \bar{x})(x_j - \bar{x})}{\sum_{i=1}^{n}\sum_{j=1}^{n} w_{ij} \sum_{i=1}^{n} (x_i - \bar{x})^2} = \frac{\sum_{i=1}^{n}\sum_{j \neq i}^{n} w_{ij}(x_i - \bar{x})(x_j - \bar{x})}{S^2 \sum_{i=1}^{n}\sum_{j=1}^{n} w_{ij}} \tag{8-3}$$

式中：$S^2 = \frac{1}{n}\sum_{i=1}^{n}(Y_i - \bar{Y})^2, \bar{Y} = \frac{1}{n}\sum_{i=1}^{n} Y_i$，$Y_i$ 表示各区域观测值，为区域总数；n 是研究范围内区域单元总数；W_{ij} 为二进制邻近空间权值矩阵，对空间对象的相互邻接关系进行定义（如以区域 i 和区域 j 是否相邻设定 w_{ij}：区域 i 和区域 j

相邻时，$w_{ij}=1$；区域 i 和区域 j 不相邻时，$w_{ij}=0$）；x_i 和 x_j 分别是区域 i 和区域 j 的属性；$\bar{x}=\frac{1}{n}\sum_{i=1}^{n}x_i$，是属性的平均值。

因此，Moran's I 取值范围为 $-1\leqslant I\leqslant 1$，Moran's I 大于 0 表示正相关，越接近 1 时表明具有相似的属性集聚在一起（高值与高值相邻、低值与低值相邻），空间相关性越强；取值为 1 表明完全正相关；小于 0 表示负相关，值越接近 -1 时表明具有相异的属性集聚在一起（高值与低值相邻、低值与高值相邻），取值为 -1 表示完全负相关；而如果 Moran's I 指数接近于 0 时表明属性是随机分布的，或者不存在空间自相关性。

（三）局部空间自相关分析

Anselin（1995）提出了一个 Local Moran's I 指数，或称 LISA（Local Indicators of Spatial Association），用来检验局部地区是否存在相似或相异的观测值聚集在一起。Local Moran's I 统计量是可以度量 i 区域与其周围地域在空间上的差异程度和它们的显著性。它也是全局空间自相关统计量 Global Moran's I 的分解。

对于第 i 个区域来说，其形式表现为：

$$I_i=\frac{n^2}{\sum_i\sum_j w_{ij}}\times\frac{(x_i-\bar{x})\sum_j w_{ij}(x_j-\bar{x})}{\sum_j(x_j-\bar{x})^2}\tag{8-4}$$

式中：W_{ij} 为二进制邻近空间权值矩阵，其他含义与上文相同。

Global Moran's I 指数与 Local Moran's I 指数之间的关系为：

$$\sum_{i=1}^{n}I_i=n\times I\tag{8-5}$$

正的 I_i 表示一个高值被高值所包围（高—高，或 HH），或者是一个低值被低值所包围（低—低，或 LL），即 I_i 越大表明有相似变量值的面积单元在空间集聚，实现高高或低低集聚格局；负的 I_i 表示一个低值被高值所包围（低—高，或 LH），或者是一个高值被低值所包围（高—低，或 HL），即 I_i 值越小表明不相似变量值的面积单元在空间集聚。

除局部 Moran 指数外，Moran 散点图也常用来研究空间的不稳定性。Moran 散点图是用散点图形式来描述变量 z 与其空间滞后向量 W_z（该观测值周围邻近地区的加权平均数）间的相关关系，它能够提供直观的空间自相关效果图。该图的纵轴对应的是空间滞后向量 W_z，横轴对应的是变量 z。散点图被分为了四个象限，四个象限分别对应四个地区与其邻居的相互关系。这四个象限的相互关系如下：

（1）第一象限（高—高，标记为 HH）：它表示一个高经济水平的区域被其他高经济水平的区域包围；或者说，一个高经济水平的区域和它周围的经济区域有较小的空间差异程度；区域自身和周边地区的福利水平均较高，二者的空间差异程度较小，存在较强的空间正相关，即为热点区。

（2）第二象限（低—高，标记为 LH）：它表示高经济水平的区域包围着一个低经济水平的区域，也就是说该区域的经济水平相比较周围邻居是比较低的，意味着该区域经济的空间差异的程度是比较大的；区域自身福利水平较低，周边地区较高，二者的空间差异程度较大，较强的空间负相关，即异质性突出。

（3）第三象限（低—低，标记为 LL）：它表示该区域和它周围的其他区域都是低经济水平的区域，也就是说这个区域的经济水平是比较低的，表现为这个区域和它的邻居区域经济的空间差异程度是比较小的；区域自身和周边地区的福利水平均较低，二者的空间差异程度较小，存在较强的空间正相关，即为盲点区。

（4）第四象限（高—低，标记为 HL）：它表示一个区域是高经济水平，而周围其他的区域是低经济水平，也就是说这个区域的经济水平是比较高的，而且这个区域经济是有比较大的空间差异程度的；区域自身福利水平较高，周边地区较低，二者的空间差异程度较大，较强的空间负相关，即异质性突出。

第一象限和第三象限都是正的空间自相关关系，这种关系表示了一种相似的观测值之间的空间联系，同时暗示一种相似值的相互集聚；第二象限和第四象限都是负的空间自相关关系，这种关系同样表示了具有不同观测值的区域间一种空间联系，也同样表明了一种地域的空间异常；而如果在四个象限均匀地分布着观测值，这种情况表明各个地区之间区域与区域是不存在空间自相关性的。

第二节 交通网络、产业集聚与城市群空间分布特征

一、交通网络空间分布特征

（一）交通网络空间密度

高速公路作为区域内的重要交通方式，在联系区域内外交通方面发挥着不可替代的作用。因此选择高速公路空间密度作为分析交通网络空间密度的指标。

$$交通网络空间密度 = 高速公路里程/区域面积 \quad (8-6)$$

根据河南省各市高速公路里程，以及各市的区域面积大小，利用公式(8-6)计算出历年河南省各市交通网络密度，具体数值大小如表8-1所示。

表8-1 河南省各市高速公路网络密度（2005—2016年）

单位：$km/100km^2$

	2005	2006	2007	2008	2009	2010
郑州	4.70	4.70	5.49	5.49	5.47	5.34
开封	3.01	4.11	4.11	4.11	4.00	4.08
洛阳	1.44	1.44	1.44	1.62	1.62	1.62
平顶山	2.01	2.27	3.55	4.35	4.36	4.98
安阳	0.90	2.18	2.37	3.08	3.08	3.08
鹤壁	3.44	3.44	3.44	3.44	3.44	3.43
新乡	1.70	2.20	3.27	3.27	3.43	3.59
焦作	4.03	4.03	4.75	4.75	4.60	4.60
濮阳	0.03	1.45	1.45	1.75	1.71	2.05
许昌	2.54	2.54	5.28	5.29	5.33	5.23
漯河	4.12	4.12	4.12	4.10	4.67	4.67
三门峡	1.59	1.59	1.59	1.59	1.58	1.58
南阳	0.59	1.01	1.90	2.03	2.09	2.08
商丘	2.08	2.83	2.83	2.83	2.83	3.26
信阳	1.38	1.60	2.15	2.31	2.31	2.31

续表

	2005	2006	2007	2008	2009	2010
周口	1.03	2.79	3.74	3.74	3.66	3.64
驻马店	0.79	1.01	2.48	2.48	2.44	2.73
济源	0.78	0.78	1.18	4.70	5.01	5.05
	2011	2012	2013	2014	2015	2016
郑州	5.46	6.38	6.76	6.52	5.88	7.45
开封	3.93	4.69	4.69	4.69	5.80	7.30
洛阳	1.62	3.29	3.28	3.28	3.28	3.28
平顶山	4.16	4.98	4.98	4.98	4.16	4.98
安阳	2.32	3.62	3.62	3.62	2.86	3.62
鹤壁	3.43	3.43	3.43	3.43	3.44	3.43
新乡	3.28	3.12	3.10	3.10	2.67	2.98
焦作	4.60	4.60	4.60	5.03	5.04	5.88
濮阳	3.35	3.35	3.35	3.35	4.61	4.62
许昌	5.23	5.23	5.23	5.23	5.52	5.53
漯河	4.67	4.67	4.67	4.67	4.68	4.67
三门峡	1.58	2.45	2.48	2.48	2.97	2.97
南阳	1.98	2.42	2.42	2.42	2.58	2.69
商丘	2.96	3.89	3.89	3.89	3.54	4.62
信阳	2.18	2.93	2.93	2.93	2.57	2.93
周口	3.24	3.64	3.64	3.64	3.74	4.14
驻马店	2.43	2.90	2.90	2.90	2.43	2.90
济源	5.05	5.05	5.05	5.05	5.06	5.05

（二）交通网络空间格局

根据河南省各市高速公路网络密度大小，分别制作2005年、2009年、2013年和2016年的交通网络空间密度四分位图，如图8－2所示。

从图8－2中可以看出，河南省各市高速公路网络密度在各年度呈现出动态变化的发展趋势。这说明河南省基础建设投资较大，高速公路建设日新月异，整体交通体系处于不断发展与完善之中，交通网络正在不断扩张。

但是整体上看，河南省高速公路网络密度呈现出北高南低的整体格局，中部区域的高速公路网络密度最高。而最南部的南阳、信阳等城市，高速公路网络密度普遍偏低。

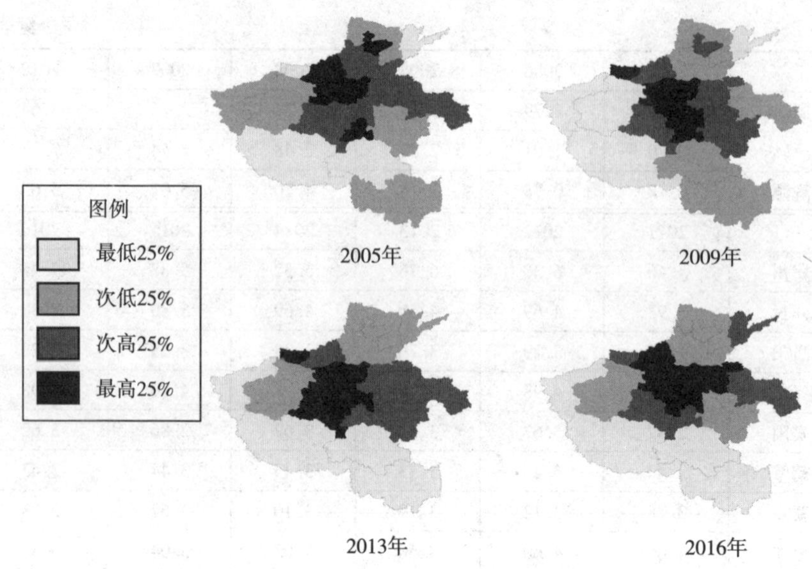

图 8－2　河南省交通网络四分位图

（三）交通网络局域空间自相关

为了分析河南省交通网络的局域空间自相关特征，根据河南省各市高速公路网络密度大小，通过制作 LISA 集聚图对 2005 年、2009 年、2013 年和 2016 年的交通网络空间集聚特征进行分析，如图 8－3 所示。

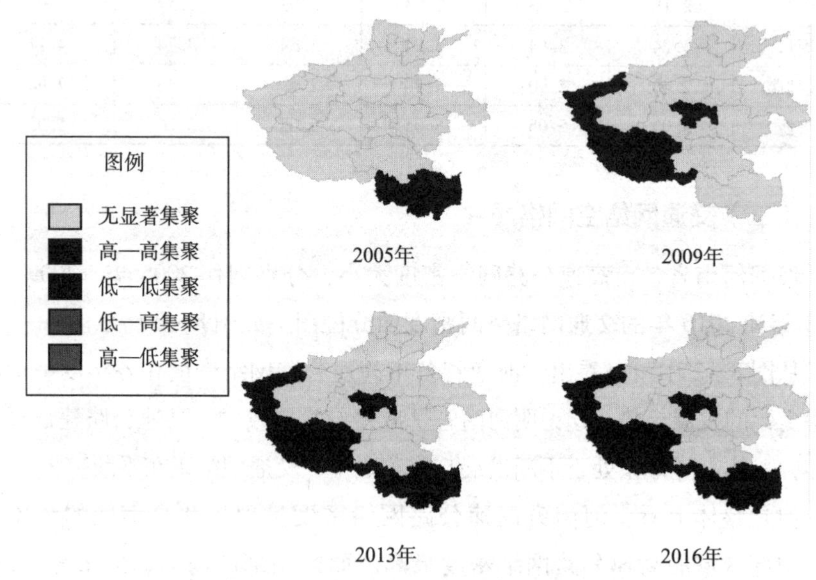

图 8－3　河南省交通网络空间集聚 LISA 图

从交通网络空间集聚 LISA 图可以看出目前河南省交通网络局域自相关性状况。2005 年仅出现了低—低集聚现象，2009 年以后则出现了低—低集聚和高—高集聚现象。2013 年和 2016 年的集聚状况类似。

从 2005 年到 2016 年，河南省交通网络空间集聚状况如表 8－2 所示。

表 8－2　河南省交通网络空间集聚状况

年份＼类型	高—高集聚	低—低集聚	低—高集聚	高—低集聚	无显著集聚
2005	无	信阳	无	无	其他
2006	许昌	信阳、南阳	新乡	无	其他
2007	郑州、开封、许昌	三门峡	无	无	其他
2008	许昌	三门峡、南阳	无	无	其他
2009	许昌	三门峡、南阳	无	无	其他
2010	许昌	三门峡、南阳	无	无	其他
2011	许昌	三门峡、南阳	无	无	其他
2012	许昌	三门峡、南阳、信阳	无	无	其他
2013	许昌	三门峡、南阳、信阳	无	无	其他
2014	许昌	三门峡、南阳、信阳	无	无	其他
2015	许昌	南阳、信阳	无	无	其他
2016	许昌	三门峡、南阳、信阳	无	无	其他

从 2005 年到 2016 年河南省交通网络空间集聚来看，高—高集聚现象主要发生在许昌市，而低—低集聚主要发生在三门峡、南阳和信阳等城市，其他集聚现象只在个别年份出现。

（四）交通网络全局空间自相关分析

为更好地分析河南省各市交通网络空间集聚状况，对其进行全局空间自相关分析，绘制河南省各市交通网络空间集聚 2005 年、2010 年和 2016 年的 Moran's I 散点图，结果如图 8－4 所示。

从河南省交通网络空间集聚 Moran's I 散点图可以看出，2005 年只有 4 个城市位于第一象限，到了 2010 年有 8 个城市位于第一象限，到了 2016 年有 6 个城市位于第一象限，说明交通网络空间集聚存在较大波动，交通体系仍在动态发展阶段。

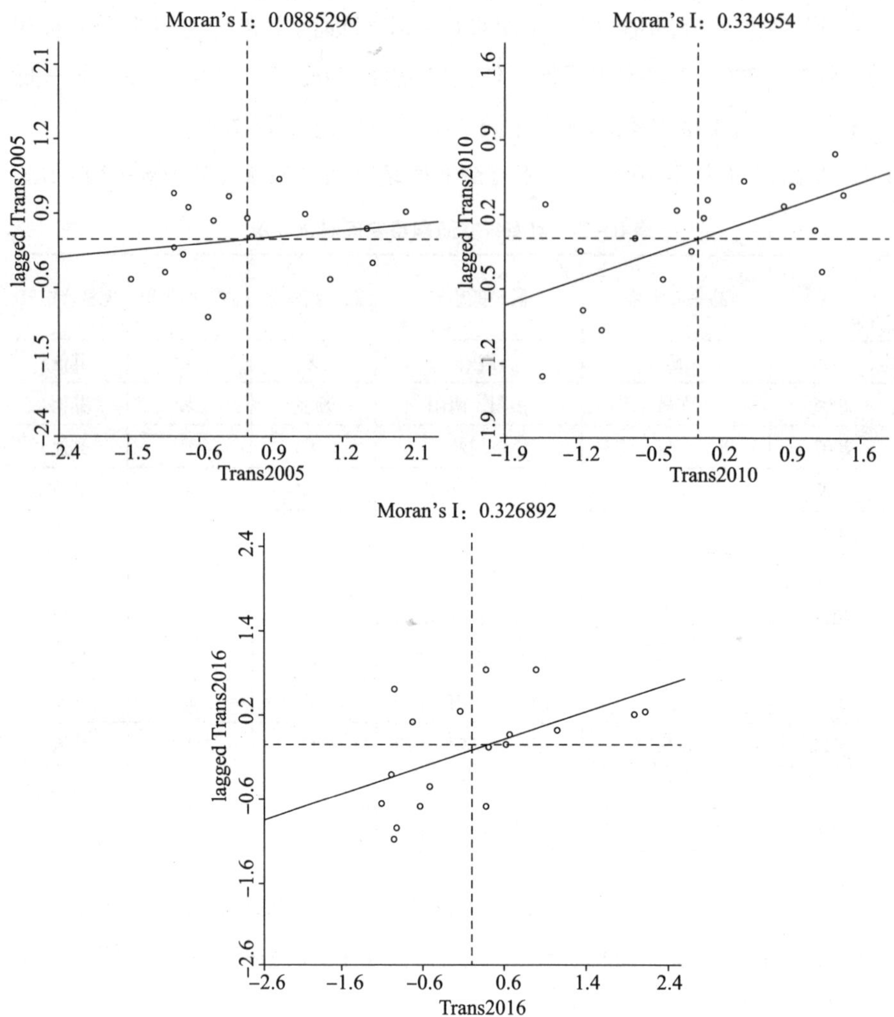

图 8-4　河南省交通网络空间集聚 Moran's I 散点图

进一步计算河南省交通网络空间密度的 Moran's I 指数，结果如表 8-3 所示。

表 8-3　河南省交通网络密度 Moran's I 指数（2005—2016 年）

年份	2005	2006	2007	2008
Moran's I 指数	0. 0885296	0. 182981	0. 339717	0. 337785
年份	2009	2010	2011	2012
Moran's I 指数	0. 321688	0. 334954	0. 32209	0. 373964

续表

年份	2013	2014	2015	2016
Moran's I 指数	0.353564	0.378734	0.292457	0.326892

根据河南省交通网络密度 Moran's I 指数大小，绘制出河南省交通网络密度 Moran's I 变化趋势，如图 8－5 所示。

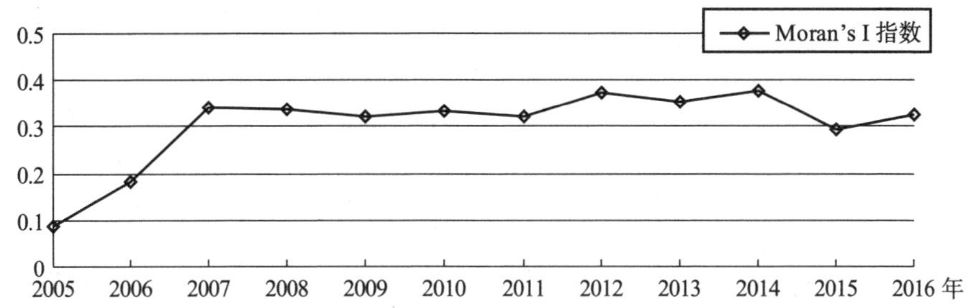

图 8－5　2005—2016 年河南省交通网络空间密度 Moran's I 指数值变化趋势

河南省交通网络空间密度呈现出明显的正空间自相关性，其绝对值在 2014 年前后达到最高值，为 0.378734，之后有所减少；相比 2005 年的最小值为 0.0885296，河南省交通网络空间密度空间自相关性大大加强，说明随着河南省交通基础设施建设的加强，各市的交通网络密度相对差异性不断增加。

二、产业集聚空间分布特征

（一）产业空间密度

制造业是城市发展的产业根基，根据前面的研究，从职能结构来看，河南省各市的优势职能主要是制造业。制造业是城市发展的重要产业基础，因此在分析产业空间密度时，选取制造业增加值作为产业空间密度的重要指标。

计算公式如下：

$$\text{产业空间密度} = \text{制造业增加值}/\text{区域面积} \tag{8-7}$$

根据河南省各市制造业增加值，以及各市的区域面积大小，利用公式（8－7）计算出历年河南省各市产业空间密度如表 8－4 所示。

表8-4 河南省各市产业空间密度（2005—2016年）

单位：万元/km²

	2005	2006	2007	2008	2009	2010
郑州	1020. 32	1267. 83	1571. 67	1960. 02	2084. 09	2681. 13
开封	228. 37	278. 78	341. 00	449. 29	491. 07	571. 61
洛阳	371. 54	463. 81	567. 49	660. 55	676. 70	816. 34
平顶山	401. 17	497. 60	618. 55	832. 91	879. 28	1041. 72
安阳	386. 40	456. 35	599. 48	788. 91	826. 42	995. 34
鹤壁	475. 14	579. 55	752. 64	962. 82	1074. 99	1298. 70
新乡	269. 99	329. 84	417. 36	510. 84	560. 80	695. 06
焦作	819. 01	1027. 36	1298. 31	1555. 16	1662. 01	1975. 38
濮阳	510. 43	633. 05	743. 07	939. 69	950. 93	1137. 58
许昌	692. 70	854. 11	1039. 55	1305. 09	1434. 26	1702. 20
漯河	703. 78	859. 10	1040. 78	1303. 08	1446. 03	1681. 71
三门峡	179. 28	234. 80	309. 02	385. 62	411. 97	535. 84
南阳	176. 61	206. 18	241. 96	283. 94	294. 72	343. 49
商丘	171. 14	206. 84	257. 81	337. 60	367. 38	433. 93
信阳	81. 57	98. 78	123. 11	154. 36	171. 55	200. 64
周口	172. 48	204. 35	252. 39	307. 97	352. 72	411. 71
驻马店	114. 36	135. 45	164. 36	206. 52	227. 48	260. 58
济源	474. 32	624. 17	800. 36	1035. 18	1063. 20	1295. 82
	2011	2012	2013	2014	2015	2016
郑州	3446. 25	3763. 72	4165. 16	4118. 70	4253. 84	4474. 35
开封	668. 79	755. 90	862. 74	891. 17	920. 14	1001. 05
洛阳	969. 79	1039. 12	1043. 58	944. 01	952. 27	1011. 76
平顶山	1163. 31	1072. 74	1060. 41	1017. 71	983. 06	1029. 75
安阳	1066. 15	1095. 86	1163. 69	1110. 88	1086. 94	1137. 61
鹤壁	1519. 86	1633. 69	1895. 90	1934. 55	1965. 34	2110. 24
新乡	900. 61	937. 46	1008. 23	987. 88	972. 45	1068. 83
焦作	2300. 12	2418. 14	2661. 78	2619. 73	2644. 96	2850. 79
濮阳	1282. 69	1416. 34	1649. 49	1710. 62	1736. 54	1814. 36
许昌	2037. 79	2162. 21	2413. 23	2360. 84	2383. 49	2609. 18
漯河	1832. 52	1913. 75	2038. 83	2081. 32	2169. 27	2348. 48

续表

	2011	2012	2013	2014	2015	2016
三门峡	633.83	680.73	706.09	676.33	629.92	644.22
南阳	394.27	408.35	418.73	406.41	412.73	443.06
商丘	510.82	532.95	583.33	583.80	600.54	653.25
信阳	226.69	239.45	277.07	315.85	327.36	351.39
周口	484.04	555.51	667.89	696.28	707.96	767.58
驻马店	312.46	344.15	394.42	402.09	412.98	442.68
济源	1381.10	1621.53	1709.32	1611.43	1592.73	1718.59

（二）产业发展空间格局

根据河南省各市产业空间密度大小，分别制作 2005 年、2009 年、2013 年和 2016 年的空间密度四分位图，如图 8－6 所示。

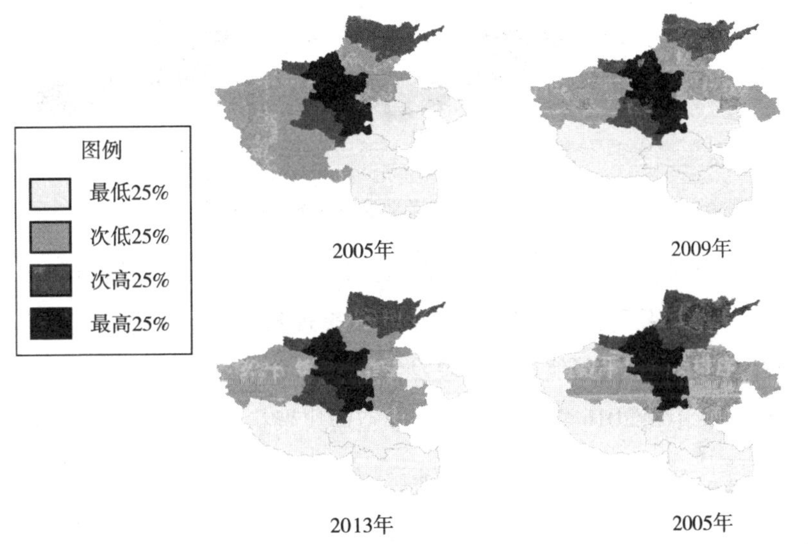

图 8－6 河南省产业空间密度四分位图

从图 8－6 中可以看出，河南省各市产业空间密度空间分布不均，呈现出中心高、外围低，北部高、南部低的整体发展格局。从多年变化趋势来看，产业密度空间分布在各年度变化情况基本不大，这说明河南省各市的整体产业发展格局已经确立，出现了强者恒强的集聚效应。

（三）产业局域空间自相关

为了分析河南省产业集聚的局域空间自相关特征，根据河南省各市产业空间密度，通过制作 LISA 集聚图对 2005 年、2009 年、2013 年和 2016 年的产业空间集聚特征进行分析，如图 8-7 所示。

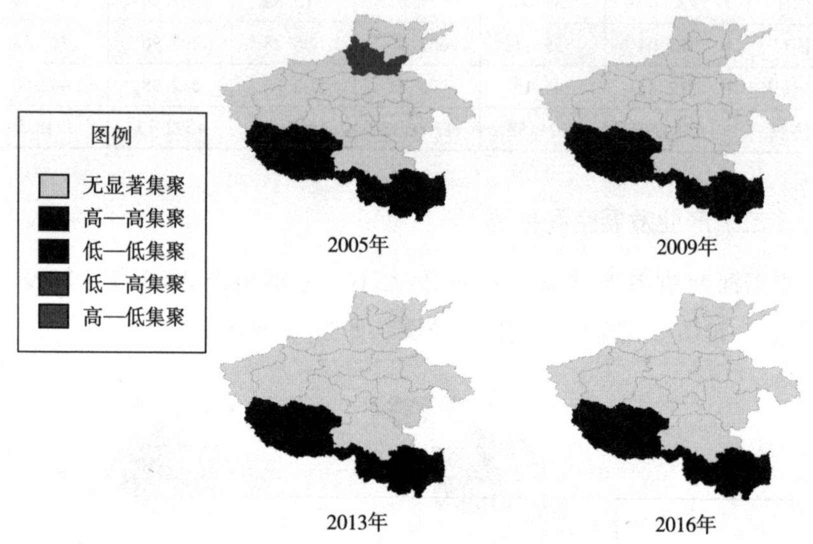

图 8-7　河南省产业空间集聚 LISA 图

从产业空间集聚 LISA 图可以看出，目前河南省产业局域自相关性较弱，2005 年出现了低—低集聚和低—高集聚现象，其他年份仅仅出现了低—低集聚现象，没有其他集聚现象发生。

从 2005 年到 2016 年，河南省产业空间集聚状况如表 8-5 所示。

表 8-5　河南省产业空间集聚状况

年份＼类型	高—高集聚	低—低集聚	低—高集聚	高—低集聚	无显著集聚
2005	无	信阳、南阳	新乡	无	其他
2006	无	信阳、南阳、商丘	新乡	无	其他
2007	无	信阳、南阳	新乡	无	其他
2008	无	信阳、南阳	新乡	无	其他
2009	无	信阳、南阳	无	无	其他
2010	无	信阳、南阳	新乡	无	其他

续表

类型 年份	高—高集聚	低—低集聚	低—高集聚	高—低集聚	无显著集聚
2011	无	信阳、南阳、商丘	新乡	无	其他
2012	无	信阳、南阳	新乡	无	其他
2013	无	信阳、南阳	无	无	其他
2014	无	信阳、南阳、三门峡	无	无	其他
2015	无	信阳、南阳	无	无	其他
2016	无	信阳、南阳	无	无	其他

从2005年到2016年河南省产业空间集聚来看，仅发生了低—低集聚和低—高集聚现象。其中低—低集聚主要发生在三门峡、商丘、南阳和信阳等城市，低—高集聚现象主要发生在新乡市，没有其他集聚现象发生。

这说明目前河南省产业还未有明显的空间局域集聚现象，需要进一步强化产业发展，大力培育优势产业集群，促进产业集聚现象的发生。

（四）产业全局空间自相关分析

为更好地分析河南省各市产业发展空间集聚状况，对其进行全局空间自相关分析，绘制河南省各市产业空间集聚2005年、2010年和2016年的Moran's I散点图，结果如图8－8所示。

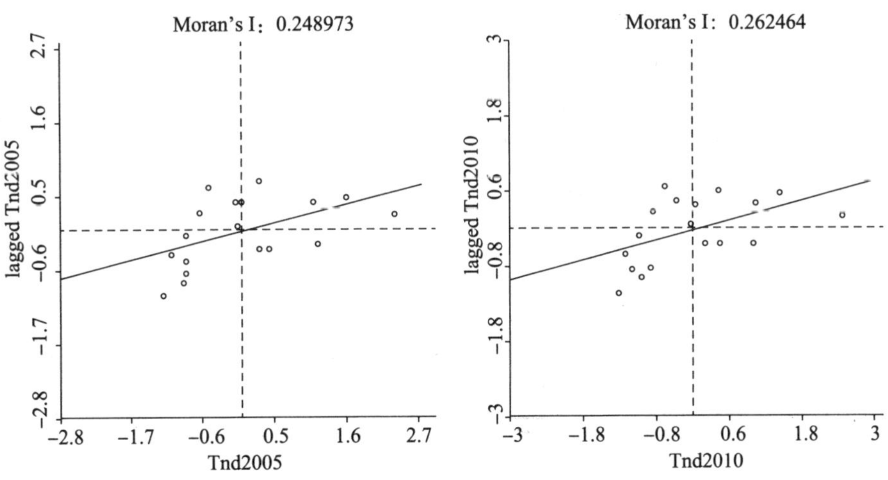

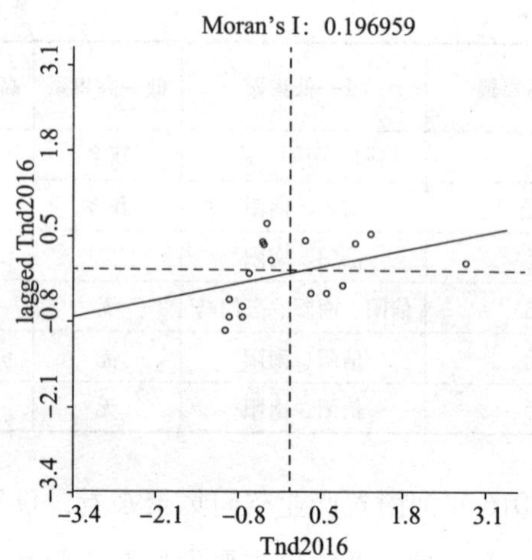

图 8-8 河南省产业空间集聚 Moran's I 散点图

2005 年有 4 个城市位于第一象限，2010 年和 2016 年分别有 5 个和 4 个城市位于第一象限，这说明河南省产业空间集聚基本上没有什么大的波动，产业发展格局相对固定。

进一步计算河南省产业空间密度的 Moran's I 指数，结果如表 8-6 所示。

表 8-6 河南省产业空间密度 Moran's I 指数（2005—2016 年）

年份	2005	2006	2007	2008
Moran's I 指数	0.248973	0.259214	0.272038	0.273722
年份	2009	2010	2011	2012
Moran's I 指数	0.265711	0.262464	0.254586	0.244717
年份	2013	2014	2015	2016
Moran's I 指数	0.225	0.204055	0.189667	0.196959

根据河南省产业空间密度 Moran's I 指数大小，绘制出河南省产业空间密度 Moran's I 变化趋势，如图 8-9 所示。

河南省产业空间密度呈现出明显的正空间自相关性，其绝对值在 2008 年前后达到最高值，为 0.273722；之后有所减少，在 2015 年达到最小值 0.189667；整体上呈现出逐渐提升又逐渐下降的发展趋势。这说明在 2008 年以前，河南省的产业集聚趋势在不断加强，因此空间自相关性增加；而在 2008 年之后，产业集聚趋势有所减弱，因此空间自相关性开始降低。

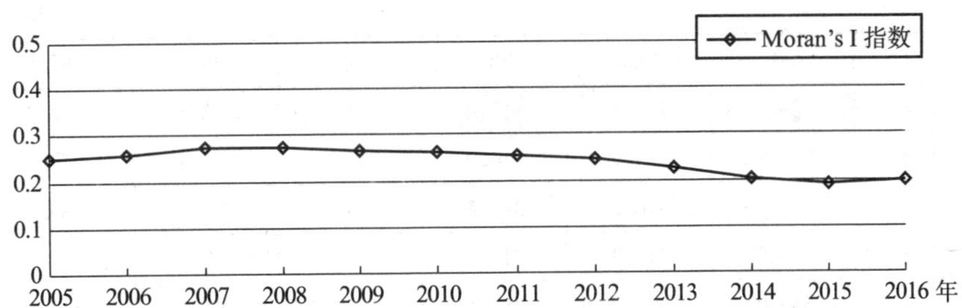

图 8－9　2005—2016 年河南省产业空间密度 Moran's I 指数值变化趋势

三、城市空间分布特征

（一）人口空间密度

人口是城市的发展的基础，人口数量多少是城市集聚水平高低的重要指标。因此选择人口空间密度作为分析城市群集聚水平的指标。

计算公式如下：

$$人口空间密度 = 常住人口数量/区域面积 \tag{8-8}$$

根据河南省各市常住人口数量，以及各市面积大小，利用公式（8－8）计算出历年河南省各市人口空间密度，具体数值大小如表 8－7 所示。

表 8－7　河南省各市人口空间密度（2005—2016 年）

单位：人/km²

	2005	2006	2007	2008	2009	2010
郑州	961.6	972.7	987.9	998.7	1009.9	1163.1
开封	731.4	728.2	725.9	728.4	731.2	725.8
洛阳	417.0	417.4	416.2	421.4	421.5	430.2
平顶山	613.7	613.6	613.8	617.7	622.0	622.3
安阳	708.0	710.0	705.4	709.2	709.5	703.4
鹤壁	670.9	660.1	650.3	653.3	658.4	720.2
新乡	643.0	640.0	636.5	636.2	636.6	659.0
焦作	834.3	834.3	832.5	837.0	841.0	870.3
濮阳	847.7	843.7	834.0	835.4	840.0	859.6
许昌	854.5	859.4	861.3	865.4	866.2	865.5

续表

	2005	2006	2007	2008	2009	2010
漯河	924.9	927.7	917.0	921.4	927.6	946.7
三门峡	216.9	214.9	210.9	211.5	212.4	212.9
南阳	375.7	376.2	375.5	378.8	382.3	387.5
商丘	710.8	714.9	713.7	725.5	729.7	687.1
信阳	353.0	353.0	353.1	355.9	361.6	324.7
周口	830.8	830.7	827.8	833.0	839.4	747.3
驻马店	514.8	514.9	506.6	509.5	510.7	479.1
济源	346.7	354.2	355.6	359.4	360.0	356.2
	2011	2012	2013	2014	2015	2016
郑州	1189.5	1212.9	1234.4	1259.5	1285.1	1305.9
开封	723.2	722.1	721.0	705.9	704.9	705.6
洛阳	431.0	432.5	434.2	438.3	442.6	446.4
平顶山	624.0	625.4	628.9	629.3	629.3	632.3
安阳	700.5	691.4	692.3	692.1	696.0	698.3
鹤壁	724.1	727.8	737.4	732.2	736.0	739.6
新乡	653.1	654.1	654.9	658.7	660.2	662.7
焦作	866.4	864.7	863.2	865.3	868.1	871.0
濮阳	850.0	859.0	855.8	859.8	862.0	866.1
许昌	862.8	862.9	863.1	866.6	872.0	879.8
漯河	947.3	950.2	956.5	966.2	975.1	978.8
三门峡	213.5	212.7	213.5	214.1	214.0	214.9
南阳	382.1	382.9	380.6	376.8	378.0	379.8
商丘	688.0	684.0	679.8	678.1	679.5	680.3
信阳	325.1	340.5	339.4	341.1	340.7	343.0
周口	748.4	736.3	734.4	736.1	736.5	737.5
驻马店	469.7	459.9	457.2	459.7	461.1	463.1
济源	357.5	370.2	376.5	381.3	383.9	386.0

（二）人口空间格局

根据河南省各市人口空间密度大小，分别制作 2005 年、2009 年、2013 年和 2016 年的人口空间密度四分位图，如图 8－10 所示。

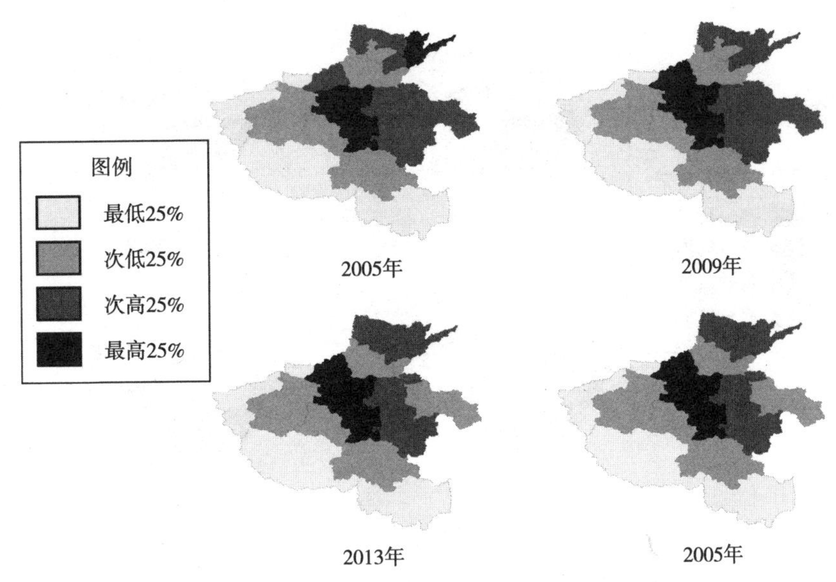

图8－10　河南省城市群人口空间密度四分位图

从图8－10中可以看出，河南省各市人口空间密度空间分布不均，呈现出中心高、外围低，北部高、南部低的整体分布格局。从多年变化趋势来看，2009年、2013年、2016年河南省各市人口空间密度上基本上没有变化，说明河南省城市体系已经形成，在集聚效应作用下，各个城市的人口空间密度排名基本保持原有的发展态势，人口发展格局很难有大的变动。

（三）人口局域空间自相关

为了分析河南省人口的局域空间自相关特征，根据河南省各市人口空间密度大小，通过制作LISA集聚图对2005年、2009年、2013年和2016年的人口空间集聚特征进行分析，如图8－11所示。

从人口空间集聚LISA图可以看出，目前河南省人口局域自相关性较强，2005年出现了低—低集聚和高—高集聚现象，其他年份则同时出现了低—低集聚、低—高集聚和高—高集聚现象，没有高—低集聚现象发生。

从2005年到2016年，河南省人口空间集聚状况如表8－8所示。

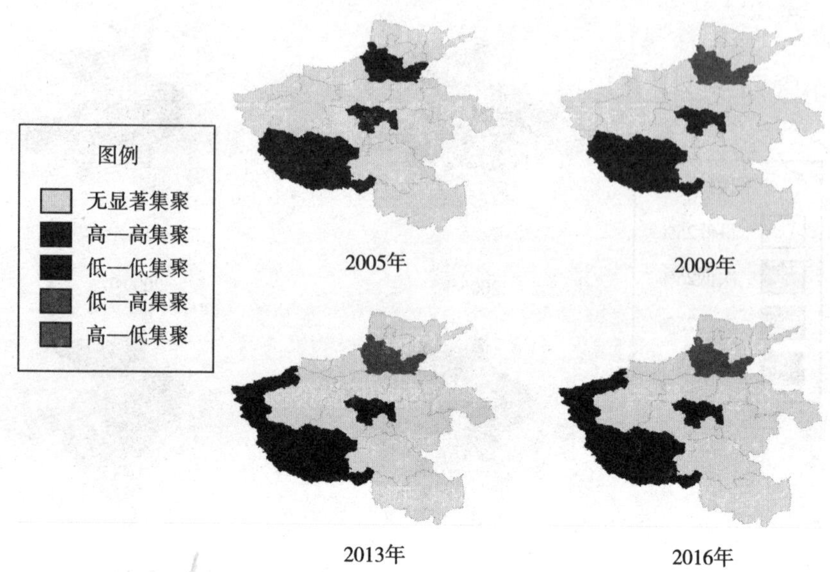

图8-11　河南省城市群人口空间集聚LISA图

表8-8　河南省城市群人口空间集聚状况

年份＼类型	高—高集聚	低—低集聚	低—高集聚	高—低集聚	无显著集聚
2005	许昌、新乡	南阳	无	无	其他
2006	许昌	南阳	新乡	无	其他
2007	许昌	南阳、三门峡	新乡	无	其他
2008	许昌、开封	南阳、三门峡	新乡	无	其他
2009	许昌	南阳	新乡	无	其他
2010	许昌、新乡	南阳、三门峡、信阳	无	无	其他
2011	许昌	南阳、三门峡	新乡	无	其他
2012	许昌	南阳、三门峡	新乡	无	其他
2013	许昌	南阳、三门峡	新乡	无	其他
2014	许昌	南阳、三门峡	新乡	无	其他
2015	许昌	南阳、三门峡	新乡	无	其他
2016	许昌	南阳、三门峡	新乡	无	其他

从2005年到2016年河南省人口空间集聚来看，先后发生了低—低集聚、高—高集聚和低—高集聚现象。其中低—低集聚主要发生在三门峡、南阳和信阳等城市，低—高集聚现象主要发生在新乡市，高—高集聚现象

主要发生在许昌市，没有其他集聚现象发生。

从 2011 年开始，河南省人口空间集聚 LISA 图就开始固定，没有发生任何变化。这说明目前河南省城市体系已经基本确立，人口空间集聚状况很难发生较大规模的改变。

（四）人口全局空间自相关分析

为更好地分析河南省各市人口空间集聚状况，对其进行全局空间自相关分析，绘制河南省各市人口空间集聚的 Moran's I 散点图，结果如图 8－12 所示。

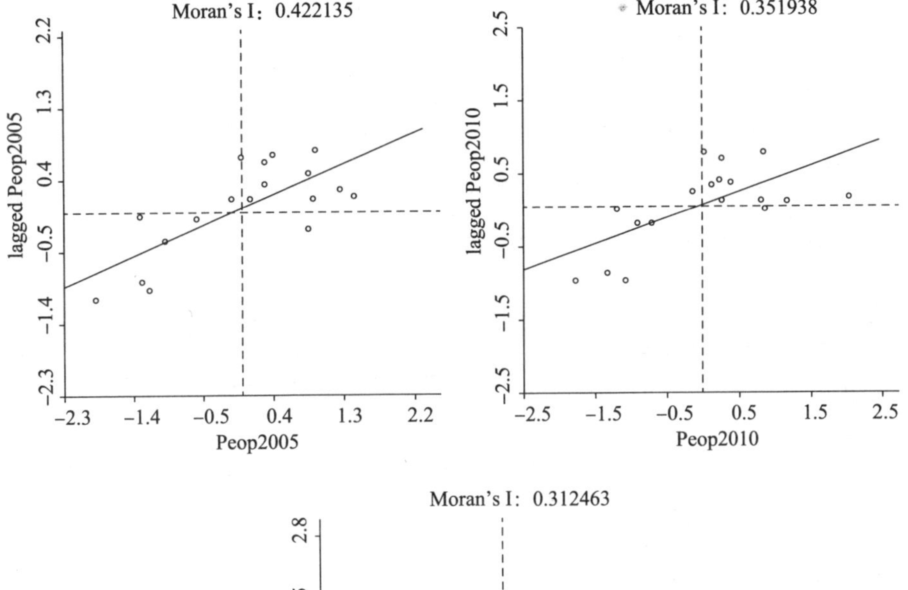

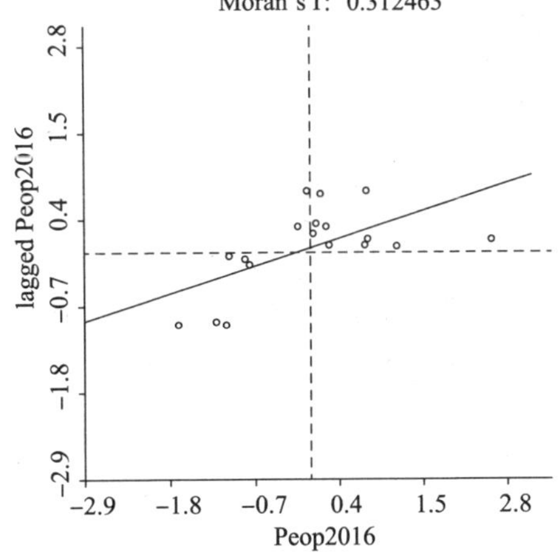

图 8－12　河南省城市群人口空间集聚 Moran's I 散点图

2005年有8个城市位于第一象限，2010年有9个城市位于第一象限，2016年都有10个城市位于第一象限，这说明河南省城市体系确立，城市的规模大小排序、人口空间分布基本上波动不大。

进一步计算河南省人口空间密度的Moran's I指数，结果如表8－9所示。

表8－9 河南省城市群人口空间密度Moran's I指数（2005—2016年）

年份	2005	2006	2007	2008
Moran's I 指数	0.422135	0.420737	0.418974	0.416243
年份	2009	2010	2011	2012
Moran's I 指数	0.411726	0.351938	0.346321	0.337004
年份	2013	2014	2015	2016
Moran's I 指数	0.333077	0.324387	0.316975	0.312463

根据河南省城市群人口空间密度Moran's I指数大小，绘制出河南省城市群人口空间密度Moran's I变化趋势，如图8－13所示。

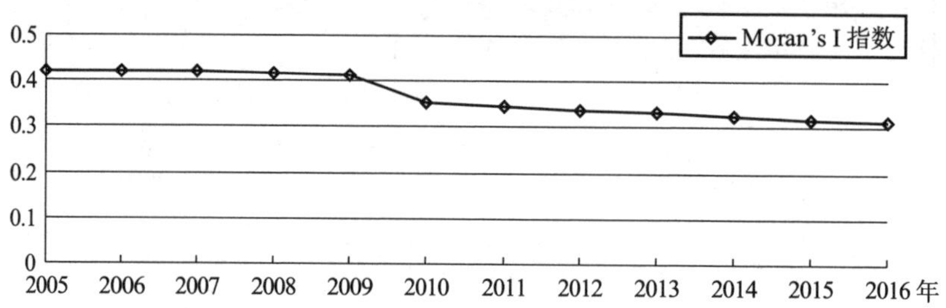

图8－13 2005—2016年河南省人口空间密度Moran's I指数值变化趋势

河南省人口空间密度呈现出明显的正空间自相关性，其绝对值在2005达到最高值，为0.422135；2005年到2009年基本上没有变化，从2009年之后开始呈现出逐渐下降的发展趋势。这说明在2009年之后，河南省人口集聚趋势有所减弱，因此空间自相关性开始降低。在2016年前后绝对值达到最小值，为0.312463。

第三节　交通网络、产业集聚与城市群的空间相关分析

一、交通网络与产业集聚的空间相关分析

（一）交通网络与产业集聚局域空间自相关

为了分析河南省交通网络与产业集聚的空间耦合，根据河南省各市交通网络空间密度与产业空间密度大小，通过制作 LISA 集聚图对 2005 年、2009 年、2013 年和 2016 年的局域空间自相关进行分析，如图 8-14 所示。

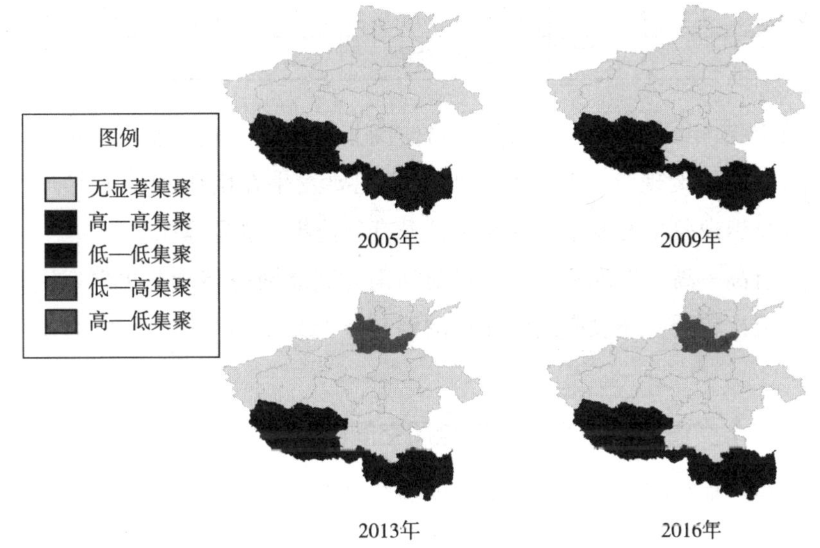

图 8-14　河南省交通网络与产业空间集聚 LISA 图

从交通网络与产业空间集聚 LISA 图可以看出，目前河南省交通网络与产业局域自相关性较弱，2005 年、2009 年、2013 年和 2016 年有 2 个城市出现了低—低集聚现象，2013 年和 2016 年有 1 个城市出现了低—高集聚现象，没有其他集聚现象出现。

从 2005 年到 2016 年，河南省交通网络与产业空间集聚状况如表 8-10 所示。

表 8－10　河南省交通网络与产业空间集聚状况

年份＼类型	高—高集聚	低—低集聚	低—高集聚	高—低集聚	无显著集聚
2005	无	南阳、信阳	无	无	其他
2006	无	南阳、信阳	无	无	其他
2007	无	南阳、信阳	无	无	其他
2008	无	南阳、信阳	无	无	其他
2009	无	南阳、信阳	无	无	其他
2010	无	南阳、信阳	无	无	其他
2011	无	南阳、信阳	无	无	其他
2012	无	南阳、信阳	无	无	其他
2013	无	南阳、信阳	新乡	无	其他
2014	无	南阳、信阳	新乡	无	其他
2015	无	南阳、信阳	新乡	无	其他
2016	无	南阳、信阳	新乡	无	其他

从 2005 年到 2016 年河南省人口空间集聚来看，先后发生了低—低集聚和低—高集聚现象。其中低—低集聚主要发生在南阳和信阳等城市，低—高集聚现象主要发生在新乡市，没有其他集聚现象发生。

没有高—高集聚现象，说明目前河南省交通网络与产业集聚在空间上的耦合层次较低，还没有达到交通网络与产业集聚相互耦合、融合发展的阶段。

（二）交通网络与产业集聚全局空间自相关

为更好地分析河南省各市交通网络与产业发展空间集聚状况，对其进行全局空间自相关分析，绘制河南省各市 2005 年、2010 年和 2016 年交通网络与产业空间集聚的 Moran's I 散点图，结果如图 8－15 所示。

2005 年有 4 个城市位于第一象限，2010 年有 7 个城市位于第一象限，2016 年有 6 个城市位于第一象限，这说明河南省交通网络与产业空间集聚程度有所加强，其全局空间自相关性有所强化。

进一步计算 2005 年到 2016 年河南省交通网络与产业空间全局自相关的 Moran's I 指数，结果如表 8－11 所示。

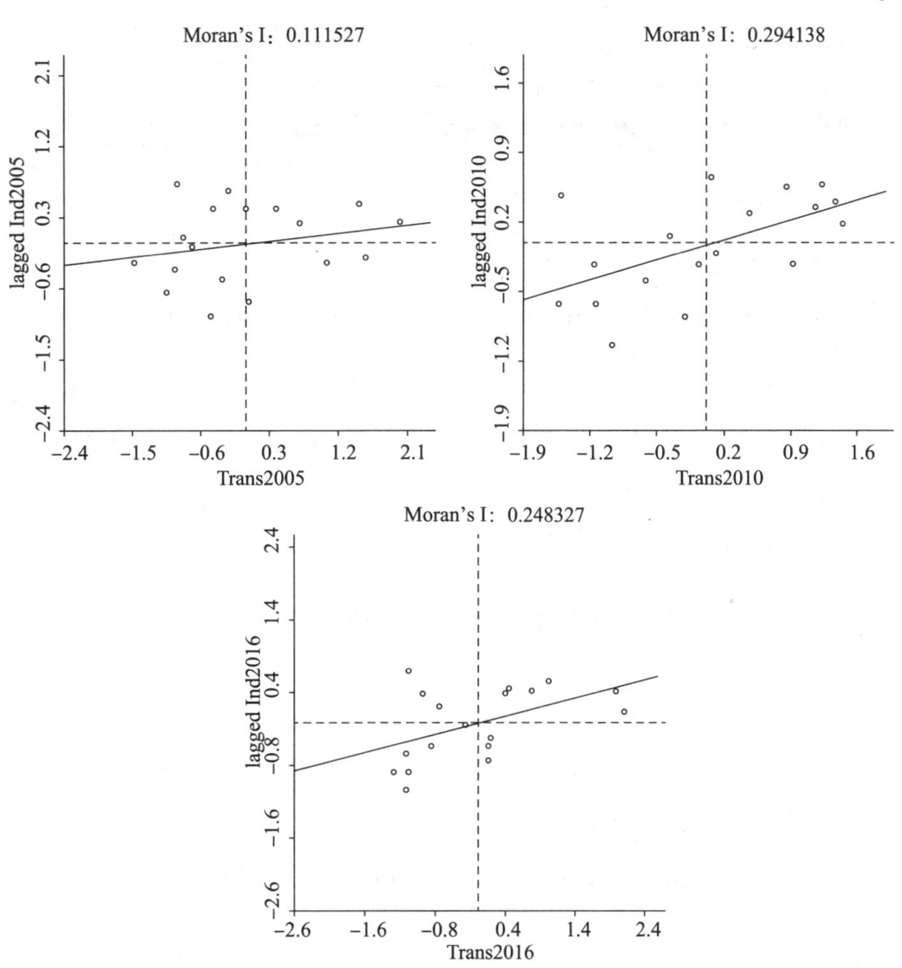

图 8－15　河南省交通网络与产业空间集聚 Moran's I 散点图

表 8－11　河南省交通网络与产业空间密度 Moran's I 指数（2005—2016 年）

年份	2005	2006	2007	2008
Moran's I 指数	0. 111527	0. 0898301	0. 14972	0. 298282
年份	2009	2010	2011	2012
Moran's I 指数	0. 301109	0. 294138	0. 282955	0. 286138
年份	2013	2014	2015	2016
Moran's I 指数	0. 273826	0. 286398	0. 249909	0. 248327

根据河南省交通网络与产业空间全局自相关 Moran's I 指数大小，绘制出河南省交通网络与产业空间密度 Moran's I 变化趋势，如图 8－16 所示。

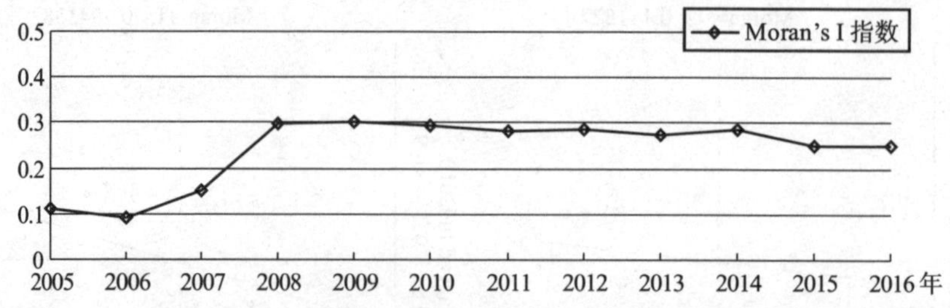

图 8-16　2005—2016 年河南省产业空间密度 Moran's I 指数值变化趋势

河南省交通网络与产业空间呈现出正的全局空间自相关性，在 2009 达到最高值，为 0.301109；从 2008 年到 2014 年基本上没有变化，从 2014 年之后开始呈现出逐渐下降的发展趋势。这说明在 2014 年之后，河南省交通网络与产业空间集聚趋势有所减弱，因此空间自相关性开始降低。

二、产业集聚与城市群的空间相关分析

（一）产业集聚与城市群局域空间自相关

为了分析河南省产业集聚与城市群的空间耦合，根据河南省各市产业空间密度与人口空间密度大小，通过制作 LISA 集聚图对 2005 年、2009 年、2013 年和 2016 年的局域空间自相关进行分析，如图 8-17 所示。

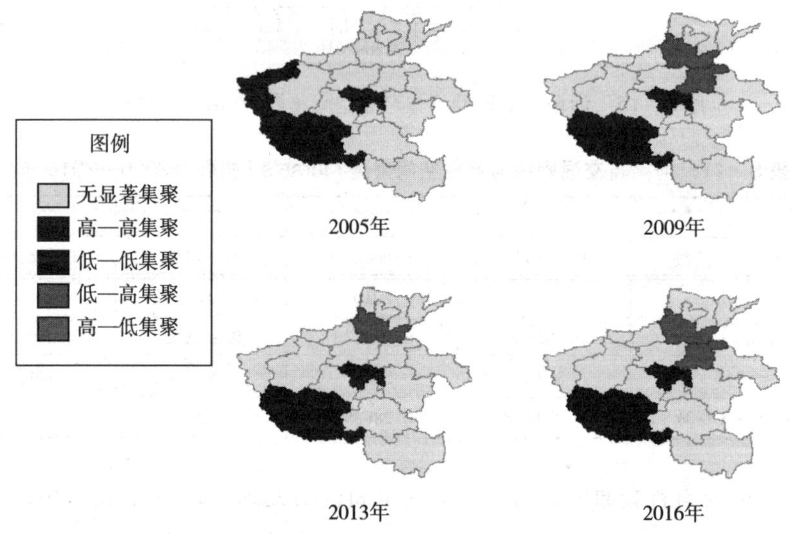

图 8-17　河南省产业集聚与城市群人口空间集聚 LISA 图

从产业集聚与城市群空间集聚 LISA 图可以看出，目前河南省产业与城市群局域自相关性较强，2009 年、2013 年和 2016 年出现了高—高集聚、低—低集聚和低—高集聚现象，2005 年出现了高—高集聚和低—低集聚，没有高—低集聚现象出现。

从 2005 年到 2016 年，河南省产业集聚与城市群空间集聚状况如表 8－12 所示。

表 8－12　河南省产业与城市群空间集聚状况

年份＼类型	高—高集聚	低—低集聚	低—高集聚	高—低集聚	无显著集聚
2005	许昌	三门峡、南阳	无	无	其他
2006	许昌	南阳	开封、新乡	无	其他
2007	许昌	南阳	开封、新乡	无	其他
2008	许昌	南阳	开封、新乡	无	其他
2009	许昌	南阳	开封、新乡	无	其他
2010	许昌	南阳	新乡	无	其他
2011	许昌	南阳	新乡	无	其他
2012	许昌	南阳	新乡	无	其他
2013	许昌	南阳	新乡	无	其他
2014	许昌	南阳	新乡	无	其他
2015	许昌	南阳	新乡	无	其他
2016	许昌	南阳	开封、新乡	无	其他

从 2005 年到 2016 年河南省产业与城市群空间集聚来看，先后发生了高—高集聚、低—低集聚和低—高集聚现象。其中高—高集聚主要发生在许昌市，低—低集聚主要发生在三门峡和南阳等城市，低—高集聚现象主要发生在开封市和新乡市，其他城市没有集聚现象发生。

（二）产业集聚与城市群全局空间自相关

为更好地分析河南省各市产业与城市群空间集聚状况，对其进行全局空间自相关分析，绘制河南省各市 2005 年、2010 年和 2016 年产业与城市群人口空间集聚的 Moran's I 散点图，结果如图 8－18 所示。

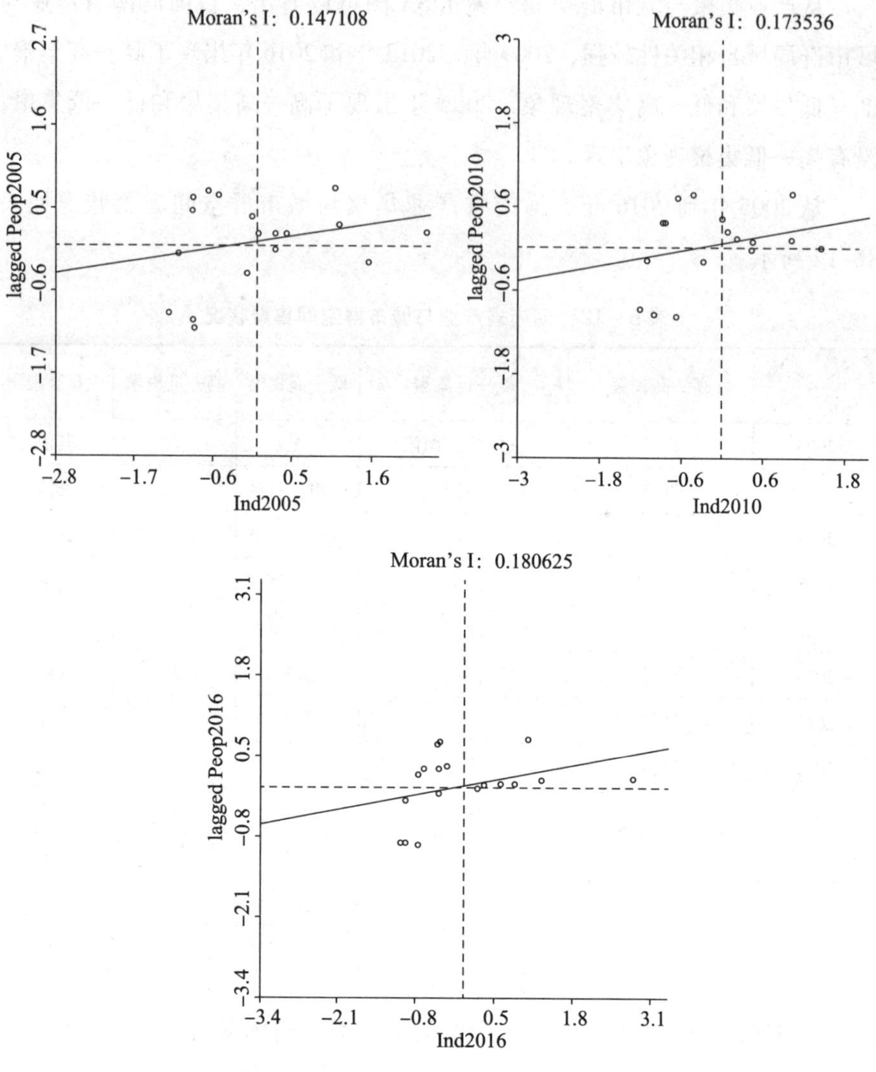

图 8－18　河南省产业与城市群人口空间集聚 Moran's I 散点图

2005 年和 2016 年均只有 5 个城市位于第一象限，2016 年有 6 个城市位于第一象限，这说明河南省产业与城市群空间集聚程度有所强化，其全局空间自相关性略有增加。

进一步计算反映河南省产业与城市群空间全局自相关的 Moran's I 指数，结果如表 8－13 所示。

表 8 – 13 河南省产业与城市群人口空间密度 Moran's I 指数（2005—2016 年）

年份	2005	2006	2007	2008
Moran's I 指数	0. 147108	0. 141166	0. 141623	0. 15197
年份	2009	2010	2011	2012
Moran's I 指数	0. 158433	0. 173536	0. 173372	0. 171387
年份	2013	2014	2015	2016
Moran's I 指数	0. 176879	0. 177732	0. 175014	0. 180625

根据河南省产业与城市群空间全局自相关 Moran's I 指数大小，绘制出河南省产业与城市群人口空间密度 Moran's I 变化趋势，如图 8 – 19 所示。

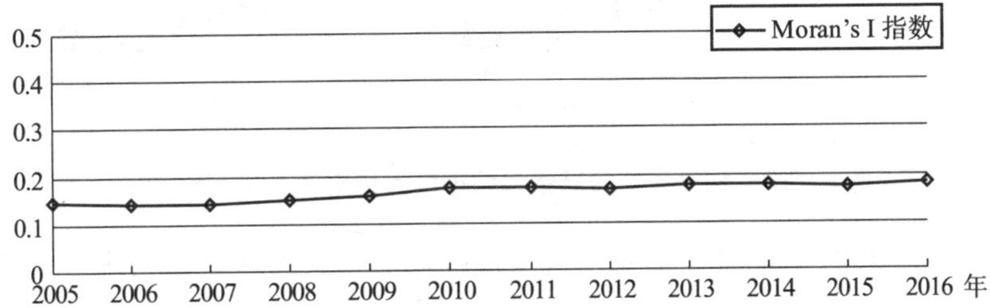

图 8 – 19 2005—2016 年河南省产业与城市群人口空间密度 Moran's I 指数值变化趋势

河南省产业与城市群人口空间密度呈现出正的全局空间自相关性，其 Moran's I 指数呈现逐渐增加趋势。在 2006 达到最低值，为 0. 141166；此后开始呈现出明显增加的发展趋势。这说明在 2006 年之后，河南省产业与城市群空间集聚趋势不断加强，因此空间自相关性开始增加。

三、交通网络与城市群的空间相关分析

（一）交通网络与城市群局域空间自相关

为了分析河南省交通网络与城市群的空间耦合，根据河南省各市交通网络空间密度与人口空间密度大小，通过制作 LISA 集聚图对 2005 年、2009 年、2013 年和 2016 年的局域空间自相关进行分析，如图 8 – 20 所示。

从交通网络与城市群空间集聚 LISA 图可以看出，目前河南省交通网络与城市群局域自相关性较强，2005 年只有 1 个城市出现了高—高集聚，有 2 个城市出现了低—低集聚，1 个城市出现了低—高集聚，没有高—低

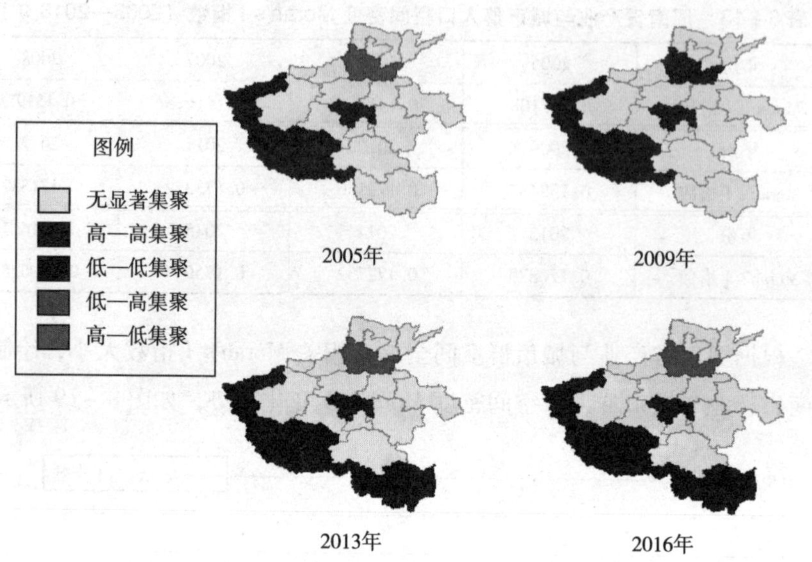

图 8－20　河南省交通网络与城市群人口空间集聚 LISA 图

集聚现象；2009 年有 2 个城市出现了高—高集聚，有 2 个城市出现了低—低集聚，没有其他集聚现象出现；2013 年和 2016 年有 1 个城市出现了高—高集聚，有 3 个城市出现了低—低集聚，1 个城市出现了低—高集聚，没有高—低集聚现象。

从 2005 年到 2016 年，河南省交通与城市空间集聚状况如表 8－14 所示。

表 8－14　河南省交通与城市人口空间集聚状况

年份＼类型	高—高集聚	低—低集聚	低—高集聚	高—低集聚	无显著集聚
2005	许昌	三门峡、南阳	新乡	无	其他
2006	许昌	三门峡、南阳、信阳	新乡	无	其他
2007	许昌、开封、新乡	三门峡、南阳	无	无	其他
2008	许昌	三门峡、南阳	新乡	无	其他
2009	许昌、新乡	三门峡、南阳	无	无	其他
2010	许昌、新乡	三门峡、南阳、信阳	无	无	其他
2011	许昌、开封	三门峡、南阳、信阳	新乡	无	其他
2012	许昌、开封	三门峡、南阳、信阳	新乡	无	其他

续表

年份＼类型	高—高集聚	低—低集聚	低—高集聚	高—低集聚	无显著集聚
2013	许昌	三门峡、南阳、信阳	新乡	无	其他
2014	许昌	三门峡、南阳、信阳	新乡	无	其他
2015	许昌	三门峡、南阳、信阳	新乡	无	其他
2016	许昌	三门峡、南阳、信阳	新乡	无	其他

从2005年到2016年河南省产业与城市群空间集聚来看，先后发生了高—高集聚、低—低集聚和低—高集聚现象。其中高—高集聚主要发生在许昌、开封和新乡市，低—低集聚主要发生在三门峡、南阳和信阳等城市，低—高集聚现象主要发生在新乡市，其他城市没有集聚现象发生。

（二）交通网络与城市群全局空间自相关

为更好地分析河南省各市交通网络与城市群空间集聚状况，对其进行全局空间自相关分析，绘制河南省各市2005年、2010年和2016年交通网络与城市群空间集聚的Moran's I散点图，结果如图8－21所示。

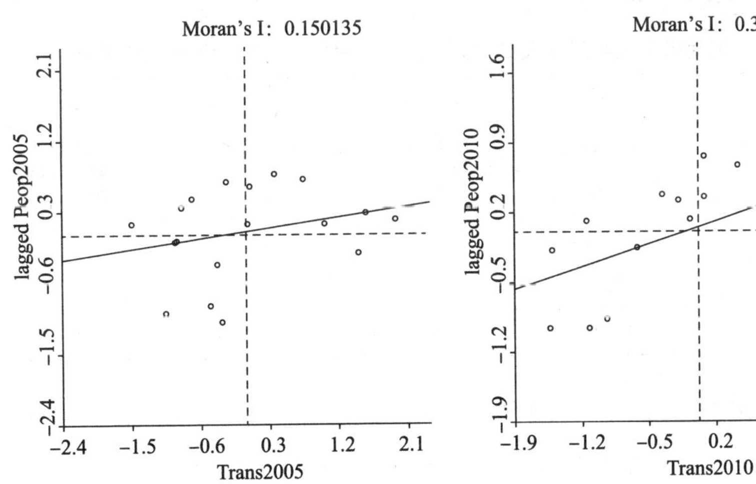

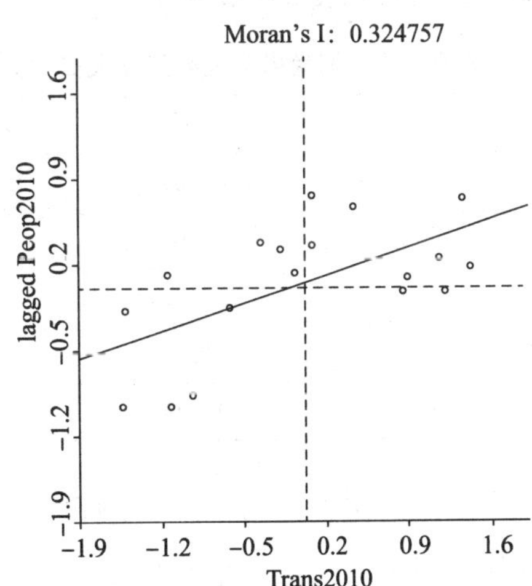

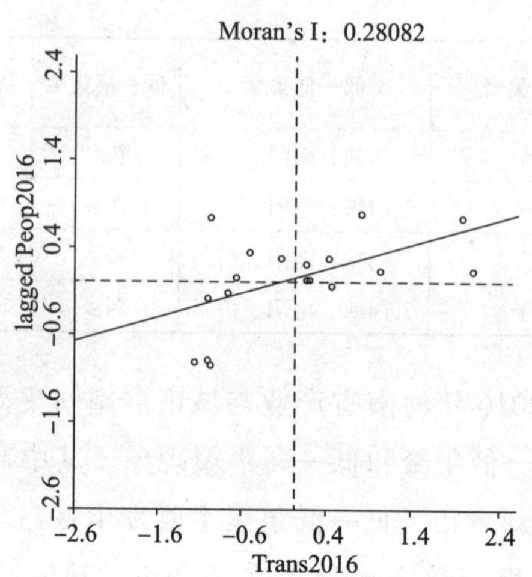

图 8－21　河南省交通与城市空间集聚 Moran's I 散点图

2005 年有 6 个城市位于第一象限，2010 年有 7 个城市位于第一象限，2016 年 9 个城市位于第一象限，这说明河南省交通与城市空间集聚程度呈现出缓慢增长趋势，其全局空间自相关性不断加强。

进一步计算反映河南省交通网络与城市群空间全局自相关的 Moran's I 指数，结果如表 8－15 所示。

表 8－15　河南省交通网络与人口空间密度 Moran's I 指数（2005—2016 年）

年份	2005	2006	2007	2008
Moran's I 指数	0. 150135	0. 273728	0. 316027	0. 317273
年份	2009	2010	2011	2012
Moran's I 指数	0. 312209	0. 324757	0. 30567	0. 294471
年份	2013	2014	2015	2016
Moran's I 指数	0. 28069	0. 283887	0. 265866	0. 28082

根据河南省交通网络与城市群空间全局自相关 Moran's I 指数大小，绘制出河南省交通网络与城市群空间密度 Moran's I 变化趋势，如图 8－22 所示。

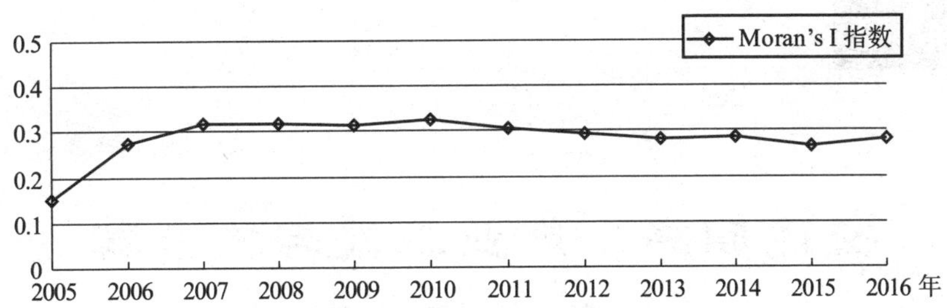

图 8-22　2005—2016 年河南省产业与城市群空间密度 Moran's I 指数值变化趋势

河南省交通网络与城市群人口空间密度呈现出正的全局空间自相关性，其绝对值呈现出先逐渐增加后略有下降的发展趋势，在 2010 年前后达到最高值，为 0.324757；2016 年略有下降，为 0.28082；但是相比 2005 年的 0.150135，仍然有较大幅度增加，说明整体上中原经济区交通与城市的空间耦合程度有所加强。

第九章

交通网络、产业集聚与城市群的耦合与协调

第一节 交通网络、产业集聚与城市群耦合指标体系构建

一、耦合分析研究方法

交通网络是产业发展的重要基础设施，而产业又是城市产生与发展的根基；而随着产业与城市的发展，又对交通网络提出了更高的要求。因此三者之间构成了一种相互耦合作用的复合系统，通过构建耦合度评价模型，对三者之间的协调发展进行定量分析与评价。

（一）子系统功效系数模型

若存在有变量 x_{ij}（$i=1, 2, \cdots, m$；$j=1, 2, \cdots, n$）构成某一复合系统的第 i 个子系统的第 j 个序参量的指标值①。

$$\alpha_{ij} = \max(x_{ij}), \beta_{ij} = \min(x_{ij}) \tag{9-1}$$

假定 x_{ij}取值越大，则代表子系统的有序度越高；其取值越小则子系统的有序度越低。因而由物流业与制造业构成的系统有序的有效功效系数可

① 张沛东．区域制造业与生产性服务业耦合协调度分析——基于中国 29 个省级区域的实证研究［J］．开发研究，2010（2）：46－49.

定义为：

$$u_{ij} = (x_{ij} - \beta_{ij}) / (\alpha_{ij} - \beta_{ij}) \tag{9-2}$$

式中：u_{ij}为变量e_{ij}对耦合系统功效的贡献值，$0 \leqslant u_{ij} \leqslant 1$，其值越大，则对系统功效贡献度越高。

各个不同子系统内各个序参量对于整体耦合系统的总体贡献值可以通过加权汇总进行计算，如公式（9－3）所示：

$$U_i = \sum_{i=1}^{m} \lambda_{ij} u_{ij}, \sum_{i=1}^{m} \lambda_{ij} = 1 \tag{9-3}$$

式中：U_i 为各个子系统的有序度，λ_{ij}为各个序参量的权重值。

（二）耦合度模型

通过借鉴物理学中的容量耦合的系数模型，构建耦合度函数可以表示为①：

$$C_{ij} = 2\left[\frac{U_i U_j}{\prod (U_i + U_j)}\right]^{\frac{1}{2}}, \text{其中 } i,j = 1,2; i \neq j \tag{9-4}$$

C_{ij}表示系统 i 和系统 j 的耦合度，耦合度取值在［0，1］之间，C 值越大说明两个子系统之间的耦合水平越高。

根据耦合度取值大小，还可以进一步对系统耦合程度进行判断，判断标准如表 9－1 所示。

表 9－1 耦合度判断标准

耦合度数值	耦合程度评价	所处阶段
$C=0$	两系统间处于无关联状态	无耦合
$0<C\leqslant 0.3$	系统之间处于逐渐形成耦合	初步耦合
$0.3<C\leqslant 0.8$	系统之间耦合水平已经有一定程度发展	中级耦合
$0.8<C\leqslant 1$	系统之间耦合程度较好	良好耦合
$C=1$	各系统之间相互协调良好	完全耦合

（三）协调度分析模型

由于耦合度函数仅仅只对系统之间的联系程度进行判断，无法对系统

① 刘军跃，万侃，钟升，等．重庆生产服务业与装备制造业耦合协调度分析［J］．武汉理工大学学报（信息与管理工程版），2012，34（4）：485－489.

协调水平的高低进行定量分析与定性判断，因此，进一步引入协调度函数，对系统之间的协调程度进行判断，同时分析其所处的协调发展水平与发展阶段。其公式为：

$$D_{ij} = (C_{ij} \times T_{ij})^{1/2} \tag{9-5}$$

式中：D_{ij}表示系统 i 和系统 j 的耦合协调度，T_{ij}为反映系统 i 和系统 j 整体协同效应的综合评价指数，即 $T_{ij} = \alpha U_i + \beta U_i$。

D 值越大，表示系统之间的协调性越好。为了简化计算，令 $\alpha = \beta = 1/2$。

根据协调度值的大小，可以对不同系统之间的协调度进行评价，评价标准如表 9－2 所示。

表 9－2 耦合协调度评价标准

协调度等级	耦合协调度值	协调度评价
1	$0 < D \leqslant 0.2$	严重失调
2	$0.2 < D \leqslant 04$	轻微失调
3	$0.4 < D \leqslant 0.6$	勉强协调
4	$0.6 < D \leqslant 0.8$	初级协调
5	$0.8 < D \leqslant 1$	良好协调

下面将以河南省为例进行空间耦合与时间耦合的量化分析，相关研究结果可供其他经济区作为借鉴。

二、指标体系构建

（一）评价指标选择

在评价指标选择上，主要采集交通、产业与城市群发展指标相关指标，采集时间序列数据，利用耦合度函数计算其耦合程度。

由于交通网络、产业集聚与城市群这几个系统之间存在多维度、多层次的复杂耦合关系，为了比较全面地揭示三者之间的耦合协调关系，根据交通网络、产业集聚与城市群这几个系统的不同特征，同时考虑到评价指标选取的可操作性、代表性和综合性，选择有代表性的评价指标。

其中，交通网络发展指数主要选择交通网密度、客运量、货运量等指标来进行分析；产业集聚发展指数主要选择工业生产总值、规模以上工业企业数量与从业人员数量等指标来进行分析；城市群发展指数主要选择人口规模、国内生产总值与城市建成区面积等指标来进行分析。

设计交通网络、产业集聚与城市群耦合评价指标如图 9－1 所示。

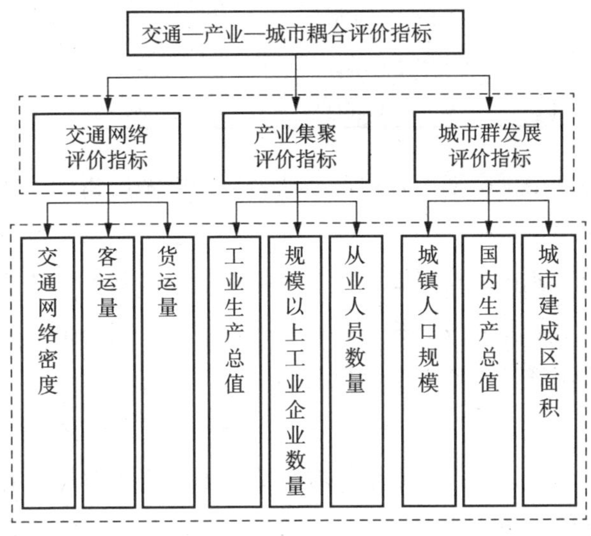

图 9－1　交通—产业—城市耦合评价指标

通过分析以上指标之间不同时间的耦合度，对交通网络、产业集聚与城市群的耦合特性进行分析。

（二）指标体系构建

选择评价指标后，利用专家意见法获取指标权重，对不同的评价指标赋予相应的权重，就可以利用耦合度函数对交通、产业与城市之间的时间耦合度进行计算。

交通网络、产业集聚与城市群耦合协调评价指标体系如表 9－3 所示。

表 9－3　交通网络、产业集聚与城市耦合协调评价指标体系

系统	评价指标	变量符号	权重
交通网络 U_1	交通网络密度	u_{11}	0.30
	客运量	u_{12}	0.30
	货运量	u_{13}	0.40

续表

系统	评价指标	变量符号	权重
产业集聚 U_2	工业生产总值	u_{21}	0.50
	规模以上工业企业数量	u_{22}	0.20
	从业人员数量	u_{23}	0.30
城市群 U_3	城镇人口规模	u_{31}	0.30
	国内生产总值	u_{32}	0.50
	城市建成区面积	u_{33}	0.20

其中交通网络密度采用各地市高速公路网络密度指标，客运量与货运量采用公路运输量指标；工业总产值与规模以上工业企业数量均采用统计年鉴中各地市工业产值与规模以上工业企业数量的数据，从业人员数量采用第二产业人员从业人数的数据；城镇人口规模、国内生产总值与城市建成区面积均采用统计年鉴中相关数据。

结合河南省各地市交通网络、产业集聚与城市群发展指数的相关数据，首先对交通网络、产业集聚与城市群各子系统序参量的有序度进行计算，其中下限值为各年所有地市相关指标的相应值，上限值为各年所有地市相关指标的相应值；其次根据评价指标体系的相应权重，进行汇总计算。

三、相关指标数据

根据《河南省统计年鉴》等相关资料，并进行计算，得到 2005 年到 2016 年河南省各地市交通运输、产业集聚与城市群相关指标的数据，如表 9－4 所示。

表 9－4　河南省交通运输、产业集聚与城市群相关指标数据

2005 年	u_{11}	u_{12}	u_{13}	u_{21}	u_{22}	u_{23}	u_{31}	u_{32}	u_{33}
郑州	4.70	10253	6207	759.73	1839	109.15	302.20	1660.60	262.0
开封	3.01	4152	3642	147.16	448	46.67	82.89	408.01	75.0
洛阳	1.44	8296	5497	566.07	945	95.46	149.71	1112.40	133.3
平顶山	2.01	5012	2775	316.20	411	63.12	95.29	560.99	59.6
安阳	0.90	5550	3925	284.08	505	95.51	103.17	557.46	73.0

续表

2005 年	u_{11}	u_{12}	u_{13}	u_{21}	u_{22}	u_{23}	u_{31}	u_{32}	u_{33}
鹤壁	3. 44	1197	897	103. 68	264	22. 22	52. 81	186. 24	40. 4
新乡	1. 70	4450	5540	233. 97	662	68. 39	87. 78	544. 16	76. 8
焦作	4. 03	3688	4265	333. 42	795	51. 85	81. 12	583. 97	75. 2
濮阳	0. 03	2280	1677	213. 77	514	46. 51	53. 51	383. 98	35. 1
许昌	2. 54	2995	1920	344. 89	807	71. 58	39. 16	605. 47	45. 8
漯河	4. 12	3377	1635	189. 46	356	39. 45	130. 52	322. 14	46. 7
三门峡	1. 59	6001	3742	188. 17	425	26. 42	28. 50	335. 18	26. 7
南阳	0. 59	8323	6574	468. 18	1039	126. 25	172. 58	1053. 43	77. 5
商丘	2. 08	4417	2581	183. 19	334	91. 67	159. 50	560. 78	56. 0
信阳	1. 38	6017	3465	153. 24	366	80. 70	137. 88	508. 56	46. 0
周口	1. 03	6528	3037	206. 30	444	124. 80	42. 55	595. 50	40. 0
驻马店	0. 79	7308	3696	172. 48	552	89. 01	60. 27	500. 36	38. 2
济源	0. 78	2076	1609	90. 07	160	12. 11	65. 83	144. 33	24. 0
2006 年	u_{11}	u_{12}	u_{13}	u_{21}	u_{22}	u_{23}	u_{31}	u_{32}	u_{33}
郑州	4. 70	11134	6906	944. 02	1860	127. 85	309. 30	2013. 48	282. 0
开封	4. 11	5021	4329	179. 65	556	52. 07	83. 47	475. 29	81. 0
洛阳	1. 44	9000	5950	706. 66	1100	106. 10	153. 69	1333. 65	144. 5
平顶山	2. 27	5495	3198	392. 21	502	70. 08	97. 20	675. 41	66. 5
安阳	2. 18	6018	4384	335. 51	550	99. 90	104. 51	646. 00	73. 0
鹤壁	3. 44	1329	1058	126. 46	293	24. 77	52. 58	221. 67	42. 1
新乡	2. 20	4836	5983	285. 84	683	84. 47	99. 22	639. 99	89. 5
焦作	4. 03	4001	4611	418. 24	867	60. 67	81. 85	699. 10	77. 2
濮阳	1. 45	2543	1826	265. 12	492	66. 18	62. 84	456. 24	36. 0
许昌	2. 54	3239	2281	425. 26	872	77. 09	40. 15	718. 54	48. 0
漯河	4. 12	3649	1768	231. 27	429	43. 36	132. 75	380. 28	50. 1
三门峡	1. 59	6674	4162	246. 44	505	26. 89	28. 69	412. 15	28. 0
南阳	1. 01	9176	7269	546. 55	1120	137. 50	176. 42	1203. 05	76. 7
商丘	2. 83	4803	2763	221. 40	367	89. 12	164. 12	650. 98	58. 5
信阳	1. 60	6926	4012	185. 57	462	79. 88	139. 53	588. 35	48. 0
周口	2. 79	7070	3280	244. 43	506	146. 68	49. 54	677. 74	42. 0
驻马店	1. 01	8189	4319	204. 30	563	99. 07	61. 70	571. 92	44. 8
济源	0. 78	2242	1799	118. 53	166	11. 59	67. 26	181. 03	24. 3

续表

2007 年	u_{11}	u_{12}	u_{13}	u_{21}	u_{22}	u_{23}	u_{31}	u_{32}	u_{33}
郑州	5.49	13385	8434	1170.27	2079	138.05	318.90	2486.75	321.0
开封	4.11	5705	5257	219.74	676	50.41	84.23	555.44	86.0
洛阳	1.44	9815	6500	864.62	1144	106.67	155.16	1595.32	145.0
平顶山	3.55	6439	3848	487.54	634	76.92	99.26	821.16	61.0
安阳	2.37	6592	5395	440.74	632	109.49	105.83	807.82	73.0
鹤壁	3.44	1502	1276	164.23	338	27.98	54.92	274.43	45.0
新乡	3.27	5529	6709	361.69	812	89.28	100.17	779.68	91.0
焦作	4.75	4531	5298	528.54	892	64.32	82.46	856.00	78.0
濮阳	1.45	3026	2373	311.20	529	61.17	64.27	526.14	36.0
许昌	5.28	3534	2713	517.59	999	84.61	40.45	855.40	63.0
漯河	4.12	3977	1927	280.18	513	44.89	134.90	437.02	51.0
三门峡	1.59	7628	5183	324.35	528	26.98	28.78	518.42	28.0
南阳	1.90	10005	7935	641.40	1159	153.67	179.66	1376.33	81.0
商丘	2.83	5656	4092	275.96	450	116.78	167.04	765.67	59.0
信阳	2.15	8282	4912	231.29	582	100.34	141.82	699.03	52.0
周口	3.74	7706	3575	301.89	593	155.53	50.81	798.54	42.0
驻马店	2.48	9689	6000	247.90	780	116.90	62.93	667.48	48.0
济源	1.18	2459	2110	151.99	178	11.40	67.53	223.74	26.5
2008 年	u_{11}	u_{12}	u_{13}	u_{21}	u_{22}	u_{23}	u_{31}	u_{32}	u_{33}
郑州	5.49	21395	11387	1459.43	2247	150.95	326.50	3012.86	328.7
开封	4.11	4125	4127	289.52	968	67.41	84.9	702.33	89.5
洛阳	1.62	9009	8372	1006.41	1424	119.5	155.65	1825.76	164.0
平顶山	4.35	6536	6501	656.50	739	79.20	96.66	1048.33	61.7
安阳	3.08	5357	12442	580.01	727	110.93	104.96	1053.08	73.0
鹤壁	3.44	5627	4210	210.09	409	28.95	55.82	328.16	48.0
新乡	3.27	5068	5184	442.69	904	94.22	97.21	902.96	94.6
焦作	4.75	3733	8038	633.11	981	65.90	83.14	990.36	90.0
濮阳	1.75	3376	2375	393.54	580	52.18	59.26	632.69	36.0
许昌	5.29	5354	9740	649.80	1091	89.02	39.91	1028.71	65.3
漯河	4.10	2645	2132	350.79	586	49.02	132.37	541.68	51.3
三门峡	1.59	2934	2486	404.75	567	27.02	29.64	647.48	28.5

续表

2008年	u_{11}	u_{12}	u_{13}	u_{21}	u_{22}	u_{23}	u_{31}	u_{32}	u_{33}
南阳	2.03	11231	9739	752.69	1260	157.49	175.72	1596.77	87.4
商丘	2.83	8873	11713	361.37	530	115.07	158.00	891.88	58.5
信阳	2.31	5776	3478	289.99	804	97.05	141.83	835.29	58.2
周口	3.74	7300	5739	368.36	752	150.58	48.05	951.63	42.0
驻马店	2.48	11915	8439	311.49	1011	130.64	61.47	806.13	49.2
济源	4.70	2161	2097	196.58	213	12.03	68.25	274.55	28.3
2009年	u_{11}	u_{12}	u_{13}	u_{21}	u_{22}	u_{23}	u_{31}	u_{32}	u_{33}
郑州	5.47	22974	13953	1551.81	2510	154.3	333.12	3308.51	337.0
开封	4.00	5119	5160	316.45	1178	73.02	85.57	778.72	94.0
洛阳	1.62	11121	10805	1031.02	1677	119.5	156.13	2001.48	166.0
平顶山	4.36	7201	10265	693.05	864	81.80	94.06	1127.81	63.0
安阳	3.08	6349	14516	607.59	980	113.54	104.09	1124.88	75.0
鹤壁	3.44	5653	4285	234.56	456	30.09	56.72	363.63	49.0
新乡	3.43	5121	6594	485.99	1122	86.11	94.24	991.98	96.0
焦作	4.60	3821	9922	676.60	1053	70.26	83.81	1071.42	90.0
濮阳	1.71	3573	2771	398.25	657	52.58	54.25	661.63	36.0
许昌	5.33	5238	12371	714.12	1208	95.19	39.37	1130.75	74.0
漯河	4.67	3063	3106	389.27	625	51.62	129.84	591.70	52.0
三门峡	1.58	3281	2795	432.40	658	22.65	30.50	702.75	29.0
南阳	2.09	12601	12520	781.28	1358	168.50	171.77	1714.49	87.0
商丘	2.83	10652	13979	393.24	696	125.70	148.95	995.55	59.0
信阳	2.31	8424	5163	322.30	1073	99.06	141.84	929.00	62.0
周口	3.66	7994	7425	421.88	970	149.87	45.29	1065.37	44.0
驻马店	2.44	11776	13111	343.11	1261	140.82	60.01	900.52	49.0
济源	5.01	2317	2603	201.90	244	12.83	68.37	287.61	30.8
2010年	u_{11}	u_{12}	u_{13}	u_{21}	u_{22}	u_{23}	u_{31}	u_{32}	u_{33}
郑州	5.34	26763	17487	1996.37	2595	158.74	428.40	4040.89	343
开封	4.08	6299	6267	368.34	1184	77.80	85.5731	927.16	94
洛阳	1.62	13349	13384	1243.78	1686	123.10	166.12	2320.25	181
平顶山	4.98	8227	12325	821.08	854	87.00	103.31	1310.84	71
安阳	3.08	7064	16911	731.77	956	113.36	108.78	1315.59	76

续表

2010年	u_{11}	u_{12}	u_{13}	u_{21}	u_{22}	u_{23}	u_{31}	u_{32}	u_{33}
鹤壁	3.43	6337	5024	283.38	483	31.50	61.81	429.12	51
新乡	3.59	5483	8123	602.34	1261	114.13	101.33	1189.94	97
焦作	4.60	4104	13048	804.18	1109	70.03	84.05	1245.93	90
濮阳	2.05	4242	3237	476.42	665	63.88	68.01	775.40	51
许昌	5.23	5506	15465	847.53	1286	89.00	41.42	1316.49	80
漯河	4.67	3538	3596	452.72	658	54.67	140.82	680.49	60
三门峡	1.58	3791	3225	562.42	664	30.48	29.26	874.42	30
南阳	2.08	16581	14732	910.56	1440	178.44	188.51	1953.36	92
商丘	3.26	12065	17432	464.48	783	150.29	176.99	1143.79	60
信阳	2.31	9906	5762	376.95	1193	110.65	147.72	1091.83	68
周口	3.64	9379	9096	492.45	1081	185.00	53.61	1228.30	51
驻马店	2.73	13555	15107	393.04	1433	140.02	67.50	1053.71	52
济源	5.05	2442	3070	246.08	243	13.18	67.64	343.38	32
2011年	u_{11}	u_{12}	u_{13}	u_{21}	u_{22}	u_{23}	u_{31}	u_{32}	u_{33}
郑州	5.46	30233	20888	2566.08	2515	177.07	437.40	4979.85	355
开封	3.93	7494	7482	430.97	1084	83.54	86.37	1072.42	94
洛阳	1.62	16020	16276	1477.57	1629	127.94	168.43	2702.76	187
平顶山	4.16	9621	14674	916.92	802	89.65	104.70	1484.61	71
安阳	2.32	8350	20177	783.83	824	124.16	111.06	1486.61	76
鹤壁	3.43	6885	5881	331.63	485	32.03	62.70	500.52	58
新乡	3.28	6340	9500	780.47	1140	115.71	102.77	1489.41	107
焦作	4.60	4397	16218	936.38	1061	78.56	84.69	1442.62	96
濮阳	3.35	5039	3867	537.19	678	75.86	68.97	897.34	82
许昌	5.23	6320	18788	1014.62	1259	92.49	41.69	1588.74	80
漯河	4.67	4050	4281	493.31	538	54.65	140.81	751.70	60
三门峡	1.58	4475	3933	665.27	605	32.79	29.84	1030.45	30
南阳	1.98	20029	17615	1045.17	1313	185.36	191.03	2202.31	105
商丘	2.96	13749	20931	546.78	769	155.67	179.27	1308.37	61
信阳	2.18	11741	7085	425.88	998	124.06	149.13	1257.68	73
周口	3.24	10908	10825	578.95	1015	186.69	61.53	1407.49	56
驻马店	2.43	15882	17986	471.28	1388	146.15	91.93	1244.77	55
济源	5.05	2680	3715	262.27	233	13.43	67.89	373.36	34

续表

2012 年	u_{11}	u_{12}	u_{13}	u_{21}	u_{22}	u_{23}	u_{31}	u_{32}	u_{33}
郑州	6. 38	31876	23566	2802. 47	2741	193. 84	443. 40	5549. 79	373. 0
开封	4. 69	7907	8508	487. 10	1150	91. 85	86. 66	1207. 05	94. 0
洛阳	3. 29	17401	18847	1583. 20	1684	136. 22	196. 50	2981. 12	187. 0
平顶山	4. 98	10398	16638	845. 53	708	91. 68	104. 04	1495. 80	72. 0
安阳	3. 62	8979	22587	805. 67	876	122. 75	110. 83	1566. 90	108. 0
鹤壁	3. 43	7430	6749	356. 47	523	33. 46	61. 50	545. 78	61. 0
新乡	3. 12	6850	10914	812. 40	1154	115. 89	103. 11	1619. 77	110. 0
焦作	4. 60	4668	19047	984. 42	1155	87. 14	96. 29	1551. 35	102. 0
濮阳	3. 35	5333	4489	593. 16	795	75. 71	69. 66	989. 70	118. 0
许昌	5. 23	6821	21451	1076. 57	1280	106. 79	41. 57	1716. 19	80. 0
漯河	4. 67	4331	4906	515. 18	563	56. 13	139. 76	797. 12	60. 0
三门峡	2. 45	4841	4541	714. 50	609	32. 60	29. 91	1127. 32	30. 0
南阳	2. 42	21928	20260	1082. 50	1381	184. 30	194. 21	2340. 73	147. 0
商丘	3. 89	14504	23953	570. 47	855	159. 69	181. 13	1397. 28	62. 0
信阳	2. 93	12617	8007	449. 86	1037	118. 47	149. 00	1397. 32	73. 0
周口	3. 64	11781	12468	664. 44	1097	196. 58	58. 63	1574. 72	60. 0
驻马店	2. 90	17206	20550	519. 09	1422	158. 81	81. 46	1373. 55	65. 0
济源	5. 05	2914	4291	307. 93	215	18. 86	70. 30	430. 86	37. 6
2013 年	u_{11}	u_{12}	u_{13}	u_{21}	u_{22}	u_{23}	u_{31}	u_{32}	u_{33}
郑州	6. 76	34431	26202	3101. 38	2736	216. 33	466. 30	6201. 85	383. 0
开封	4. 69	8568	9455	555. 95	1254	108. 47	87. 29	1363. 54	113. 0
洛阳	3. 28	18878	21222	1590. 00	1770	139. 38	193. 33	3140. 76	192. 0
平顶山	4. 98	11242	18612	835. 81	799	93. 94	97. 88	1556. 88	73. 0
安阳	3. 62	9291	25360	855. 54	937	128. 12	114. 43	1683. 65	110. 0
鹤壁	3. 43	8026	7520	413. 68	555	36. 66	62. 59	622. 12	64. 0
新乡	3. 10	7400	12177	873. 73	1243	142. 83	103. 91	1766. 10	110. 0
焦作	4. 60	5051	21492	1083. 61	1211	92. 47	98. 31	1707. 36	108. 0
濮阳	3. 35	5616	5017	690. 81	875	77. 96	68. 38	1130. 48	50. 0
许昌	5. 23	7375	24320	1201. 55	1433	112. 49	41. 85	1903. 31	92. 0
漯河	4. 67	4684	5509	548. 85	599	59. 80	139. 42	861. 54	61. 0
三门峡	2. 48	5234	5100	741. 11	637	32. 72	29. 94	1204. 68	30. 0

续表

2013年	u_{11}	u_{12}	u_{13}	u_{21}	u_{22}	u_{23}	u_{31}	u_{32}	u_{33}
南阳	2.42	23695	22744	1110.00	1568	189.42	185.96	2498.66	149.0
商丘	3.89	16314	27199	624.39	979	171.41	183.29	1538.22	62.0
信阳	2.93	13657	8994	520.53	1154	128.53	149.50	1581.16	84.0
周口	3.64	12718	14216	798.86	1128	212.92	53.28	1790.65	63.0
驻马店	2.90	18619	23016	594.90	1476	169.21	80.64	1542.02	69.0
济源	5.05	3101	4815	324.60	227	17.25	71.50	460.13	42.9
2014年	u_{11}	u_{12}	u_{13}	u_{21}	u_{22}	u_{23}	u_{31}	u_{32}	u_{33}
郑州	6.52	13841	19709	3066.78	2763	203.25	478.40	6776.99	413.0
开封	4.69	3881	2588	574.27	1311	105.45	87.02	1492.06	113.0
洛阳	3.28	11688	16570	1438.30	1779	134.99	195.52	3284.57	194.0
平顶山	4.98	10794	9289	802.16	854	89.65	109.96	1637.17	73.0
安阳	3.62	4432	10294	816.72	998	119.12	115.50	1791.81	110.0
鹤壁	3.43	1700	5018	422.12	583	38.12	63.21	682.20	64.0
新乡	3.10	5796	16050	856.10	1285	144.89	114.36	1917.81	113.0
焦作	5.03	4348	15295	1066.49	1214	88.59	98.47	1844.31	114.0
濮阳	3.35	4417	3172	716.41	988	85.41	69.83	1253.61	54.0
许昌	5.23	3067	5997	1175.46	1499	97.90	41.43	2087.23	88.0
漯河	4.67	2155	5322	560.29	665	56.60	134.15	941.16	73.0
三门峡	2.48	2840	4424	709.88	637	21.75	30.10	1240.06	30.0
南阳	2.42	12252	15696	1077.37	1899	190.80	186.91	2675.57	149.0
商丘	3.89	10746	15083	624.90	1078	174.10	180.48	1697.64	63.0
信阳	2.93	9336	6610	593.39	1264	126.84	151.23	1757.34	89.0
周口	3.64	7374	15178	832.82	1200	204.84	59.71	1989.75	66.0
驻马店	2.90	18811	9479	606.48	1498	180.81	83.29	1691.30	71.0
济源	5.05	801	3906	306.01	241	17.90	72.40	480.46	44.2
2015年	u_{11}	u_{12}	u_{13}	u_{21}	u_{22}	u_{23}	u_{31}	u_{32}	u_{33}
郑州	5.88	11180	18818	3167.41	2820	208.69	489.30	7311.52	438.0
开封	5.80	3150	2213	592.94	1322	108.06	87.47	1605.84	129.0
洛阳	3.28	12855	17524	1450.89	1858	135.43	201.10	3469.03	209.0
平顶山	4.16	10472	8437	774.84	862	87.56	110.40	1686.01	73.0
安阳	2.86	3013	11461	799.12	1104	138.55	115.55	1872.35	81.0

续表

2015 年	u_{11}	u_{12}	u_{13}	u_{21}	u_{22}	u_{23}	u_{31}	u_{32}	u_{33}
鹤壁	3. 44	1398	5434	428. 84	568	37. 75	63. 97	715. 65	64. 0
新乡	2. 67	4272	16299	842. 73	1226	140. 56	105. 24	1975. 03	115. 0
焦作	5. 04	4082	15566	1076. 76	1213	97. 59	98. 47	1926. 08	115. 0
濮阳	4. 61	4294	3365	727. 26	1006	83. 83	70. 66	1328. 34	56. 0
许昌	5. 52	2801	6438	1186. 74	1632	84. 30	41. 52	2171. 16	90. 0
漯河	4. 68	2240	5762	583. 97	700	57. 79	134. 67	992. 59	66. 0
三门峡	2. 97	3230	4463	661. 16	646	30. 96	29. 31	1251. 04	33. 0
南阳	2. 58	11385	15150	1094. 10	2262	187. 29	188. 19	2866. 82	149. 0
商丘	3. 54	9007	12451	642. 82	1284	165. 88	181. 86	1812. 16	63. 0
信阳	2. 57	9215	5593	615. 01	1286	128. 63	153. 30	1879. 67	89. 0
周口	3. 74	7110	14121	846. 79	1277	204. 80	59. 95	2089. 70	68. 0
驻马店	2. 43	17350	8737	622. 90	1594	186. 29	84. 31	1807. 69	75. 0
济源	5. 06	917	4105	302. 46	240	16. 70	72. 90	492. 54	45. 0
2016 年	u_{11}	u_{12}	u_{13}	u_{21}	u_{22}	u_{23}	u_{31}	u_{32}	u_{33}
郑州	7. 45	11007	19269	3331. 60	2897	208. 78	496. 80	8113. 97	457. 0
开封	7. 30	3630	3318	645. 08	1343	90. 00	170. 15	1755. 10	129. 0
洛阳	3. 28	11456	22045	1541. 51	1920	140. 06	204. 53	3820. 11	216. 0
平顶山	4. 98	7781	11749	811. 65	899	85. 02	110. 80	1825. 14	73. 0
安阳	3. 62	5446	10624	836. 37	1120	140. 03	117. 87	2029. 85	82. 0
鹤壁	3. 43	1246	6470	460. 45	562	40. 57	64. 65	771. 79	64. 0
新乡	2. 98	5458	12336	926. 25	1257	138. 32	107. 20	2166. 97	118. 0
焦作	5. 88	2628	9796	1160. 55	1336	99. 26	99. 18	2095. 08	113. 0
濮阳	4. 62	3889	5141	759. 86	1010	86. 51	71. 62	1449. 56	59. 0
许昌	5. 53	3956	8116	1299. 11	1718	91. 14	134. 10	2377. 71	108. 0
漯河	4. 67	2338	5947	632. 21	677	58. 63	135. 31	1081. 93	67. 0
三门峡	2. 97	2335	5014	676. 18	618	29. 92	63. 54	1325. 86	49. 0
南阳	2. 69	11058	15449	1174. 51	2470	190. 83	189. 13	3114. 97	150. 0
商丘	4. 62	8231	13494	699. 24	1358	174. 66	184. 46	1989. 15	63. 0
信阳	2. 93	6174	7109	660. 15	1294	126. 46	155. 20	2037. 80	94. 0
周口	4. 14	6788	13990	918. 10	1282	203. 95	63. 50	2263. 86	70. 0
驻马店	2. 90	12273	12230	667. 70	1666	187. 24	85. 58	1972. 99	80. 0
济源	5. 05	723	2157	326. 36	260	17. 30	73. 30	538. 91	55. 1

根据相关研究数据，代入相关计算公式，可以计算出各子系统的功效系数，进而可以计算系统之间的耦合度与协调度。

四、子系统功效系数

根据公式（9－2）和公式（9－3），对交通运输、产业集聚与城市群各个子系统的功效系数进行计算，计算结果如表9－5所示。

表9－5 河南省交通运输、产业集聚与城市群子系统功效系数

	2005年			2006年			2007年		
	U_1	U_2	U_3	U_1	U_2	U_3	U_1	U_2	U_3
郑州	0.9741	0.9551	0.9251	0.9766	0.9582	0.9303	1.0000	0.9636	0.9394
开封	0.4826	0.1678	0.2426	0.5782	0.1730	0.2579	0.5322	0.1669	0.2521
洛阳	0.6499	0.6680	0.5940	0.6003	0.6764	0.6043	0.5198	0.6499	0.5701
平顶山	0.3859	0.3328	0.3171	0.3790	0.3353	0.3248	0.4330	0.3491	0.3478
安阳	0.4134	0.4052	0.4815	0.4647	0.3729	0.4489	0.4417	0.3937	0.4650
鹤壁	0.2190	0.0491	0.0806	0.2034	0.0491	0.0883	0.1571	0.0574	0.1008
新乡	0.5419	0.3152	0.3796	0.5332	0.3242	0.4116	0.5505	0.3318	0.4194
焦作	0.5766	0.3618	0.3260	0.5590	0.3733	0.3437	0.5497	0.3702	0.3333
濮阳	0.0908	0.2249	0.2322	0.1378	0.2485	0.2841	0.1184	0.2187	0.2525
许昌	0.2927	0.4236	0.3839	0.2717	0.4146	0.3756	0.4173	0.4183	0.3916
漯河	0.3870	0.1694	0.2293	0.3723	0.1699	0.2383	0.3034	0.1679	0.2422
三门峡	0.4595	0.1424	0.1100	0.4249	0.1515	0.1167	0.4010	0.1539	0.1093
南阳	0.6722	0.6870	0.7623	0.6574	0.6515	0.7403	0.6367	0.6397	0.7524
商丘	0.3571	0.2994	0.4753	0.3733	0.2582	0.4191	0.3773	0.3088	0.5038
信阳	0.4276	0.2520	0.4172	0.4239	0.2272	0.3842	0.4420	0.2666	0.4502
周口	0.3918	0.4168	0.5547	0.4722	0.4164	0.5751	0.4632	0.4173	0.5807
驻马店	0.4486	0.3103	0.4301	0.4376	0.2931	0.4176	0.5614	0.3300	0.4845
济源	0.1276	0.0000	0.0273	0.0757	0.0000	0.0275	0.0708	0.0000	0.0267

	2008年			2009年			2010年		
	U_1	U_2	U_3	U_1	U_2	U_3	U_1	U_2	U_3
郑州	0.9592	0.9865	0.9775	0.9811	0.9726	0.9544	1.0000	0.9541	0.9236
开封	0.3028	0.2253	0.3389	0.3129	0.2409	0.3534	0.3351	0.2278	0.3363
洛阳	0.3520	0.6614	0.6329	0.4058	0.6391	0.6154	0.4236	0.5996	0.5725

续表

	2008 年			2009 年			2010 年		
	U_1	U_2	U_3	U_1	U_2	U_3	U_1	U_2	U_3
平顶山	0.4513	0.3723	0.3536	0.5428	0.3696	0.3456	0.5990	0.3451	0.3299
安阳	0.5648	0.4063	0.4665	0.5738	0.4093	0.4695	0.5607	0.3743	0.4223
鹤壁	0.2780	0.0595	0.1047	0.2481	0.0641	0.1008	0.2493	0.0630	0.1002
新乡	0.2940	0.3349	0.4300	0.3170	0.3239	0.3937	0.3374	0.3646	0.4597
焦作	0.4974	0.3595	0.3345	0.5008	0.3579	0.3268	0.5382	0.3323	0.3034
濮阳	0.0420	0.1969	0.2121	0.0337	0.1858	0.1980	0.0640	0.1902	0.2208
许昌	0.6303	0.4246	0.4011	0.6599	0.4335	0.3980	0.6723	0.3929	0.3598
漯河	0.2022	0.1740	0.2514	0.2658	0.1778	0.2407	0.2740	0.1668	0.2296
三门峡	0.0271	0.1481	0.1037	0.0204	0.1408	0.0864	0.0209	0.1564	0.1041
南阳	0.4710	0.6231	0.7528	0.5211	0.6129	0.7409	0.5379	0.5802	0.7134
商丘	0.5725	0.3089	0.4874	0.5991	0.3283	0.5006	0.6505	0.3477	0.5419
信阳	0.1652	0.2704	0.4550	0.2308	0.2839	0.4603	0.2249	0.2884	0.4642
周口	0.3865	0.4068	0.5682	0.4047	0.4097	0.5460	0.4170	0.4416	0.6191
驻马店	0.4665	0.3686	0.5469	0.5564	0.3887	0.5652	0.5624	0.3646	0.5401
济源	0.2391	0.0000	0.0260	0.2648	0.0000	0.0250	0.2763	0.0000	0.0192

	2011 年			2012 年			2013 年		
	U_1	U_2	U_3	U_1	U_2	U_3	U_1	U_2	U_3
郑州	0.9990	0.9833	0.9722	0.9921	0.9954	0.9923	0.9822	1.0000	1.0000
开封	0.3211	0.2326	0.3419	0.3092	0.2332	0.3439	0.2922	0.2610	0.3782
洛阳	0.4399	0.5844	0.5820	0.5118	0.5700	0.5852	0.5038	0.5349	0.5661
平顶山	0.5293	0.3239	0.3315	0.5224	0.2697	0.2993	0.5015	0.2532	0.2921
安阳	0.5009	0.3567	0.4371	0.5261	0.3275	0.4099	0.5097	0.3193	0.4021
鹤壁	0.2386	0.0693	0.1029	0.1730	0.0588	0.0930	0.1652	0.0714	0.1029
新乡	0.3057	0.3691	0.4502	0.2281	0.3393	0.4199	0.2198	0.3691	0.4708
焦作	0.5426	0.3317	0.3237	0.4835	0.3253	0.3359	0.4677	0.3285	0.3379
濮阳	0.1659	0.2068	0.2579	0.0996	0.1991	0.2481	0.0921	0.2091	0.2476
许昌	0.6715	0.3901	0.3689	0.6020	0.3868	0.3795	0.5837	0.3976	0.3889
漯河	0.2663	0.1483	0.2135	0.1971	0.1320	0.1993	0.1829	0.1342	0.2015
三门峡	0.0246	0.1536	0.1048	0.0270	0.1359	0.0855	0.0297	0.1310	0.0879
南阳	0.5424	0.5623	0.7172	0.5218	0.5268	0.6834	0.5176	0.5078	0.6643

续表

	2011 年			2012 年			2013 年		
	U_1	U_2	U_3	U_1	U_2	U_3	U_1	U_2	U_3
商丘	0.6268	0.3550	0.5543	0.6313	0.3410	0.5453	0.6283	0.3462	0.5474
信阳	0.2234	0.2941	0.4784	0.2145	0.2617	0.4355	0.2109	0.2769	0.4451
周口	0.3827	0.4373	0.6184	0.3506	0.4413	0.6186	0.3446	0.4521	0.6099
驻马店	0.5405	0.3764	0.5653	0.5151	0.3741	0.5620	0.5070	0.3772	0.5542
济源	0.2677	0.0000	0.0187	0.1988	0.0000	0.0195	0.1817	0.0000	0.0190

	2014 年			2015 年			2016 年		
	U_1	U_2	U_3	U_1	U_2	U_3	U_1	U_2	U_3
郑州	0.9172	0.9974	0.9957	0.8874	1.0000	1.0000	0.9113	1.0000	1.0000
开封	0.2173	0.2739	0.3868	0.3339	0.2773	0.3890	0.3896	0.2491	0.3623
洛阳	0.5710	0.5149	0.5699	0.6610	0.5114	0.5720	0.7162	0.5204	0.5745
平顶山	0.5102	0.2536	0.3005	0.4750	0.2414	0.2921	0.5206	0.2353	0.2714
安阳	0.3286	0.3150	0.3989	0.2984	0.3441	0.4553	0.3520	0.3424	0.4434
鹤壁	0.1454	0.0806	0.1095	0.1741	0.0804	0.1080	0.1470	0.0817	0.0957
新乡	0.4475	0.3862	0.5014	0.4213	0.3643	0.4702	0.3459	0.3650	0.4496
焦作	0.5470	0.3283	0.3353	0.6059	0.3370	0.3539	0.4044	0.3488	0.3529
濮阳	0.1420	0.2419	0.2871	0.2788	0.2384	0.2819	0.2639	0.2374	0.2698
许昌	0.3227	0.3856	0.3687	0.4050	0.3679	0.3432	0.3826	0.3881	0.3913
漯河	0.2507	0.1418	0.2004	0.3053	0.1490	0.2063	0.2428	0.1473	0.1885
三门峡	0.0813	0.1107	0.0574	0.1438	0.1164	0.0844	0.1171	0.1051	0.0737
南阳	0.4970	0.5486	0.7296	0.5161	0.5615	0.7485	0.5358	0.5806	0.7625
商丘	0.5651	0.3748	0.5844	0.4910	0.3734	0.5762	0.5445	0.3919	0.5917
信阳	0.2733	0.3080	0.4671	0.2454	0.3105	0.4670	0.2564	0.3050	0.4450
周口	0.4930	0.4715	0.6273	0.5137	0.4693	0.6238	0.4871	0.4684	0.6036
驻马店	0.4961	0.4155	0.6090	0.4571	0.4259	0.6230	0.5160	0.4297	0.6139
济源	0.2229	0.0000	0.0189	0.2738	0.0000	0.0190	0.1486	0.0000	0.0045

根据各子系统的功效系数，利用公式进一步计算即可获得各系统之间的耦合度。

第二节　交通网络、产业集聚与城市群耦合度分析

一、交通网络与产业集聚耦合度分析

根据耦合度函数的计算方法，代入相应数据得到河南省各地市 2005 年到 2016 年交通网络与产业集聚耦合度，如表 9 – 6 所示。

表 9 – 6　2005—2016 交通网络与产业集聚耦合度

	2005	2006	2007	2008	2009	2010
郑州	1.0000	1.0000	0.9998	0.9999	1.0000	0.9997
开封	0.8750	0.8420	0.8526	0.9892	0.9915	0.9816
洛阳	0.9999	0.9982	0.9938	0.9522	0.9747	0.9851
平顶山	0.9973	0.9981	0.9942	0.9954	0.9818	0.9632
安阳	0.9999	0.9940	0.9984	0.9866	0.9859	0.9799
鹤壁	0.7737	0.7914	0.8852	0.7622	0.8077	0.8027
新乡	0.9644	0.9699	0.9688	0.9979	0.9999	0.9992
焦作	0.9735	0.9800	0.9808	0.9870	0.9861	0.9716
濮阳	0.9053	0.9581	0.9548	0.7614	0.7208	0.8680
许昌	0.9832	0.9781	1.0000	0.9808	0.9783	0.9650
漯河	0.9204	0.9277	0.9578	0.9972	0.9801	0.9700
三门峡	0.8500	0.8803	0.8953	0.7232	0.6654	0.6454
南阳	0.9999	1.0000	1.0000	0.9903	0.9967	0.9993
商丘	0.9961	0.9833	0.9950	0.9543	0.9564	0.9529
信阳	0.9660	0.9533	0.9689	0.9704	0.9947	0.9923
周口	0.9995	0.9980	0.9986	0.9997	1.0000	0.9996
驻马店	0.9833	0.9803	0.9657	0.9931	0.9841	0.9770
济源	0.0000	0.0000	0.0000	0.0000	0.0000	0.0000

	2011	2012	2013	2014	2015	2016
郑州	1.0000	1.0000	1.0000	0.9991	0.9982	0.9989
开封	0.9871	0.9901	0.9984	0.9933	0.9957	0.9755
洛阳	0.9900	0.9986	0.9996	0.9987	0.9918	0.9874

续表

	2011	2012	2013	2014	2015	2016
平顶山	0.9706	0.9478	0.9443	0.9419	0.9454	0.9260
安阳	0.9858	0.9725	0.9733	0.9998	0.9975	0.9999
鹤壁	0.8354	0.8701	0.9182	0.9580	0.9297	0.9584
新乡	0.9956	0.9806	0.9673	0.9973	0.9974	0.9996
焦作	0.9705	0.9807	0.9846	0.9683	0.9584	0.9973
濮阳	0.9940	0.9428	0.9215	0.9655	0.9969	0.9986
许昌	0.9642	0.9760	0.9819	0.9960	0.9988	1.0000
漯河	0.9586	0.9802	0.9881	0.9607	0.9389	0.9695
三门峡	0.6900	0.7438	0.7762	0.9882	0.9944	0.9985
南阳	0.9998	1.0000	1.0000	0.9988	0.9991	0.9992
商丘	0.9609	0.9544	0.9572	0.9793	0.9907	0.9866
信阳	0.9906	0.9951	0.9908	0.9982	0.9931	0.9963
周口	0.9978	0.9934	0.9909	0.9998	0.9990	0.9998
驻马店	0.9839	0.9874	0.9892	0.9961	0.9994	0.9958
济源	0.0000	0.0000	0.0000	0.0000	0.0000	0.0000

从表9－6中可以看出，其中济源市耦合度较差，其他各市在2016年的耦合度均在0.9以上，属于良好耦合阶段。

具体分地市从时间动态分析来看，郑州、洛阳、平顶山、安阳、新乡、焦作、许昌、漯河、南阳、商丘、信阳、周口、驻马店等市历年耦合度均在0.9以上，处于良好耦合阶段。郑州、许昌等市在一些年份耦合度为1，属于完全耦合。

开封市在2005年到2007年耦合度在0.8以上，从2008年耦合度开始达到0.9以上，进入良好耦合阶段。

鹤壁市在2005年到2006年耦合度在0.7以上，属于中级耦合阶段；2007年到2012年进入良好耦合阶段，除2008年以外，其耦合度值均大于0.8；到了2013年以后，耦合度数值大于0.9，进入良好耦合阶段。

濮阳市在2005年到2007年耦合度值大于0.9，处于良好耦合阶段；到了2008年和2009年，其耦合度值降至0.7～0.8，处于中级耦合阶段；2010年，其耦合度值提高到0.8以上，这之后又进一步增加到0.9以上，进入良好耦合阶段。

二、产业集聚与城市群耦合度分析

同样可以根据耦合度函数的计算方法，代入相应数据得到河南省各地市 2005 年到 2016 年产业集聚与城市群耦合度，如表 9 - 7 所示。

表 9 - 7 2005—2016 年产业集聚与城市群耦合度

	2005	2006	2007	2008	2009	2010
郑州	0.9999	0.9999	0.9999	1.0000	1.0000	0.9999
开封	0.9832	0.9804	0.9791	0.9795	0.9819	0.9813
洛阳	0.9983	0.9984	0.9979	0.9998	0.9998	0.9997
平顶山	0.9997	0.9999	1.0000	0.9997	0.9994	0.9997
安阳	0.9963	0.9957	0.9965	0.9976	0.9976	0.9982
鹤壁	0.9700	0.9583	0.9615	0.9614	0.9748	0.9737
新乡	0.9957	0.9929	0.9932	0.9922	0.9953	0.9933
焦作	0.9986	0.9991	0.9986	0.9994	0.9990	0.9990
濮阳	0.9999	0.9978	0.9974	0.9993	0.9995	0.9972
许昌	0.9988	0.9988	0.9995	0.9996	0.9991	0.9990
漯河	0.9886	0.9858	0.9834	0.9833	0.9886	0.9874
三门峡	0.9917	0.9915	0.9855	0.9843	0.9708	0.9796
南阳	0.9986	0.9980	0.9967	0.9955	0.9955	0.9947
商丘	0.9739	0.9714	0.9708	0.9746	0.9781	0.9759
信阳	0.9690	0.9665	0.9666	0.9671	0.9715	0.9723
周口	0.9899	0.9871	0.9865	0.9862	0.9898	0.9859
驻马店	0.9868	0.9845	0.9818	0.9809	0.9827	0.9810
济源	0.0000	0.0000	0.0000	0.0000	0.0000	0.0000

	2011	2012	2013	2014	2015	2016
郑州	1.0000	1.0000	1.0000	1.0000	1.0000	1.0000
开封	0.9817	0.9814	0.9830	0.9853	0.9858	0.9827
洛阳	1.0000	0.9999	0.9996	0.9987	0.9984	0.9988
平顶山	0.9999	0.9986	0.9974	0.9964	0.9955	0.9975
安阳	0.9949	0.9937	0.9934	0.9931	0.9903	0.9917
鹤壁	0.9808	0.9743	0.9836	0.9884	0.9892	0.9969

续表

	2011	2012	2013	2014	2015	2016
新乡	0.9951	0.9943	0.9926	0.9915	0.9919	0.9946
焦作	0.9999	0.9999	0.9999	0.9999	0.9997	1.0000
濮阳	0.9939	0.9940	0.9964	0.9963	0.9965	0.9980
许昌	0.9996	1.0000	0.9999	0.9997	0.9994	1.0000
漯河	0.9836	0.9791	0.9797	0.9852	0.9869	0.9924
三门峡	0.9820	0.9737	0.9804	0.9483	0.9872	0.9844
南阳	0.9926	0.9916	0.9910	0.9899	0.9898	0.9908
商丘	0.9757	0.9731	0.9743	0.9758	0.9769	0.9791
信阳	0.9711	0.9684	0.9725	0.9787	0.9795	0.9824
周口	0.9852	0.9859	0.9889	0.9899	0.9900	0.9920
驻马店	0.9797	0.9797	0.9818	0.9820	0.9822	0.9843
济源	0.0000	0.0000	0.0000	0.0000	0.0000	0.0000

从表9－7中可以看出，其中济源市耦合度较差，其他各市在历年的耦合度均在0.9以上，属于良好耦合阶段。郑州、焦作、许昌等市在一些年份耦合度为1，属于完全耦合。

这说明河南省的产业与城市群之间的耦合度要远远好于交通网络与产业之间的耦合度。

三、交通网络与城市群耦合度分析

相应地根据耦合度函数的计算方法，代入相应数据得到河南省各地市2005年到2016年交通网络与城市群耦合度，如表9－8所示。

表9－8　2005—2016年交通网络与城市群耦合度

	2005	2006	2007	2008	2009	2010
郑州	0.9997	0.9997	0.9995	1.0000	0.9999	0.9992
开封	0.9437	0.9237	0.9341	0.9984	0.9981	1.0000
洛阳	0.9990	1.0000	0.9989	0.9584	0.9787	0.9888
平顶山	0.9952	0.9970	0.9940	0.9926	0.9751	0.9571
安阳	0.9971	0.9999	0.9997	0.9954	0.9950	0.9900
鹤壁	0.8870	0.9188	0.9759	0.8916	0.9066	0.9045

续表

	2005	2006	2007	2008	2009	2010
新乡	0. 9844	0. 9917	0. 9908	0. 9822	0. 9941	0. 9882
焦作	0. 9607	0. 9711	0. 9695	0. 9806	0. 9776	0. 9603
濮阳	0. 8991	0. 9379	0. 9324	0. 7429	0. 7048	0. 8347
许昌	0. 9909	0. 9870	0. 9995	0. 9750	0. 9689	0. 9530
漯河	0. 9667	0. 9756	0. 9937	0. 9941	0. 9988	0. 9961
三门峡	0. 7896	0. 8222	0. 8205	0. 8105	0. 7869	0. 7469
南阳	0. 9980	0. 9982	0. 9965	0. 9731	0. 9847	0. 9901
商丘	0. 9899	0. 9983	0. 9896	0. 9968	0. 9960	0. 9958
信阳	0. 9999	0. 9988	1. 0000	0. 8842	0. 9433	0. 9377
周口	0. 9851	0. 9952	0. 9936	0. 9817	0. 9889	0. 9808
驻马店	0. 9998	0. 9997	0. 9973	0. 9968	1. 0000	0. 9998
济源	0. 7619	0. 8843	0. 8921	0. 5950	0. 5618	0. 4934
	2011	2012	2013	2014	2015	2016
郑州	0. 9999	1. 0000	1. 0000	0. 9992	0. 9982	0. 9989
开封	0. 9995	0. 9986	0. 9917	0. 9598	0. 9971	0. 9993
洛阳	0. 9903	0. 9978	0. 9983	1. 0000	0. 9974	0. 9940
平顶山	0. 9732	0. 9624	0. 9646	0. 9660	0. 9712	0. 9492
安阳	0. 9977	0. 9923	0. 9930	0. 9953	0. 9781	0. 9934
鹤壁	0. 9177	0. 9536	0. 9727	0. 9900	0. 9722	0. 9774
新乡	0. 9815	0. 9552	0. 9316	0. 9984	0. 9985	0. 9915
焦作	0. 9676	0. 9836	0. 9869	0. 9708	0. 9649	0. 9977
濮阳	0. 9762	0. 9041	0. 8891	0. 9411	1. 0000	0. 9999
许昌	0. 9568	0. 9740	0. 9797	0. 9978	0. 9966	0. 9999
漯河	0. 9939	1. 0000	0. 9988	0. 9938	0. 9811	0. 9920
三门峡	0. 7849	0. 8543	0. 8689	0. 9851	0. 9655	0. 9737
南阳	0. 9903	0. 9910	0. 9923	0. 9819	0. 9830	0. 9846
商丘	0. 9981	0. 9973	0. 9976	0. 9999	0. 9968	0. 9991
信阳	0. 9317	0. 9405	0. 9341	0. 9651	0. 9504	0. 9632
周口	0. 9719	0. 9610	0. 9606	0. 9928	0. 9953	0. 9943
驻马店	0. 9997	0. 9991	0. 9990	0. 9948	0. 9881	0. 9962
济源	0. 4937	0. 5709	0. 5861	0. 5365	0. 4922	0. 3386

从表9－8中可以看出，其中济源市耦合度较差，其他各市在2016年的耦合度均在0.9以上，属于良好耦合阶段。

具体分地市从时间动态分析来看，郑州、开封、洛阳、平顶山、安阳、新乡、焦作、许昌、漯河、南阳、商丘、信阳、周口、驻马店等市历年耦合度均在0.9以上，处于良好耦合阶段。郑州、开封、洛阳、濮阳、许昌、漯河等市在一些年份耦合度为1，属于完美耦合。

鹤壁与濮阳两市在2005年耦合度在0.8以上，从2006年开始耦合度达到0.9以上，耦合度日渐提升。

三门峡市的耦合度波动较大。在2005年其耦合度为0.7896，属于中级耦合；2006年到2008年耦合度值虽然大于0.8，进入良好耦合阶段，但是其基础并不牢固；到了2009年，其耦合度值降至0.7869，又下降至中级耦合阶段；到了2012年，其耦合度值提高到0.8以上，从2014年之后又进一步增加到0.9以上，进入良好耦合阶段。

济源市在2005年的耦合度值为0.7619，属于中级耦合阶段；到了2006年，耦合度值上升到0.8843，进入良好耦合阶段；但是到了2008年其耦合度数值骤然降至0.5950，属于中级耦合阶段；2010年进一步下降至0.4934，到了2012年才回升到0.5以上，为0.5709；2015年下降至0.4922，2016年进一步下降至0.3386。

第三节　交通网络、产业集聚与城市群发展协调性

一、交通网络与产业集聚协调度

（一）协调度计算结果

为了进一步分析河南省各市交通网络与产业集聚的协调程度，利用相关计算结果进一步对河南省各市交通网络与产业集聚的协调度进行计算分析，结果如表9－9所示。

表9-9　2005—2016年交通网络与产业集聚协调度

	2005	2006	2007	2008	2009	2010
郑州	0.9821	0.9835	0.9908	0.9863	0.9884	0.9883
开封	0.5334	0.5623	0.5459	0.5110	0.5239	0.5256
洛阳	0.8117	0.7982	0.7624	0.6946	0.7136	0.7099
平顶山	0.5986	0.5971	0.6235	0.6402	0.6692	0.6743
安阳	0.6397	0.6452	0.6458	0.6921	0.6962	0.6769
鹤壁	0.3220	0.3161	0.3081	0.3587	0.3551	0.3541
新乡	0.6429	0.6448	0.6537	0.5602	0.5661	0.5922
焦作	0.6758	0.6759	0.6716	0.6503	0.6507	0.6503
濮阳	0.3781	0.4302	0.4012	0.3016	0.2812	0.3321
许昌	0.5934	0.5793	0.6464	0.7192	0.7313	0.7169
漯河	0.5060	0.5015	0.4751	0.4331	0.4662	0.4623
三门峡	0.5058	0.5037	0.4984	0.2517	0.2317	0.2392
南阳	0.8244	0.8090	0.7989	0.7361	0.7518	0.7474
商丘	0.5718	0.5572	0.5842	0.6485	0.6659	0.6896
信阳	0.5729	0.5571	0.5859	0.4598	0.5060	0.5046
周口	0.6357	0.6659	0.6630	0.6297	0.6381	0.6551
驻马店	0.6108	0.5984	0.6561	0.6439	0.6820	0.6729
济源	0.0000	0.0000	0.0000	0.0000	0.0000	0.0000
	2011	2012	2013	2014	2015	2016
郑州	0.9956	0.9969	0.9955	0.9780	0.9706	0.9770
开封	0.5228	0.5182	0.5255	0.4939	0.5517	0.5581
洛阳	0.7121	0.7350	0.7205	0.7364	0.7625	0.7814
平顶山	0.6435	0.6127	0.5970	0.5998	0.5819	0.5916
安阳	0.6502	0.6443	0.6351	0.5672	0.5660	0.5892
鹤壁	0.3587	0.3175	0.3296	0.3290	0.3439	0.3310
新乡	0.5795	0.5274	0.5337	0.6448	0.6259	0.5961
焦作	0.6513	0.6298	0.6261	0.6510	0.6722	0.6128
濮阳	0.4303	0.3752	0.3725	0.4305	0.5078	0.5003
许昌	0.7154	0.6947	0.6941	0.5939	0.6213	0.6208
漯河	0.4458	0.4016	0.3958	0.4342	0.4618	0.4349
三门峡	0.2480	0.2461	0.2497	0.3080	0.3597	0.3331

续表

	2011	2012	2013	2014	2015	2016
南阳	0.7431	0.7241	0.7160	0.7226	0.7337	0.7468
商丘	0.6868	0.6812	0.6829	0.6784	0.6544	0.6796
信阳	0.5063	0.4868	0.4916	0.5386	0.5254	0.5288
周口	0.6396	0.6272	0.6282	0.6943	0.7007	0.6911
驻马店	0.6716	0.6626	0.6613	0.6738	0.6643	0.6862
济源	0.0000	0.0000	0.0000	0.0000	0.0000	0.0000

（二）协调度评价

2005 年、2009 年、2013 年、2016 年河南省各地市交通网络与产业集聚协调度空间布局如图 9 – 2 所示。

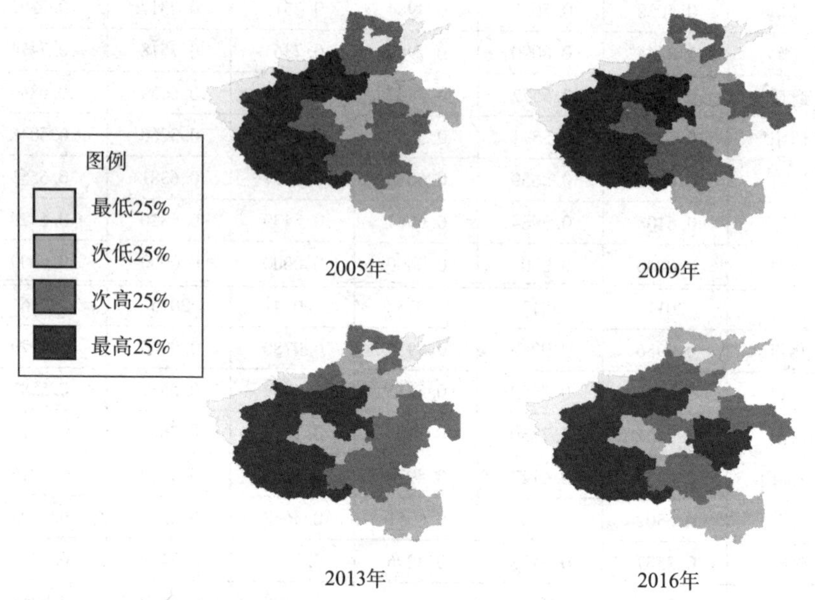

图 9 – 2　河南省交通网络与产业集聚协调度四分位图

从图 9 – 2 中可以发现，各年份交通网络与产业集聚协调空间布局变化较大，协调度排序处于不断动态变化之中。

根据表 9 – 9 计算结果，对各年份河南省各地市交通网络与产业集聚的协调度进行评价，结果如表 9 – 10 所示。

表9-10　河南省2005、2009、2013、2016年各地市交通网络与产业集聚协调度

	2005年	2009年	2013年	2016年	
0<D≤0.2	济源	济源	济源	济源	严重失调
0.2<D≤04	鹤壁、濮阳	三门峡、濮阳、鹤壁	鹤壁、三门峡	鹤壁、三门峡	轻微失调
0.4<D≤0.6	三门峡、漯河、开封、商丘、信阳、许昌、平顶山	漯河、信阳、开封、新乡	漯河、濮阳、平顶山、开封、焦作、信阳、安阳	漯河、濮阳、信阳、开封、安阳、平顶山、新乡	勉强协调
0.6<D≤0.8	驻马店、周口、安阳、新乡、焦作	周口、焦作、商丘、平顶山、驻马店、安阳、洛阳、许昌、南阳	许昌、新乡、商丘、驻马店、周口、洛阳、南阳	焦作、许昌、商丘、驻马店、周口、洛阳、南阳	初级协调
0.8<D≤1	洛阳、南阳、郑州	郑州	郑州	郑州	良好协调

从表9-10中可以看出，河南省各地市交通网络与产业集聚的协调度演变呈现出如下几个特点：

1. 严重失调、轻微失调和勉强协调的城市数量基本没有变化

2005年和2016年，严重失调的是济源市；2005年轻微失调的分别是鹤壁市、濮阳市，2016年是鹤壁市和三门峡市；2005年勉强协调的城市有三门峡、漯河、开封、商丘、信阳、许昌、平顶山7个城市，2016年勉强协调的城市有漯河、濮阳、信阳、开封、安阳、平顶山、新乡7个城市；严重失调、轻微失调和勉强协调的城市在数量上基本没有变化。

2. 初级协调和良好协调的城市数量变化较大

2005年初级协调的城市有驻马店、周口、安阳、新乡、焦作5个城市；良好协调的城市有洛阳、南阳、郑州3个城市；2016年初级协调的城市数量从5个增加到7个，分别是焦作、许昌、商丘、驻马店、周口、洛阳、南阳等市；而良好协调的城市则从3个减少到1个，仅有郑州市仍然保持着良好协调状态。

二、产业集聚与城市群协调度

（一）协调度计算结果

为了进一步分析河南省各市产业集聚与城市群的协调程度，利用相关计算结果进一步对河南省各市产业集聚与城市群的协调度进行计算分析，结果如表 9－11 所示。

表 9－11　2005—2016 年产业集聚与城市群协调度

	2005	2006	2007	2008	2009	2010
郑州	0.9695	0.9717	0.9754	0.9910	0.9816	0.9689
开封	0.4492	0.4596	0.4529	0.5257	0.5401	0.5261
洛阳	0.7937	0.7996	0.7802	0.8044	0.7919	0.7655
平顶山	0.5700	0.5745	0.5903	0.6024	0.5978	0.5809
安阳	0.6646	0.6396	0.6541	0.6598	0.6621	0.6306
鹤壁	0.2509	0.2566	0.2757	0.2810	0.2835	0.2819
新乡	0.5881	0.6044	0.6108	0.6160	0.5976	0.6399
焦作	0.5860	0.5985	0.5926	0.5889	0.5848	0.5635
濮阳	0.4781	0.5155	0.4848	0.4521	0.4380	0.4527
许昌	0.6350	0.6282	0.6362	0.6424	0.6445	0.6132
漯河	0.4440	0.4486	0.4491	0.4573	0.4548	0.4423
三门峡	0.3538	0.3646	0.3601	0.3521	0.3321	0.3572
南阳	0.8507	0.8333	0.8329	0.8276	0.8209	0.8021
商丘	0.6142	0.5736	0.6281	0.6229	0.6367	0.6588
信阳	0.5694	0.5435	0.5886	0.5923	0.6013	0.6049
周口	0.6934	0.6995	0.7016	0.6933	0.6877	0.7231
驻马店	0.6044	0.5915	0.6324	0.6700	0.6846	0.6662
济源	0.0000	0.0000	0.0000	0.0000	0.0000	0.0000

	2011	2012	2013	2014	2015	2016
郑州	0.9888	0.9969	1.0000	0.9983	1.0000	1.0000
开封	0.5310	0.5321	0.5605	0.5706	0.5731	0.5481
洛阳	0.7637	0.7600	0.7418	0.7360	0.7354	0.7394
平顶山	0.5724	0.5330	0.5215	0.5254	0.5153	0.5027
安阳	0.6284	0.6053	0.5986	0.5954	0.6291	0.6242

续表

	2011	2012	2013	2014	2015	2016
鹤壁	0.2907	0.2719	0.2928	0.3065	0.3053	0.2973
新乡	0.6384	0.6144	0.6456	0.6634	0.6433	0.6365
焦作	0.5724	0.5749	0.5772	0.5760	0.5876	0.5923
濮阳	0.4805	0.4714	0.4770	0.5134	0.5092	0.5031
许昌	0.6159	0.6190	0.6271	0.6140	0.5961	0.6242
漯河	0.4218	0.4028	0.4055	0.4105	0.4187	0.4082
三门峡	0.3562	0.3283	0.3276	0.2823	0.3148	0.2967
南阳	0.7969	0.7746	0.7621	0.7954	0.8051	0.8157
商丘	0.6660	0.6567	0.6598	0.6841	0.6811	0.6939
信阳	0.6124	0.5810	0.5925	0.6159	0.6171	0.6070
周口	0.7211	0.7228	0.7246	0.7374	0.7356	0.7292
驻马店	0.6792	0.6772	0.6762	0.7093	0.7177	0.7166
济源	0.0000	0.0000	0.0000	0.0000	0.0000	0.0000

（二）协调度评价

2005 年、2009 年、2013 年、2016 年河南省各地市产业集聚与城市群协调度空间布局如图 9－3 所示。

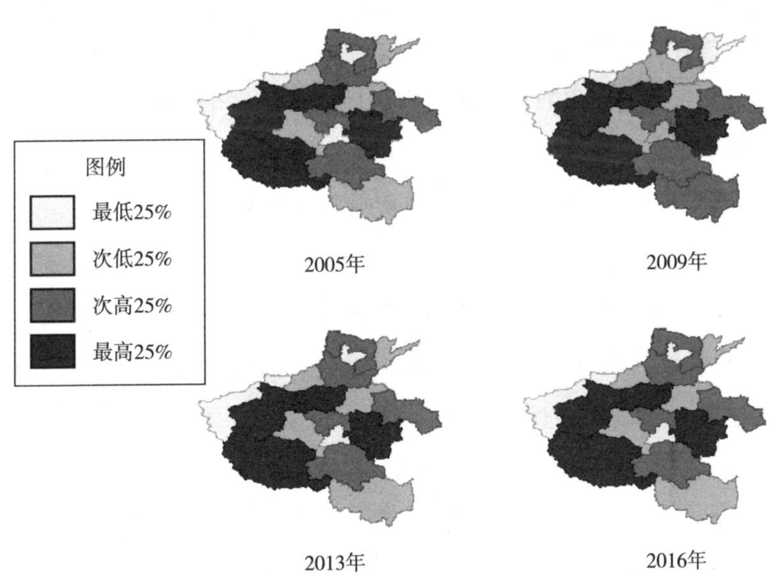

图 9－3 河南省产业集聚与城市群协调度四分位图

从图9－3中可以看出，各年份产业集聚与城市群协调度空间布局变化幅度不大，这说明各城市产业集聚与城市群协调度排序基本上相对固定。

根据表9－11计算结果，对各年份河南省各地市产业集聚与城市群的协调度进行评价，结果如表9－12所示。

表9－12　河南省2005、2009、2013、2016年各地市产业集聚与城市群协调度

	2005年	2009年	2013年	2016年	
0<D≤0.2	济源	济源	济源	济源	严重失调
0.2<D≤04	三门峡、鹤壁	三门峡、鹤壁	三门峡、鹤壁	三门峡、鹤壁	轻微失调
0.4<D≤0.6	漯河、开封、濮阳、信阳、平顶山、焦作、新乡	濮阳、漯河、开封、焦作、新乡、平顶山	濮阳、漯河、平顶山、开封、焦作、信阳、安阳	漯河、平顶山、濮阳、开封、焦作	勉强协调
0.6<D≤0.8	驻马店、商丘、许昌、安阳、周口、洛阳	信阳、商丘、许昌、安阳、驻马店、周口、洛阳	许昌、新乡、商丘、驻马店、周口、洛阳、南阳	信阳、安阳、许昌、新乡、商丘、驻马店、周口、洛阳	初级协调
0.8<D≤1	南阳、郑州	南阳、郑州	郑州	南阳、郑州	良好协调

从表9－12中可以看出，河南省各地市产业集聚与城市群的协调度演变呈现出如下几个特点：

1. 严重失调和轻微失调的城市数量与城市均没有变化

2005年至2016年，严重失调的是济源市；轻微失调的分别是三门峡市和鹤壁市，无论是数量与城市均无任何变化。

2. 勉强协调的城市数量有所减少，初级协调的城市数量有所增加

2005年有漯河、开封、濮阳、信阳、平顶山、焦作、新乡7个城市处于勉强协调状态，而2016年处于勉强协调状态的城市数量减少到5个，分别是漯河、平顶山、濮阳、开封、焦作，减少了信阳市和新乡市。

2005年初级协调的城市数量为6个，分别是驻马店、商丘、许昌、安阳、周口、洛阳；2016年初级协调的城市数量为8个，分别是信阳、安

阳、许昌、新乡、商丘、驻马店、周口、洛阳，增加了信阳市和新乡市。

3. 良好协调的城市数量与城市均没有变化

2005 年和 2016 年处于良好协调状态的城市有南阳、郑州 2 个城市，城市数量和城市均没有变化；其中南阳市于 2013 年处于初级协调状态，郑州则没有任何变化。

三、交通网络与城市群协调度

（一）协调度计算结果

为了进一步分析河南省各市交通网络与城市群的协调程度，利用相关计算结果进一步对河南省各市交通网络与城市群的协调度进行计算分析，结果如表 9－13 所示。

表 9－13 2005—2016 年交通网络与城市群协调度

	2005	2006	2007	2008	2009	2010
郑州	0.9743	0.9763	0.9845	0.9840	0.9837	0.9803
开封	0.5849	0.6214	0.6052	0.5660	0.5766	0.5794
洛阳	0.7882	0.7761	0.7378	0.6870	0.7069	0.7018
平顶山	0.5914	0.5924	0.6230	0.6320	0.6581	0.6667
安阳	0.6680	0.6758	0.6732	0.7165	0.7205	0.6976
鹤壁	0.3645	0.3661	0.3547	0.4131	0.3977	0.3976
新乡	0.6734	0.6844	0.6932	0.5963	0.5944	0.6276
焦作	0.6584	0.6621	0.6542	0.6387	0.6360	0.6357
濮阳	0.3811	0.4448	0.4159	0.3072	0.2858	0.3447
许昌	0.5790	0.5652	0.6358	0.7091	0.7159	0.7013
漯河	0.5458	0.5458	0.5207	0.4748	0.5029	0.5008
三门峡	0.4742	0.4719	0.4575	0.2303	0.2050	0.2161
南阳	0.8461	0.8352	0.8320	0.7717	0.7882	0.7871
商丘	0.6419	0.6289	0.6603	0.7268	0.7400	0.7705
信阳	0.6499	0.6353	0.6679	0.5236	0.5709	0.5684

续表

	2005	2006	2007	2008	2009	2010
周口	0.6828	0.7219	0.7201	0.6845	0.6856	0.7128
驻马店	0.6628	0.6538	0.7222	0.7107	0.7489	0.7424
济源	0.2429	0.2136	0.2085	0.2808	0.2853	0.2700
	2011	2012	2013	2014	2015	2016
郑州	0.9927	0.9961	0.9955	0.9776	0.9706	0.9770
开封	0.5756	0.5710	0.5766	0.5384	0.6004	0.6129
洛阳	0.7113	0.7398	0.7308	0.7553	0.7842	0.8009
平顶山	0.6472	0.6288	0.6187	0.6257	0.6103	0.6131
安阳	0.6840	0.6815	0.6728	0.6017	0.6071	0.6286
鹤壁	0.3959	0.3561	0.3611	0.3552	0.3703	0.3443
新乡	0.6091	0.5563	0.5672	0.6882	0.6672	0.6280
焦作	0.6474	0.6348	0.6305	0.6544	0.6805	0.6146
濮阳	0.4548	0.3964	0.3886	0.4493	0.5295	0.5166
许昌	0.7055	0.6914	0.6902	0.5873	0.6106	0.6220
漯河	0.4883	0.4452	0.4382	0.4734	0.5010	0.4625
三门峡	0.2253	0.2192	0.2260	0.2613	0.3319	0.3048
南阳	0.7898	0.7728	0.7657	0.7760	0.7884	0.7995
商丘	0.7678	0.7660	0.7658	0.7581	0.7293	0.7534
信阳	0.5717	0.5529	0.5535	0.5977	0.5819	0.5812
周口	0.6975	0.6825	0.6771	0.7457	0.7524	0.7364
驻马店	0.7435	0.7335	0.7281	0.7414	0.7305	0.7502
济源	0.2659	0.2496	0.2426	0.2547	0.2684	0.1610

（二）协调度评价

2005 年、2009 年、2013 年、2016 年河南省各地市交通网络与城市群协调度空间布局如图 9－4 所示。

从图 9－4 中可以看出，2005 年、2009 年与 2013 年这几个年份交通网络与城市群协调度空间布局变化幅度较大，说明交通网络与城市群正处于动态变化之中；而 2013 年与 2016 年交通网络与城市群协调度空间布局变化幅度不大，这说明各城市交通网络与城市群协调度排序基本上相对

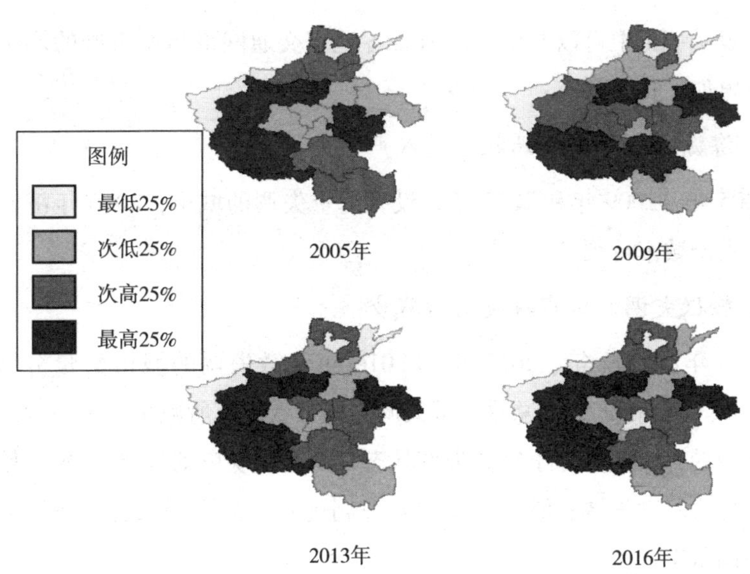

图 9－4　河南省交通网络与城市群协调度四分位图

固定。

根据表 9－13 计算结果，对各年份河南省各地市交通网络与城市群的协调度进行评价，结果如表 9－14 所示。

表 9－14　河南省 2005、2009、2013、2016 年各地市交通网络与城市群协调度

	2005 年	2009 年	2013 年	2016 年	
$0<D\leqslant 0.2$				济源	严重失调
$0.2<D\leqslant 04$	济源、鹤壁、濮阳	三门峡、济源、濮阳、鹤壁	三门峡、济源、鹤壁、濮阳	三门峡、鹤壁	轻微失调
$0.4<D\leqslant 0.6$	三门峡、漯河、许昌、开封、平顶山	漯河、信阳、开封、新乡	漯河、信阳、新乡、开封	漯河、濮阳、信阳	勉强协调
$0.6<D\leqslant 0.8$	商丘、信阳、焦作、驻马店、安阳、新乡、周口、洛阳	焦作、平顶山、周口、洛阳、许昌、安阳、商丘、驻马店、南阳	平顶山、焦作、安阳、周口、许昌、驻马店、洛阳、南阳、商丘	开封、平顶山、焦作、许昌、新乡、安阳、周口、驻马店、商丘、南阳	初级协调
$0.8<D\leqslant 1$	南阳、郑州	郑州	郑州	洛阳、郑州	良好协调

从表9－14中可以看出，河南省各地市交通网络与城市群的协调度演变呈现出如下几个特点：

1. 济源市从轻微失调状态进入严重失调状态

2005年、2009年和2013年，没有严重失调的城市；2016年济源市进入严重失调城市行列。

2. 轻微失调的城市数量有所减少

2005年、2009年、2013年和2016年轻微失调的城市数量分别是3个、4个、4个和2个，说明轻微失调的城市数量有所减少。

其中鹤壁市一直处于轻微失调状态，而三门峡市则从2009年开始从勉强协调变成轻微失调；濮阳则从轻微失调进入勉强协调状态，济源则进入严重失调状态。

3. 勉强协调的城市数量有所减少，初级协调的城市数量有所增加

2005年有三门峡、漯河、许昌、开封、平顶山5个城市处于勉强协调状态，而2016年处于勉强协调状态的城市数量减少到3个，分别是漯河、濮阳、信阳。

2005年初级协调的城市数量为8个，分别是商丘、信阳、焦作、驻马店、安阳、新乡、周口、洛阳；2016年初级协调的城市数量则增加到10个，分别是开封、平顶山、焦作、许昌、新乡、安阳、周口、驻马店、商丘、南阳。

4. 洛阳进入良好协调的城市行列

2005年处于良好协调状态的城市有南阳、郑州2个城市，南阳市从2009年开始从良好协调状态进入初级协调状态；则洛阳则在2016年提升进入良好协调状态，而郑州市则一直处于良好协调状态；虽然良好协调的城市数量没有变化，但是城市发生了变化，洛阳市与南阳市的地位发生了转换。

第十章

结论与建议

一、研究结论

（一）交通网络、产业集聚与城市群空间格局

1. 交通网络空间格局

河南省各市高速公路网络密度在各年度呈现出动态变化的发展趋势，整体交通体系处于不断发展与完善之中，交通网络正在不断扩张。但是交通网络局域自相关性较弱，还未有明显的空间局域集聚现象，需要进一步强化交通网络建设。随着河南省交通基础设施建设的加强，各市的交通网络密度大小相对差异性不断缩小。

2. 产业集聚空间格局

河南省各市产业空间密度在各年度变化情况基本不大，整体产业发展格局已经确立，出现了强者恒强的集聚效应。从产业空间集聚 LISA 图看出，河南省产业局域自相关性较弱。从全局空间自相关性发现，河南省产业空间集聚基本上没有什么大的波动，产业发展格局相对固定。产业还未有明显的空间集聚现象，需要进一步强化产业发展，大力培育优势产业集群，促进产业集聚现象的发生。

3. 城市群空间格局

河南省各市人口空间密度上没有变化，城市体系已经形成，在集聚效应作用下，各个城市的人口空间密度排名基本保持原有的发展态势。从人口空间集聚 LISA 图可以看出，目前河南省人口局域自相关性较弱。河南省城市体系仍然处于低水平发展阶段，城市的集聚与吸引作用未能得到充

分发挥。无论是人口的集聚还是城市群的发展水平，与国内发达的城市群之间存在较大的差距。城市体系基本确立，城市的规模大小排序、人口空间分布基本上波动不大。

（二）交通网络、产业集聚与城市群耦合

1. 交通网络、产业集聚与城市群空间相关性

河南省交通网络与产业集聚在空间上的耦合层次较低，还没有达到交通网络与产业集聚相互耦合、融合发展的阶段。

从产业与城市群空间集聚 LISA 图可以看出，目前河南省产业与城市群局域自相关性较弱。目前河南省产业与城市群在空间上的耦合层次较低，还没有达到产业与城市群相互耦合、融合发展的阶段。

从交通网络与城市群空间集聚 LISA 图可以看出，目前河南省交通网络与城市群局域自相关性较弱，说明目前河南省交通网络与城市群在空间上的耦合层次较低，还没有达到交通网络与城市群相互耦合、融合发展的阶段。

2. 交通网络、产业集聚与城市群耦合度

从交通网络与产业集聚时间耦合来看，2016 年除济源市耦合度较差外，其他各市耦合度均在 0.9 以上，属于良好耦合阶段。这中间一些城市的交通网络与产业集聚耦合程度在前期较低，后期逐渐向良性状态发展。

从产业集聚与城市群之间的时间耦合度来看，除了济源市耦合度较差，其他各市在历年的耦合度均在 0.9 以上，属于良好耦合阶段。这说明河南省的产业与城市群之间的耦合度要远远好于交通网络与产业之间的耦合度。

从交通网络与城市群之间的时间耦合来看，2016 年除了济源市耦合度较差，其他各市在 2016 年的耦合度均在 0.9 以上，属于良好耦合阶段。这中间一些城市的交通网络与城市群耦合程度在前期较低，后期逐渐向良性状态发展。

（三）交通网络、产业集聚与城市群协调度

1. 交通网络与产业集聚的协调度

严重失调、轻微失调和勉强协调的城市数量基本没有变化。2005 年和

2016 年，严重失调的是济源市；2005 年轻微失调的分别是鹤壁市、濮阳市，2016 年是鹤壁市和三门峡市；2005 年勉强协调的城市有三门峡、漯河、开封、商丘、信阳、许昌、平顶山 7 个城市，2016 年勉强协调的城市有漯河、濮阳、信阳、开封、安阳、平顶山、新乡 7 个城市。

初级协调和良好协调的城市数量变化较大。2005 年初级协调的城市有驻马店、周口、安阳、新乡、焦作 5 个城市；良好协调的城市有洛阳、南阳、郑州等 3 个城市；2016 年初级协调的城市数量从 5 个增加到 7 个，分别是焦作、许昌、商丘、驻马店、周口、洛阳、南阳等市；而良好协调的城市则从 3 个减少到 1 个，仅有郑州市仍然保持着良好协调状态。

2. 产业集聚与城市群的协调度

严重失调和轻微失调的城市数量与城市均没有变化。2005 年和 2016 年，严重失调的是济源市；轻微失调的分别是三门峡市和鹤壁市，无论是数量与城市均无任何变化。

勉强协调的城市数量有所减少，初级协调的城市数量有所增加。2005 年有漯河、开封、濮阳、信阳、平顶山、焦作、新乡 7 个城市处于勉强协调状态，而 2016 年处于勉强协调状态的城市数量减少到 5 个，分别是漯河、平顶山、濮阳、开封、焦作，减少了信阳市和新乡市。2005 年初级协调的城市数量为 6 个，分别是驻马店、商丘、许昌、安阳、周口、洛阳；2016 年初级协调的城市数量为 8 个，分别是信阳、安阳、许昌、新乡、商丘、驻马店、周口、洛阳，增加了信阳市和新乡市。

良好协调的城市数量与城市均没有变化。2005 年和 2016 年处于良好协调状态的城市有南阳、郑州 2 个城市，城市数量和城市均没有变化；其中南阳市于 2013 年处于初级协调状态，郑州则没有任何变化。

3. 交通网络与城市群的协调度

济源市从轻微失调状态进入严重失调状态。2005 年、2009 年和 2013 年，没有严重失调的城市；2016 年济源市进入严重失调城市行列。

轻微失调的城市数量有所减少。2005 年、2009 年、2013 年和 2016 年轻微失调的城市数量分别是 3 个、4 个、4 个和 2 个，说明轻微失调的城市数量有所减少。

勉强协调的城市数量有所减少，初级协调的城市数量有所增加。2005年有三门峡、漯河、许昌、开封、平顶山5个城市处于勉强协调状态，而2016年处于勉强协调状态的城市数量减少到3个，分别是漯河、濮阳、信阳。2005年初级协调的城市数量为8个，分别是商丘、信阳、焦作、驻马店、安阳、新乡、周口、洛阳；2016年初级协调的城市数量则增加到10个，分别是开封、平顶山、焦作、许昌、新乡、安阳、周口、驻马店、商丘、南阳。

洛阳进入良好协调的城市行列。2005年处于良好协调状态的城市有南阳、郑州2个城市，南阳市从2009年开始从良好协调状态进入初级协调状态；洛阳市则在2016年提升进入良好协调状态，洛阳市与南阳市的地位发生了转换，而郑州市则一直处于良好协调状态。

二、政策建议

（一）重视交通基础设施，发挥对产业与城市群的引领作用

河南省长期以来重视交通基础设施建设，充分发挥了交通基础设施对区域经济发展的支撑与引领作用。目前河南省公路交通运输基础设施总量位居全国前列、中部领先，已经初步建成安全便捷的公路交通基础设施网络，公路交通对区域经济的基础保障和先行引领作用已经初步显现。

但是目前河南省也存在交通网络布局不均衡，交通网络密度区域差异较大等问题。在建设交通网络时，一方面要注重区域均衡发展，做好落后地区路网改善工作；另一方面也要注意交通网络建设的经济效益问题，在经济发展区域、对于交通基础设施需求较大的地区加强交通网络基础设施建设。

（二）提升产业集聚水平，奠定城市群发展的产业基础

经过多年的发展，河南省已经从人们眼中的一个传统农业大省建设成为一个工业大省。GDP总量居全国第五位，在中部地区排名第一。但是与沿海发展省区市相比，河南省工业大而不强，产品附加值低，缺乏著名龙头企业，知名品牌较少，经商环境还有待于进一步改善。产业是城市发展

基础，城市因产业而建立，因产业而兴旺。

一方面要抓住国内外产业转移升级的时机，大力引进一批知名企业落户河南，通过龙头企业的引进，带动一批企业实现转型升级；另一方面具有实力的企业也要力争嵌入国内与国际著名企业产业链，采用各种方式走出去。抓住国家实施“一带一路”倡议的国家机遇，将河南省具有较强竞争力的企业与产品推向“一带一路”沿线国家，提高经济与产业的国际化水平。

不断提高产业集聚水平，建设沿主要交通线的产业带，如郑洛三工业走廊，以此为基础，形成交通轴与产业带，产业带与城市带、城市群良性耦合、协调发展的耦合互动。

（三）坚持交通与产业、城市协调发展，大力加强交通基础设施建设

在“十三五”时期，河南省应坚持交通与产业、交通与城市协调发展，大力加强公路、铁路与航空基础设施建设，充分发挥公路交通对区域经济的引领与促进作用。在中原经济区建设总体规划指引下，全面对接新丝绸之路经济带，按照适度超前原则对交通基础设施建设进行总体规划，利用 PPP 模式，引入私营企业、民营资本与政府进行合作，解决交通基础设施建设资金不足问题，为实现全面建成小康社会的总体目标，为河南省区域经济与社会发展打造完善的交通基础设施网络。

参考文献

[1] Akerlof G. A.. Social distance and social decisions [J]. Econometrica: Journal of the Econometric Society, 1997: 1005-1027.

[2] Alfred W.. Theory of the Location of Industries [J]. Simplifying Assumptions, 1909.

[3] Alonso W.. Location and land use. Toward a general theory of land rent [J]. Location and land use. Toward a general theory of land rent., 1964.

[4] Anselin L.. Spatial Econometrics: Methods and Models [M]. Dordrecht: Kluwer Academic Publishers, 1988.

[5] Black D., Henderson V.. Spatial evolution of population and industry in the United States [J]. American Economic Review, 1999, 89 (2): 321-327.

[6] Brinkman J. C.. Transportation technologies, agglomeration, and the structure of cities [J]. Processed, Philadelphia Federal Reserve Bank, 2013.

[7] Brock W. A., Durlauf S. N.. Interactions—based models [M]. //Handbook of econometrics [J]. Elsevier, 2001 (5): 3297-3380.

[8] Chatman D. G., et al.. Do Public Transport Improvements Increase Agglomeration Economies? A Review of Literature and an Agenda for Research [J]. Transport Reviews: A Transnational Transdisciplinary Journal, 2011, 31 (6): 725-742.

[9] Chatman D. G., Noland R. B.. Increasing public transport provision in metropolitan areas can be of great benefit for wages and employment density [J]. LSE American Politics and Policy, 2014.

[10] Christaller W.. Die zentralen Orte in Süddeutschland: eine ökonomisch-geographische Untersuchung über die Gesetzmässigkeit der Verbreitung

und Entwicklung der Siedlungen mit städtischen Funktionen [M]. University Microfilms, 1933.

[11] Ciccone A., Hall R. E.. Productivity jind the Density of Economic Activity [J]. American Econotnic Review, 1996 (86): 1-54.

[12] Daluwatte S., Ando A.. Transportation and regional agglomeration in Japan: Through a long-term simulation model 1920-1985 [J]. Journal of Advanced Transportation, 1995, 29 (2): 213-233.

[13] Duranton G., Puga D.. From sectoral to functional urban specialisation [J]. Journal of Urban Economics, 2002, 57 (2): 343-370.

[14] Durlauf S. N.. Spillovers, stratification, and inequality [J]. European Economic Review, 1994, 38 (3-4): 836-845.

[15] Florent Le Néchet, Patricia C. Melo, Daniel J. Graham. Transportation-Induced Agglomeration Effects and Productivity of Firms in Megacity Region of Paris Basin [J]. Transportation Research Record, 2012 (2307): 21-30.

[16] Fogarty M. S., Garofalo G. A.. Urban spatial structure and productivity growth in the manufacturing sector of cities [J]. Journal of Urban Economics, 1988, 23 (1): 60-70.

[17] Friedmann J.. Regional development policy: a case study of Venezuela [R]. 1966.

[18] Fujita M., Krugman P. R., Venables A. J., et al.. The spatial economy: cities, regions and international trade [M]. Cambridge, MA: MIT press, 1999.

[19] Fujita M.. Location and Space—Economy at half a century: Revisiting Professor Isard's dream on the general theory [J]. The annals of regional science, 1999, 33 (4): 371-381.

[20] Glaeser E. L., Kallal H. D., Scheinkman J. A., et al.. Growth in cities [J]. Journal of political economy, 1992, 100 (6): 1126-1152.

[21] Glaeser E. L., Mare D. C.. Cities and skills [J]. Journal of labor economics, 2001, 19 (2): 316-342.

[22] Gottman J.. Megalopolis, or the Urbanization of the Northeastern Seaboard of the United States [J]. Economic Geography, 1957, 33 (7): 31 -40.

[23] Hansen E. R.. Agglomeration economies and industrial decentralization: The wage—productivity trade - offs [J]. Journal of urban economics, 1990, 28 (2): 140 -159.

[24] Hanson G. H.. Localization economies, vertical organization and trade [R]. National Bureau of Economic Research, 1994.

[25] Henderson I. V.. Where does an industry locate? [J]. Journal of Urban Economics, 1994, 35 (1): 83 -104.

[26] Henderson J. V.. Efficiency of resource usage and city size [J]. Journal of Urban economics, 1986, 19 (1): 47 -70.

[27] Henderson V., Kuncoro A., Turner M.. Industrial development in cities [J]. Journal of political economy, 1995, 103 (5): 1067 -1090.

[28] Hoover E. M.. The location of economic activity [M]. Mcgraw - Hill Book Company, Inc; London., 1948.

[29] Isard W.. Location and space - economy [J]. 1956.

[30] Isard W.. Methods of regional analysis [M]. Рипол Классик, 1966.

[31] Isard W.. Regional science, the concept of region, and regional structure [J]. Papers in Regional Science, 1956, 2 (1): 13 -26.

[32] Jenkins Joseph, Colella Michael, Salvucci Frederick. Agglomeration Benefits and Transportation Projects: Review of Theory, Measurement, and Application [J]. Transportation Research Record, 2011 (2221): 104 -111.

[33] Kanemoto Y., Ohkawara T., Suzuki T.. Agglomeration economies and a test for optimal city sizes in Japan [J]. Journal of the Japanese and International Economies, 1996, 10 (4): 379 -398.

[34] Launhardt W.. Die Betriebskosten der Eisenbahnen in ihrer Abhängigkeit von den Steigungs - und Krümmungs - verhältnissen der Bahn: Ergänzungsheft des 4. Bandes des Handbuchs für specielle Eisenbahn - Technik [M] //Engelmann, 1877.

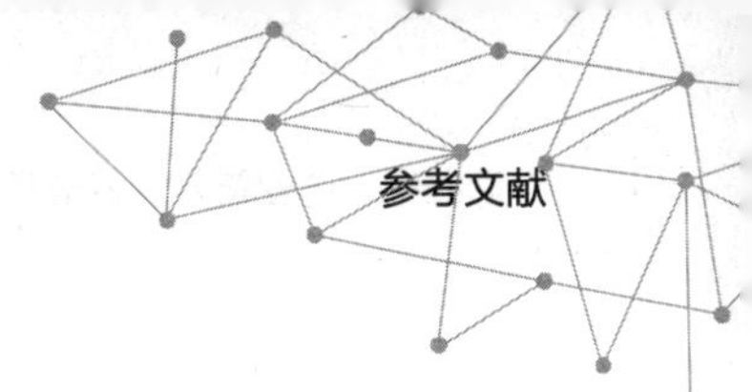

[35] Launhardt W.. Mathematische Begründung der Volkswirthschaftslehre [M]. W. Engelmann, 1885. Launhardt W. Die Bestimmung des zweckmäβigsten Standortes einer gewerblichen Anlage [M]. 1882.

[36] Lösch A.. Die räumliche Ordnung der Wirtschaft: eine Untersuchung über Standort, Wirtschaftsgebiete und internationalen Handel [M]. G. Fischer, 1940.

[37] Marshall A.. Principles of economics: An introductory volume [M]. London: Macmillan, 1890.

[38] Masahisa Fujita. A monopolistic competition model of spatial agglomeration: Differentiated product approach [J]. Regional Science and Urban Economics, 1988, 18 (1): 87 - 124.

[39] Masahisa Fujita. The role of ports in the making of major cities: Self - agglomeration and hub - effect [J]. Regional Science and Urban Economics, 1996, 49 (1): 93 - 120.

[40] Montgomery E.. Evidence on metropolitan wage differences across industries and over time [J]. Journal of Urban Economics, 1992, 31 (1): 69 - 83.

[41] Moomaw R. L.. Is population scale a worthless surrogate for business agglomeration economies? [J]. Regional Science and Urban Economics, 1983, 13 (4): 525 - 545.

[42] Moomaw R. L.. Productivity and city size: a critique of the evidence [J]. The Quarterly Journal of Economics, 1981, 96 (4): 675 - 688.

[43] Nakamura R.. Agglomeration economies in urban manufacturing industries: a case of Japanese cities [J]. Journal of Urban economics, 1985, 17 (1): 108 - 124.

[44] Paelinck J. H. P., Klaassen L. L. H.. Spatial econometrics [M]. Saxon House, 1979.

[45] Paul Krugman. Increasing Returns and Economic Geography [J]. The Journal of Political Economy, 1991, 99 (3): 483 - 499.

[46] Paul Krugman. Scale Economies, Product Differentiation, and the Pattern

of Trade [J]. American Economic Review, 1980, 70 (5): 950-959.

[47] Porter M. E.. The Competitive Advantage of Nations—The Finnish Case [J]. //Steinbock D. The Competitive Advantage of Finland [M]. From Cartels to Competition, 1998.

[48] Porter M.. The economic performance of regions [J]. Regional studies, 2003, 37 (6-7): 549-578.

[49] Rosenthal S. S., Strange W. C.. Geography, industrial organization, and agglomeration [J]. review of Economics and Statistics, 2003, 85 (2): 377-393.

[50] Scott A. J.. Cultural—products industries and urban economic development: prospects for growth and market contestation in global context [J]. Urban affairs review, 2004, 39 (4): 461-490.

[51] Segal D.. Are there returns to scale in city size? [J]. The Review of Economics and Statistics, 1976: 339-350.

[52] Shefer D.. Localization economies in SMSA's: A production function analysis [J]. Journal of Regional Science, 1973, 13 (1): 55-64.

[53] Smith A.. An Inquiry into the Nature and Causes of the Wealth of Nations [M]. Рипол Классик, 1817.

[54] Sombart W.. Allgemeine Nationalökonomie [M]. Duncker & Humbolt, 1960.

[55] Sveikauskas L., Townroe P., Hansen E.. Intraregional productivity differences in São Paulo state manufacturing plants [J]. Weltwirtschaftliches Archiv, 1985, 121 (4): 722-740.

[56] Sveikauskas L.. The productivity of cities [J]. The Quarterly Journal of Economics, 1975, 89 (3): 393-413.

[57] Tabuchi T.. Urban agglomeration economies in a linear city [J]. Regional Science and Urban Economics, 1986, 16 (3): 421-436.

[58] Thünen J. H.. Der isolierte Staat [J]. Beziehung auf Landwirtschaft und Nationalökonomie, 1826.

[59] Van den Berg G. J.. Duration models: specification, identification and

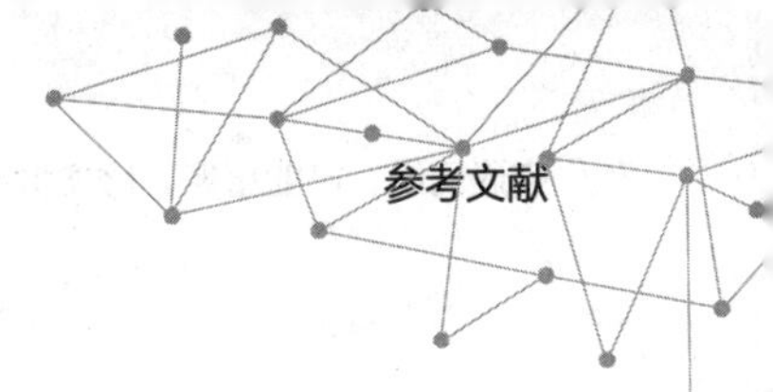

multiple durations [M]. //Handbook of econometrics. Elsevier, 2001, 5: 3381 -3460.

[60] Zhou Yixing. Definition of Urban Place and Statistical Standards of Urban Population in China: Problem and Solution [J]. Asian Geography, 1988, 7 (1): 12 -18.

[61]《河南“十三五”重大问题研究》课题组."十三五"河南发展的思索与前瞻 [N]. 河南日报, 2016 -01 -22 (12).

[62] 陈剑锋. 基于产业集群的城市群演化理论分析与研究框架构建 [J]. 科技进步与对策, 2010, 27 (1): 81 -83.

[63] 陈田. 我国城市经济影响区域系统的初步分析 [J]. 地理学报, 1987 (4): 308 -318.

[64] 陈赟. 城镇体系与公路交通适应性研究 [D]. 长沙: 长沙理工大学, 2005.

[65] 程连生. 中国新城在城市网络中的地位分析 [J]. 地理学报, 1998 (6): 481 -491.

[66] 伏晓玮. 广西北部湾产业群与城市群的耦合发展研究 [D]. 广西大学, 2013.

[67] 顾朝林, 张敏. 长江三角洲都市连绵区性状特征与形成机制研究 [J]. 地球科学进展, 2001, 16 (3): 332 -338.

[68] 官卫华, 姚士谋. 基于交通走廊的城市群区域空间成长研究——以宁镇扬区域成长三角为例 [C]. //中国城市规划学会. 规划50年——2006中国城市规划年会论文集 [C]. 北京: 中国建筑工业出版社, 2006: 137 -146.

[69] 郭凤城, 潘鸿, 王卓识. 吉林省中部城市群与产业群耦合度测算 [C]. 中国技术管理. 2013.

[70] 郭凤城. 产业群、城市群的耦合与区域经济发展 [D]. 吉林大学, 2008.

[71] 韩增林, 杨荫凯, 张文尝, 等. 交通经济带的基础理论及其生命周期模式研究 [J]. 地理科学, 2000, 20 (4): 295 -300.

[72] 郝伟伟, 张梅青. 北京市产业布局与交通系统互动协调发展分析

[J]. 北京交通大学学报（社会科学版），2014，13（1）：23－30.
[73] 河南省现代农业研究会. 河南省现代农业发展基本情况概述 [R]. 郑州，2017.
[74] 黄洁. 垂直解体与低运输成本下的产业集聚间分工研究——来自长三角的微观实证 [D]. 杭州：浙江大学，2009：108－123.
[75] 蒋满元. 运输成本对产业集聚的影响：理论分析与实证检验 [J]. 重庆工商大学学报（社会科学版），2009，26（4）：22－27.
[76] 荆新轩，付晓豫，施其洲. 京沪运输通道—经济带系统协调研究 [J]. 铁道运输与经济，2009，31（7）：25－28.
[77] 荆新轩. 运输通道—经济带系统耦合与协调的研究 [D]. 上海：同济大学，2009.
[78] 鞠志龙，霍娅敏. 交通运输系统对城市群发展支撑作用的探讨 [J]. 铁道运输与经济 2009，31（3）：39－42.
[79] 孔令斌. 我国城镇密集地区城镇与交通协调发展研究 [J]. 城市规划，2004（10）：35－40.
[80] 孔婷月. 环渤海区域港口群与城市群互动效应分析 [D]. 北京：北京交通大学，2011.
[81] 李东光，郭凤城. 产业集群与城市群协调发展对区域经济的影响 [J]. 经济纵横，2011（8）：40－43.
[82] 李国平，杨洋. 分工演进与城市群形成的机理研究 [J]. 商业研究，2009（3）：116－119.
[83] 李红，张平宇. 辽宁中部城市群高等级公路网络发育程度评价 [J]. 城市发展研究，2009，16（7）：95－100.
[84] 李君华. 产业集聚与中国制造业分布研究 [D]. 武汉：华中科技大学，2007.
[85] 林建永，陈俊兰，吴永兴. 交通同城化与产业布局演化研究 [J]. 经济问题探索，2011（9）：8－12.
[86] 刘东林. 城市群与产业集群发展的互动机制 [J]. 山东财政学院学报，2008（5）：69－72.
[87] 刘辉，申玉铭，孟丹，等. 基于交通可达性的京津冀城市网络集中

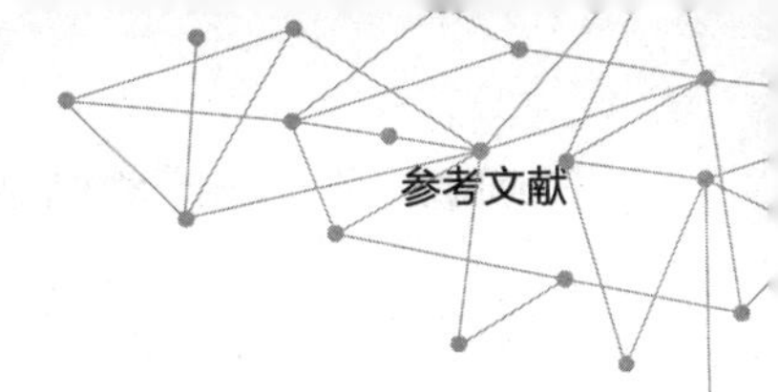

性及空间结构研究［J］．经济地理，2013，33（8）：37－45.

［88］刘军跃，万侃，钟升，等．重庆生产服务业与装备制造业耦合协调度分析［J］．武汉理工大学学报（信息与管理工程版），2012，34（4）：485－489.

［89］刘雪莲．金甬铁路对区域交通及社会经济发展的影响［J］．铁道运输与经济，2009，31（4）：40－42.

［90］刘勇．交通运输与城市群空间结构演化：作用机制及其协同发展［D］．天津：南开大学，2007.

［91］刘长全．基于外部性的产业集聚与集聚经济研究——国外城市经济理论研究综述［J］．上海经济研究，2009（3）：99－107.

［92］柳艳娇．产业结构变化对交通货运业发展影响分析［D］．大连：大连海事大学，2007.

［93］陆大道．二〇〇〇年我国工业生产力布局总图的科学基础［R］．全国经济地理学术研讨会，乌鲁木齐：1984（9）.

［94］罗震东，张京祥．大都市区域空间集聚—碎化的测度及实证研究——以江苏沿江地区为例［J］．城市规划，2002，26（4）：61－63.

［95］马远军．城市群与产业集群互动的理论与实证［D］．南京：南京师范大学，2009.

［96］聂正英．产业结构对交通运输需求影响的定量分析［D］．北京：北京交通大学，2010.

［97］宁越敏，严重敏．我国中心城市的不平衡发展及空间扩散的研究［J］．地理学报，1993，4（2）：97－104.

［98］欧阳慧．谨防当前我国城市群、都市圈发展误区［J］．北方经济，2007（3）：22－23.

［99］宋敏．以交通优势夯实开放基础［N］．河南日报，2018－06－28（02）.

［100］苏雪串．城市化进程中的要素集聚、产业集群和城市群发展［J］．中央财经大学学报，2004（1）：49－52.

［101］藤田昌九，保罗·克鲁格曼，安东尼·J. 维纳布尔斯．空间经济学［M］．梁琦，等译．北京：中国人民大学出版社，2005.

[102] 万宇艳．中原城市群与产业群耦合发展研究［J］．地域研究与开发，2015，34（3）：7－11.

[103] 王珺，周均清．武汉城市圈空间结构演变研究［J］．湖北大学学报（自然科学版），2007，29（3）：316－320.

[104] 王新军，敬东，苏海龙．新时期上海交通体系变革与城镇体系优化的互动性思考［J］．城市规划学刊，2010（3）：35－43.

[105] 吴峰，施其洲．基于熵值理论的产业结构与交通运输结构关系研究［J］．交通运输系统工程与信息，2006，6（1）：71－74.

[106] 吴汉嵩．从产业转移到产业集群形成的微观机理研究［J］．价值工程，2009，28（7）：110－113.

[107] 吴琪．运输通道与经济带互动关系综合分析与研究［D］．兰州：兰州交通大学，2014.

[108] 项文彪，陈雁云．产业集群、城市群与经济增长——以中部地区城市群为例［J］．当代财经，2017（4）：109－115.

[109] 许贵舫．实施《中国制造二〇二五》加快制造业大省建设［N］．河南日报，2015－06－10（07）．

[110] 许学强，周一星，宁越敏．城市地理学（第2版）［M］．北京：高等教育出版社，2009.

[111] 许学强，周一星，宁越敏．城市地理学［M］．北京：高等教育出版社 2009：204－205.

[112] 薛占栋．产业集群形成的运输成本原因研究——以泛珠三角为对象［J］．经济问题探索，2011（3）：89－92.

[113] Smith A.．国民财富的性质和原因的研究［M］．北京：商务印书馆，2016.

[114] 杨春婧．运输线网与哈大齐工业走廊大齐规划区产业布局的耦合研究［D］．哈尔滨：东北林业大学，2007.

[115] 杨友孝．约翰．弗里德曼空间极化发展的一般理论评介［J］．经济学动态，1993（7）：69－73.

[116] 杨中标，石培基，程红芳．甘肃省城镇化地域差异研究［J］．干旱区资源与环境，2008，22（1）：21－26.

[117] 姚士谋. 中国城市群 [M]. 合肥：中国科学技术大学出版社，1992.

[118] 叶玉瑶，张虹鸥. 珠江三角洲城市群空间集聚与扩散 [J]. 经济地理，2007，27 (5)：773 -776.

[119] 余沛. 河南省高速公路网络发育程度评价与分析 [J]. 公路，2013 (10)：141 -145.

[120] 张贵先. 重庆市产业集群与城镇化互动发展模式研究 [D]. 重庆：西南大学，2012.

[121] 张国华. 城市综合交通体系规划技术转型——产业·空间·交通三要素统筹协调 [J]. 城市规划，2011，35 (11)：42 -48.

[122] 张文尝，金凤君，樊杰. 交通经济带 [M]. 北京：科学出版社，2002.

[123] 张芸，梁进社，李育华. 产业集聚对大都市区空间结构演变的影响机制——以北京大都市区为例 [J]. 地域研究与开发，2009，28 (5)：6 -11.

[124] 张志斌，靳美娟. 中国西部省会城市中心性分析 [J]. 人文地理，2005，20 (1)：14 -18.

[125] 赵航. 产业集聚效应与城市功能空间演化 [J]. 城市问题，2011 (3)：16 -20.

[126] 赵航. 产业聚集与城市化演进的内在机理研究 [D]. 南京：东南大学，2007.

[127] 周一星，张莉，武悦. 城市中心性与我国城市中心性的等级体系 [J]. 地域研究与开发，2001，20 (4)：1 -5.

[128] 朱英明. 城市群经济空间分析 [M]. 北京：科学出版社，2004.

[129] 朱智文. 基于产业集聚的城市化和城市化过程中的产业集聚 [J]. 开发研究，2006 (6)：45 -48.

[130] 张沛东. 区域制造业与生产性服务业耦合协调度分析——基于中国29 个省级区域的实证研究 [J]. 开发研究，2010 (2)：46 -49.

重要术语索引表

后　记

人类文明史，就是一部交通史。

从手提手搬、背扛肩挑和头顶的原始运输方式，发展到绳拖棍撬，再到最早的交通工具——筏和独木舟，之后逐渐出现了车，进而有了最原始的航线和道路。

车的出现，促进了道路的发展。我国秦朝时，就修筑了全国统一的道路，形成了以咸阳为中心的向外辐射的“驰道”。在陆上交通发展的同时，随着人类对河流和海洋的认识深化、造船技术的进步、新航路的开辟、指南针的使用、人工运河的开凿，内河运输和沿海海洋运输迅速发展。我国商代就掌握了木板造船技术，隋代就开凿了世界上最早、规模最大的大运河，盛唐时就开辟了“海上丝绸之路”。在地中海地区，古代腓尼基人曾以造船和航海而著称于世。

伴随着船和车的使用，逐渐出现了专门从事运输的商人，运输业开始萌芽，邮递业、客运业、货运业、旅店业等相继发展起来。在交通要冲与内河航线上诞生了一大批城市，在沿海地区出现了一批因港口而兴的城市。中国古代都城的变迁、城市的兴衰受航运的影响很大。

产业因交通而起，城市因产业而兴，产业因城市而旺。交通是经济活动得以在某个空间发生和发展的基础，经济活动沿着交通轴线实现空间聚集，从而形成了产业带，继而扩展形成城镇群和城市群，城市群的产生又为产业发展提供了广阔的市场空间与发展动力，城市群的崛起又对城市群内外交通提出了更高的要求。

从最早的“车马”“步辇”和“舟船”等交通工具，到现代化的高速公路、高速铁路、航空运输，交通工具的不断发展，交通系统的飞速变革，与之相伴的产业兴替，巨型城市群的崛起，这背后是交通、产

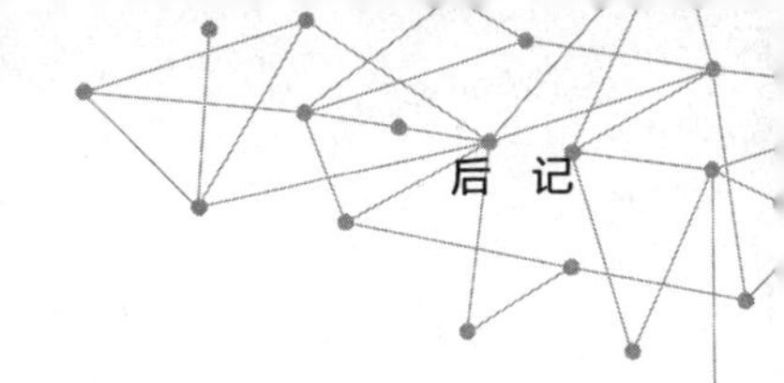

业与城市群之间复杂的耦合关系，三者之间需要协调发展。

本书探讨了交通网络、产业集聚与城市群演化耦合的机理，构建了交通网络、产业集聚与城市群演化耦合与协调发展的研究框架，并进行了实证分析，是对这一领域的研究所做的探索性工作。

本书是教育部人文社会科学研究青年基金项目“交通轴—产业带—城市群耦合与协调发展研究——以中原经济区为例”的研究成果，本书同时也是团队合作的结晶。全书由余沛博士负责统稿，谢博博士（河南科技大学）、侯海涛博士（河南科技大学）、高文副教授（河南科技大学）、郭菁老师（河南科技大学）等人共同参与了本书的撰写工作。具体分工如下：

余沛博士主要负责第五章第三节、第八章、第九章、第十章的撰写工作；谢博博士主要负责第一章和第二章的撰写工作；侯海涛博士主要负责第七章的撰写工作；高文副教授主要负责第三章和第四章的撰写工作；郭菁老师主要负责第五章第一节、第二节和第六章的撰写工作。

在写作过程中，引用了大量相关研究人员的观点与论述，在此向相关人员表示感谢！

余　沛

2018年7月于九朝古都洛阳